数读清史

李泓 主编

定鼎北京

李理　李姝梦　著

壹

大顺亡明　一朝更替
满汉一体　承袭明制
活捉永历　海内归一
执迷释迦　一心向佛
爱情专一　痴恋董鄂

叁

三桂受封　平定京畿
废弃三饷　除明苛政
统上三旗　立十三衙

辽宁民族出版社

图书在版编目（CIP）数据

定鼎北京 / 李理，李姝梦著. —沈阳：辽宁民族出版社，2020.1

（数读清史丛书 / 李治亭，杨东梁主编）

ISBN 978-7-5497-2017-0

Ⅰ.①定… Ⅱ.①李… ②李… Ⅲ.①中国历史—清代 Ⅳ.①K249

中国版本图书馆CIP数据核字（2019）第141997号

定鼎北京

DINGDING BEIJING

出版发行者：辽宁民族出版社
地　　址：沈阳市和平区十一纬路25号　邮编：110003
印 刷 者：辽宁新华印务有限公司
幅面尺寸：180mm × 250mm
印　　张：16
字　　数：250千字
出版时间：2020 年 1 月第 1 版
印刷时间：2020 年 1 月第 1 次印刷
责任编辑：李　璜
助理编辑：杜璐珊
封面设计：杜　江
责任校对：张丹丹

标准书号：ISBN 978-7-5497-2017-0
定　　价：58.00 元

网址：www.lnmzcbs.com　　邮购电话：024-23284335
淘宝网店：http://lnmz2013.taobao.com
如有印装质量问题，请与出版社联系调换　　联系电话：024-23284340

前言

李治亭　杨东梁

《数读清史丛书》经构思、组稿、成稿、定稿，历经数年，现在终于可以与读者见面了，这首先要感谢辽宁民族出版社的鼎力相助。

那么《数读清史丛书》究竟是一部什么样的书呢？为什么把“数字”与“清史”联系在一起？这是必须要首先交代清楚的。

提起清史，人们并不陌生，但清朝全史的研究及有关清史图书的出版，在中华人民共和国建立前后一段时间内却显得较为冷清（部分涉及中国近代史、农民战争史者除外）。进入改革开放时期后，清朝的历史和故事受到社会的广泛关注，一方面，学术界不断掀起研究清史的热潮，从地方到全国，国家级暨国际性的研讨会频频举行，研究成果如论文、著作、资料、通俗读物等层出不穷；另一方面，文艺界如戏曲、小说、评书、电影、电视等，也介入清史领域，将其演绎成一部部艺术作品推向社会，从而使清史故事和知识普及千家万户。至今，自20世纪80年代掀起的“清史热”不减不退。可以说，清史的普及率是其他断代史无法比拟的。清史一跃成为史学界之“显学”，不能不使各断代史相顾“失色”！这与改革开放前数十年相对冷清的局面形成鲜明对照。

清史研究的大发展和空前繁荣，实非偶然。清朝距我们当代社会最近，自其亡国至今，也只有百余年；说起清朝的人和事，似在昨天，如在眼前，很容易引起人们更大的兴趣。清朝的历史漫长，经历的时代多变，其丰富多彩的内容，为文学艺术创作提供了取之不尽的素材。坦率地说，把清史故事搬上舞台、银屏，也许比创作关于现实生活的作品来得容易些。因为编导者们受到的约束较少，创作发挥的天地较为广阔，这是不是也算一种“捷径”呢？

对于史学界来说，清史园地既广大又富饶，还有许多待开垦的“处女地”，确有强烈的吸引力。学者们为之付出辛勤劳动，研究成果难以计数，近40年所取得的进展，远胜前60年的总和！

有清一代，比它以前任何一代王朝更受到当代人的重视与关注，这也许是清朝的幸运。但其中也有颇多是非曲直、重重疑点，现在学术界还在争论不休，难以达成共识。不同观点已成对峙状态，能延续多久，尚难预料。不过，争论绝不是一件坏事，学术就需要百花齐放，百家争鸣。如果没有争论，学术也就失去了它的生命力。

现在的问题是，有关清史的歧见，已远远超出了学术争论的范畴。例如，文艺小说及影视、戏剧“戏说”成风，更有甚者，某些清宫影视剧，荒诞无稽，莫此为甚！诚然，文艺作品既然是艺术创作，自然允许虚构，但不能脱离生活，特别是历史题材的作品，更不能天马行空，颠倒、篡改历史，我们常说的“大事不虚，小事不拘”，就是这个道理。文艺界的“戏说”风也刮进了学术界，一些“学者”跟风而上，打着学术的幌子，对三国史、清史，乃至孔子、庄子恣意解读。特别是清史，标榜“正说”者未必不是邪说，其公开宣扬历史唯心主义，信口开河，实则搞乱了清史。任意涂改历史，胡乱编造之风必须煞住，因为不得民心，终将被弃之如垃圾。

尽管“戏说”荒诞，谬说悖理，却仍在社会中流传，清史难“清”。这促使我们决意写一部“新清史”，阐明我们的“清史观”，表述对清史的基本认识，希望能尽量做出科学评断，向社会传达准确的历史信息。这大抵是我们编纂本丛书的初衷，是否如愿，有待实践检验。

撰写一部王朝断代史，首先遇到一个问题，即王朝的起始与终结时间。这似乎是个常识，无须讨论。清以前的历代王朝姑且不论，只说清朝，确有特殊之处。它的终结时间，为宣统三年（1911），清帝宣布退位，清朝统治就此结束。对此，没有任何疑义。那么，清朝的历史又始于何时呢？说法有三：一说，以清顺治元年（1644）入主北京为其始，清有国应为268年；一说，以明万历四十四年（1616）努尔哈赤创建后金政权为清史开端，至终结，共296年；一说，从努尔哈赤于明万历十一年（1583）起兵算起，直至清亡，共历329年。

这三种说法都有一定道理。正如一个人的人生历程，如从参加工作算起，至退休，强调其人的工作时间。如从出生算起，直到去世，这是表示一个人的寿命。清朝的三个“开始”时间，各有所重。学术界采用的是第一种说法，约定俗成，从未受到质疑。因为从入关后清朝才开始统治全国，到其退出历史舞台，就是清朝统治中国的全史。入关前的历史只是清史的序曲，被视为清史的楔子，可不计入清史的时间统计。

我们的意见，取第三种说法：从努尔哈赤创业，到确立在全国的统治，直到溥仪退位，这是清朝历史的一个漫长而完整的过程。其中各个时期，都是清史不可分割的一部分，而各个部分的总和，就是清史的全部。可以说，清史的绝对时间应为329年，举其概数，可称“清史三百年”。同大多数王朝一样，清朝三百年经历了兴、盛、衰、亡的漫长过程。考察清朝三百年，可以说有其独特的经历，这就是：创业、盛世、衰亡，而这三段恰恰是各占百年左右。

先说创业。如前指出，明万历十一年（1583），努尔哈赤起兵，为被害的父祖报仇，即为清朝创业之始，已无疑问。那么，创业于何时完成？进一步问：创业完成的标志是什么？很简单，全国完全统一之日，就是创业完成之时。清在关外时期，仅占有东北与内蒙古地区，统一大业远未完成。清军入关后，于顺治十八年（1661）消灭南明最后一个政权——永历政权，至此，已完成对中华大陆的统一，但台湾仍被郑氏集团控制，故清之创业还不能说完成。直至康熙二十二年（1683），郑氏政权兵败投降，台湾归入清朝版图，至此，清朝才完成了创业。收复台湾，是一个标志。到收复台湾之时，清朝创业正好历时一百年。所谓百年创业，名副其实。

那么何谓百年“盛世”？“盛世”是指最好的历史时期。经济全面发展，文化繁荣昌盛，社会长治久安，国力空前强大等，都是构成盛世不可缺少的条件。清史学界主流意见，认定康熙、雍正、乾隆三朝为清之盛世，史称“康乾盛世”。这个“盛世”，从何时开始？何时结束？学界并无具体界定，学者们见仁见智，但整体上差异不大。我们认为，无论开始、结束，必有一标志性事件，为其时间的界标。进入盛世的标志，恰好是收复台湾的第二年，即康熙二十三年（1684），圣祖首次南巡，非为娱乐，而是专程亲临治理黄河工地，阅视河工。黄河之重要，实关中国历代王朝兴衰，亦为中华民族之命脉。在以农业立国的时代，治理黄河水患，如同治国，是国家头等大事。在收复台湾后，圣祖立即转入治河，说："今四海太平，最重者治河一事。"①治河即治国，国家形势已由前期的战乱转为相对稳定，此即盛世开始之时。从大乱走向大治，治河是标志。

盛世何时结束呢？嘉庆元年（1796），高宗刚退位还不到一年，就发生了一个重大的事件，即川、楚、陕、豫白莲教大起义，引发社会矛盾总爆发，社会动乱。以此事件为标志，宣告"盛世"结束。至此，盛世历时112年，取其概数，称为"百年盛世"。

以嘉庆元年为由盛转衰的时代分界线，清朝转入衰落。历嘉庆、道光、咸丰、同治、光绪、宣统等六朝，经时115年，可称"百年衰亡"。

清朝全史，三个"百年"，并非是人为机械地划分，恰恰是清朝本身自然形成的"三段式"，此说只是我们的一种看法，有待学界形成共识。

我们就是依据上述认识，按照三个百年的历史时期，设计出三个阶段，每个阶段各由3册书组成，共计9册，约180万~200万字。

这套丛书，可以说是一部完整的新清史。清朝灭亡百年来，研究清朝历史的成果不断问世，近30年最为突出，已出版长短不一的清朝全史不下10部。本套丛书则有自己的独特之处：其一，给清史定位三百年，按百年创业、百年盛世、百年衰亡"三段式"撰写清朝全史，似乎尚无先例。其二，予清史以新的解释，反映近30年学界清史研究的新认识、新水平，不落俗套，并非老生常谈，而是对清史的一种新解读，着重阐述我们新的清史观。其三，我们在理论上坚持求

① 《圣祖仁皇帝祖训》卷33，"治河一"。

实求真的中国优良学术传统，吸收已有的研究成果，抵制西方史学中的败笔和不良影响，不跟风，不媚俗，也不接受所谓“山寨”的“雷人”之语，更与“戏说”划清界限。一句话，坚定文化自信，坚守中国学风中的优良传统，挡住学术歪风之诱惑，坚定地走自己的路！其四，本丛书的体例与以往不同。近代以来写史多采取西方的章节体，千篇一律，有的节以下再设目、小目，结果节、目重叠，不胜繁杂。本丛书体例设计打破惯例，采用更为灵活的纪事本末体，每件事都是一个故事，通过将这一件件大小事串联起来，以展示清朝三百年历史长编，再现清朝波澜壮阔的历史画卷。

本书更为明显的特点还在于用数字写清史。前文已指出，近40年来，学界或文艺界对清史颇多“创造”，如“戏说”风，风靡各界，以致清史学界也不能幸免！跟“风”而起，“戏说”起来。当“戏说”渐失市场时，又有“正说”“实说”相继出笼。所谓“实”“正”不过是作者主观意识的表达，能否真做到“正”、做到“实”，那就得看作者的史识、史才、史德如何了。事实表明，标明“正说”者，未必正；声明“实说”者，未必实。凡此种种，一个共同特征，就是作者或编导顽固地表现其主观随意性，却弃事实于不顾。我们则希望坚持以历史事实为依据，并通过数字来述说清史之由来。

数字之重要，在于它是代表人类存在的一种符号！在社会生活中，如果没有数字，人类社会将会怎样？毫无疑问，人类必将重返蒙昧时代。考察历史，可知数字与历史的关系至关重要，不容忽视。从《史记》到《清史稿》共26部所谓“正史”中，留下了大量用数字论述历史的资料，在其他各种史书，包括私人著述中，也留下了不少数字的记录。应当承认，我们的祖先对数字远不如西方人那么重视，故史书中有关数字的记录并不多。以数字为基础的统计，其涵盖面颇受局限，而且所记数字也未必都准确。如同文字记述之不确，当考者必考之，以求其真。尽管缺憾多多，但史籍中所留数字仍弥足珍贵。数字与文字记述同等重要，两者互证且互补，数字表明事物存在的形式、规模与质量，是人类从事政治、经济、军事及生产、生活实践活动的依据，亦是政府决策、做出判断的参数；而文字是对数字的说明，如果没有文字的解读，数字也就失去了意义。

如上所言，中国古代不如西方那样重视数字，历来不重视数学发展，数学古称“算数”，即便出现过祖冲之、刘徽这样杰出的算数家，国家整体科技还是没有发展起来。因为古人治国不靠科技，唯专仰经书而已。已故美籍华人、历史学者黄仁宇就晚清百年中国动乱做出独特的分析，称“中国过去百多年来的动乱，不是所谓章法不良、人心不古，也不是全部军人专横、政客捣乱”，却是因为中国未能像西方那样实行“在数目字上管理”的治国手段。

当然，中国古代也并非完全不重视数学，如把“数”列为六艺之一，以数字为基础的学问称“算数”。清朝人对算数的认识颇为深刻，大学者阮元曾说过一段很精彩的话：“数为六艺之一，而广其用，则天地之纲纪，群伦之统系也。天舆星辰之高远，非数无以效其灵；地域之广轮，非数无以步其极；世事之纠纷繁赜，非数无以提其要。通天地人之道曰儒，孰谓儒者而事以不知数乎！”[①]阮元一席话，可知数字无处不在：上经天，下通地，社会生活不可离。阮元之数字论，无疑是对几千年数字之用的正确总结。

① 阮元：《揅经室三集》卷5，“里堂学算记序”。

回顾历史，历代史籍对数字的应用、用数字记述史实的例子，俯拾皆是。如《史记·高祖本纪》载：刘邦率大军攻入咸阳，金银财宝、后宫美女皆不取，独取户籍、地亩、图册，此意是在掌握全国的土地与人口数，以备将来治国之用。其后历代史书皆记载本朝的人口、土地及税收等大量人文经济信息，及至国家各级官吏设置、行政区划、军队及军事活动等，均有数目统计。这些宝贵的具体数字，为后世展开学术研究提供了实证。清代所载各项数据，远比前代更为全面而丰富，如官方编纂的《清实录》、国史及其他官书（如《四库全书》等），还有大量的地方志书、私人著述，无不包含用数字记述的史实。特别是清朝诸帝在位的每一年都要统计并公布该年度的土地增长面积及人口变化，乃至国库存储、蠲免钱粮、水利工程投资、军费支出、官员薪俸等情况，可见数字在国家政治、经济与社会生活的一切领域都占据重要地位。

毫无疑问，数字就是史料，是各种史料最值得重视的组成部分。数字同文字记录一样，都是历史的载体，其独特之处在于，它把历史的内涵具体化，彰显其真实的存在。

数字与历史的关系如此密切，对于史学研究不是可有可无，而是必不可少。应当承认，我们的史学研究往往不那么看重数字，总是偏重于研究事件始末、人物的实践活动、是非的评断，数字只是其中的附属，很少有人把它视为主要依据。这里，还有一个认识误区，即以为“摆弄”数字与统计，是经济史学家的事，似乎跟史学其他方面的研究无关。这一认识显然有失偏颇。我们应当树立“数字历史”的新思维，重新认识数字在史学研究中的特殊价值，若能如此，将深化我们对历史的理解，并做出新的判断。

基于以上认识，我们提出了用数字写清史、读清史的学术概念。同时，清代个别学者对数字的重视与分析，无疑给予我们很多启发，促使我们对这个问题的认识又有了新的升华，具有新的学术意义。

本文开头就提出何谓“数读清史”的问题，现在可以回答：简言之，即以数字为纲，将清史中的各种事件与人的实际活动用具体数字加以量化，展开对清史的叙述。说得更明确些，就是应用数字史料来写清史、读清史。本丛书共9册，每册的标题全用数字表述，此即“数字标题”，体现数字为纲之意。一个“标题”中的数字，构成一个历史事件的中心内容，叙其始末，如此相互衔接，清史全通。试举几例说明之：

例一，努尔哈赤于后金天命三年（1618）率八旗伐明，发动抚（顺）清（河）之役，揭开了明清（后金）战争的序幕。伐明前，发布“七大恨”檄文，阐述其伐明的正当性，此 “七大恨”之数字“七”即构成此事件的本质内容，故列题“以‘七大恨’伐明”（见第一册《清朝兴起》）。

例二，康熙中期，国家已进入“盛世”，为与万民同享“盛世”太平，圣祖两度举办“千叟宴”，招请全国60岁以上老人代表共4000余人至京，参加他举办的盛宴，这是“盛世”中的盛事，反映了中国封建社会发展到顶峰的盛况，故以“盛世两举千叟宴”为题，记述其事之始末（见第四册《开创盛世》）。

例三，高宗刚即位，还不到一年，监察御史孙嘉淦上疏，陈述他的治国之见，提出防止“三习”之恶俗与杜绝“一弊”之办法。此疏向新即位的乾隆帝发出了警告。其识见之深、文笔之犀利、预见性之强，一时震动朝野，士子争相阅读。清人即誉此疏为“三习一弊疏”。书中以此为题，评叙其事，为此卷之必不可少，故照此疏之名录下为标题（见第六册《乾隆鼎盛》）。

例四，“103天变法”又称“百日维新”，是晚清时期一次重要的政治变革。“百日”足见其时间短促，反映了顽固派与改良派力量对比之悬殊，也说明当时资产阶级改良派政治上之不成熟。此一数字包含了深刻的政治内涵（见第八册《危局求变》）。

例五，“江楚会奏变法三折”，此折是光绪二十七年（1901）湖广总督张之洞、两江总督刘坤一联合向清政府提出的全面改革方案。三份奏折共计三万多字，代表了朝野上下改革派政治改革的基本框架和思路，成为“清末新政”的纲领性文件。“三份”和“三万”的数字足见其内容之丰富（见第九册《清朝覆亡》）

“数字标题”，涉及如何选用数字。可以肯定地说，我们不会随意采用。如同选择史料，必选有重要价值、内涵丰富、具有代表性的，且数据可靠的数字。具体筛选数字的方法，可概括为三种：

一是直接取用于清官方各书中的准确数字。如以上例证中，“七大恨”“千叟宴”“三习一弊”等，皆来源于《清实录》中的明确记载。

二是归纳或统计后得出的数字。如努尔哈赤先后三次征讨乌拉部，最后一次将乌拉部灭掉，由此归纳为“三征乌拉”；世祖去世前，命索尼、遏必隆、苏克萨哈、鳌拜等为“辅政大臣”，辅佐年幼的少年皇帝圣祖，即成“四大臣辅政”；余类推。

三是概数，将不确定的数字，予以约定。高宗执政时，诛杀多名贪官，有的已计入“实录”，有的则未入录，不能完全确定诛杀贪官的数目，便用“众贪官”表述。因为“众”字及“多”“少”等字，也是数字概念，只是不甚具体而已。如“盛世修书百余种”，其“百余种”系作者据史籍的统计，而“余”字则表明为概数。

数字之用，在于无隐晦，不夸张，不修饰；看数字即识内容，不露作者的主观意图，亦不直接反映作者的观点倾向，一切都通过数字来反映历史的真实客观，其是非、长短，概由读者自行判断，不致被作者表述失当而误导。

书中每一个数字都不是凭空捏造的，甚至可以引申出一篇精彩的故事，读来饶有情趣。那么，为写好每一篇数字故事，采取什么样的体例最适合？比较再三，最后，我们认为采取纪事本末体为好。前已说到，当代盛行的章节体例，过于复杂而烦琐。纪事本末体，为我国传统史书的体例之一，更简捷、明快，尤其便于记述事件的过程，娓娓道来，有引人入胜之效。

与此相适应，本书的文字表述，力求通俗易懂而不失生动，朴实无华而不失美感。时下，文风、学风颇多不端之处，尤其是文风浮华，玩弄“概念史学”，把文字写得晦涩难懂；更有甚者，将中国话“洋化”，引来时尚名词，写的是中国字，讲的却不是“中国话”。我们坚决反对这种坏文风，并与之划清界限，要坚持体现中国传统的优良学风与文风，体现当代中国特色的史学新风。本丛书的各位作者共同约定：要写自己的话，也就是要用自己的语言文字把每件史实写明白，以让读者读懂为最高要求。至于能否做到，效果如何，我们不敢自夸，只能以此为努力目标，并有待广大读者检验。

研究历史，撰写史学著作，目的是经世致用，正如清代学者所倡导：“夫学不经世，非学也！”如果下笔成书，还不明白对社会、对读者有何价值，写书又有何用呢？我们明确宣示：撰写本套丛书，除意在正确传播清史知识外，更重在总结清史中的经验教训，把人生感悟与历史启示贯穿于本丛书的各个篇章，让人读后，多有获益。读者是否有此感受，只可待读后而论也。

以数字写清史、读清史，是我们的大胆尝试，不完美、不完善是必然的。我们不知，此举是否是清史研究和清史著述的新通道，如果这条路径行得通，“数读”对任何一代王朝都适用的话，就会有“数读唐史”“数读明史”等。果真如此，那么中国通史的写法能否跳出原有形式，有所创新呢?

本丛书既然是一种新尝试，难免有诸多不足之处。读者诸君如发现不当，尚祈给予教正。

2019年4月6日于北京

數讀清史定鼎北京

目录

一

幼帝登极

诞育福临　排行第九

沈阳故宫是大清王朝的龙兴之地，又称为盛京皇宫、奉天故宫。它始建于公元17世纪20年代中期，是清太祖高皇帝努尔哈赤、太宗文皇帝皇太极亲手创建的皇家宫殿。清乾隆时期，经过清高宗弘历大规模改建和扩建，形成了沈阳故宫东路、中路、西路三组较为完整的建筑格局。

在沈阳故宫一百余座、五百余间皇家宫殿建筑中，有一处颇具满族传统风格的高台式宫殿建筑，即位于崇政殿后面的“台上五宫”后宫建筑群。

所谓“台上五宫”，系指清崇德元年（1636）太宗皇太极改国号“大清”之际，正式册封的五位后妃的寝宫，它们是正宫清宁宫、东宫关雎宫、西宫麟趾宫、次东宫衍庆宫、次西宫永福宫。因这五座宫殿和最南面的宫门凤凰楼，均修建于3.8米高的方台基础之上，故被人们称为“台上五宫”。

本书的主人公——爱新觉罗·福临，即诞生于“台上五宫”的次西宫永福宫，其生母乃是在清初历史上充满传奇色彩，在太宗、世祖、圣祖三朝发挥过重要作用的孝庄文皇后布木布泰。

爱新觉罗·福临，是皇太极与布木布泰所生的儿子。他出生于崇德三年

（1638）正月三十日。在皇太极所生的11个儿子当中，福临排行第九，势力软弱。但他却因特殊的原因，得以超载兄弟，最终成为继承皇位的幸运儿。

按照清朝官方史书记载，皇帝出生之时往往伴有吉兆。据说，庄妃生育福临时，皇宫中即出现了特殊的祥瑞景象。史书记载："庄妃娠时，有红光绕身，衣裾间，如有龙盘旋状，女侍皆惊以为火，近视之，不见。"如是者再三，众人皆惊其异。及至诞生福临之时，"孝庄曾梦到有一神人抱一子，告之：'此统一天下之主也！'"。这些近似神话的描述，无非是说"君权神授"，鼓吹福临是命中注定要当皇帝的。其降生之时天命已定其为皇帝，随后任凭多尔衮、豪格等人如何争夺，都是无济于事的。这些说法，当然是清朝统治者自己臆造的，根本不足为据。

为了美化福临，清朝官修史籍上又说他"生而神灵，聪明英睿，志量非常，天日之表，龙凤之仪"[①]，如此夸张，也是为了神话皇帝，使其具有超人的出身和不凡的外表。

从古代各朝以往经验看，大凡新君即位之时，著史者都会把他的诞生进行神化，这是史家惯用的手法。不过，后来的史实证明，福临的确聪明好学，与众不同。他精通传统的汉文典籍，擅长琴棋书画，精研儒教、基督教。可见当时史家的夸张之语，在某种程度上也包含了部分真实。

像所有清初时期的满族孩子一样，福临自幼即精于武功，长于骑射。据《清世祖实录》记载，崇德七年（1642）十二月，皇太极率诸贝勒大臣狩猎于噶哈岭。当时，年仅5岁的福临也随行围猎，他用一只小弓射中一麅，因此亦被载入清朝正史之中。按照满族习俗，三四岁的男孩子都要训练骑马，使用小弓演练射技，增加膂力，为以后的出征搏杀做好准备。

福临在5岁就随父出行，参加围猎，这与满族其他孩童并没有什么区

① 《清世祖实录》卷1。

别，但由于他后来当上了皇帝，因此其当初的一举一动，即具有了超凡的意义。

在福临的诞生之地——盛京皇宫（今沈阳故宫），至今仍然保存着一件他小时候曾经使用过的桦皮弓，即“顺治牛角小弓”。这张精致的小巧弯弓，真实记录了福临幼年时期尚武习射的历史，也反映了满族人进取向上的民族精神。

此弓以椴木为胎，辅以牛角来增加弓力，弓胎外部包以桦树皮和其他复合材料，髹以漆。全长91厘米，弓背宽2.8厘米，弓弰长12厘米。全弓外形为反曲弓形式，一侧固定有牛角，以增加弓之拉力。弓角两侧有弓弭、弓码，附有丝质弓弦及清宫收藏时黄色附条，上书汉字：“世祖章皇帝黑桦皮小弓，照此样二张。”该弓是沈阳故宫旧藏的清宫文物，从传世实物的角度证实了史籍记载的真实性，故具有极其重要的价值，也成为我们今天追忆清初史事和考证福临生前事迹的重要物证。

两 太宗崩逝 王争位

崇德八年（1643）八月九日，大清开国皇帝太宗皇太极于沈阳故宫清宁宫东暖阁南炕上端坐，“无疾而终”。

皇太极在位一共17年，但他从未谈过皇位该由谁来继承。即使在他频频发病，身体已出现危险征兆之时，他还是不谈、不立继承人，直到突然去世，也没有留下任何遗嘱。皇太极之所以这样做，只能推定他是在继承父汗努尔哈赤生前所定不立继承人、由八和硕贝勒共同推举新汗的规则。或许，皇太极并没有想到自己会过早地突然辞世，竟来不及确定继承人。而他更不会想到的是，在自己离世后，宫廷之中会因皇位继承问题而引发了一场惊天动地的争夺。

清太宗皇太极病逝后，围绕皇位继承问题，在爱新觉罗家族内部，他的兄弟、子侄及八旗重臣之间，展开了一场激烈的公开角逐。最后，敌对各派为避免火拼而相互妥协，推出皇太极第9子福临继承皇位，由福临的叔父多尔衮与济尔哈朗出任辅政王，这才避免了骨肉相残悲剧的发生。

按照满洲旧有习俗，汗王（皇帝）生前既然没有选定继承人，便应由

"众议"来解决问题，即由爱新觉罗氏兄弟、子侄共同协商即位者。此时的形势十分复杂，皇室成员中有多人拥有夺位的实力。

首先是皇太极的兄弟辈，其中实力最强的包括长兄代善，幼弟多尔衮、多铎，另外还有其他兄弟乃至叔伯兄弟，这批人几乎都是战功卓著、掌握军政实权的一方"诸侯"，形成几支势力强大的竞争集团，具有争夺皇位的优势和条件。其次是皇太极的诸皇子，太宗皇帝一生共有11子，其中1人出生一年即夭折，另有2子在天命年间已早亡。皇太极逝世之时，还剩有8子，其中长子豪格已35岁，幼子即第11子博穆博果尔才3岁。除此之外，皇太极的侄儿和侄孙辈也有一大批，他们逐渐成长起来，各自依附于直系长辈，增添了争夺皇位的不同筹码。这样，一场谋夺皇帝大位的斗争不仅无法避免，而且也空前激烈起来。

崇德八年（1643）八月十四日，清太宗皇太极驾崩第5天，爱新觉罗皇室成员和朝廷大小属臣从皇帝"驾崩"的哀悼中清醒过来，开始着手选定皇位继承人的大事。就在这一天，睿亲王多尔衮首先采取行动，他来到皇宫前面的三官庙，会见内大臣索尼，以征询两黄旗大臣对皇位继承人选的想法。

多尔衮不同诸兄弟商议如何确立新君，却私自会见大臣，征询其意见，明眼人一看就明白：多尔衮意在窥视帝位，希望得到皇帝亲信大臣的支持。然而，索尼做出了完全相反的回答："先帝有皇子在，必立其一，他非所知也。"按照索尼等人的想法，是必须册立太宗的皇子为帝。除此，他们不会同意任何人即位，明确地拒绝多尔衮欲当皇帝的想法。

多尔衮是太宗皇帝的同父异母弟，太祖努尔哈赤第14子，与阿济格、多铎为同母兄弟。其母为大福晋乌拉纳喇氏，是努尔哈赤晚年的宠妃。所谓"爱屋及乌"，兄弟三人也得到父汗的格外偏爱，尤其是多尔衮和多铎，受到努尔哈赤的特殊关爱，迁都沈阳营建汗宫王府时，将两人的府邸建于汗宫的最前面。天命十一年（1626）努尔哈赤去世时，多尔衮才15岁，多铎年仅

13岁。当时，有人曾根据老汗王生前对多尔衮的宠爱，传言他将继承汗位。但实际上却是不可能的，因为多尔衮年龄太小，在当时崇尚武功的社会背景下，还无法以绝对的威望得到众人的支持。这也是努尔哈赤死后，多尔衮三兄弟眼睁睁地看着生母大妃乌拉纳喇氏被掌握实权的四大贝勒逼殉自尽，而无法阻止的原因所在。

多尔衮的崛起以及在朝中实力地位的迅速上升，是在皇太极执政以后。应当承认，多尔衮聪明睿智，处事机警，英勇超群，太宗皇帝十分器重这位小弟，很早就委以重任。天聪二年（1628），多尔衮只有17岁，因随太宗出征察哈尔多罗特部，立有功劳，赐号“墨尔根代青”。五年，设立六部时，多尔衮受命管理吏部。九年，多尔衮奉命远征察哈尔林丹汗余部，招降其子额哲，得到元朝传国玉玺，献给太宗。太宗皇帝将得到此宝玺视为吉祥之兆，凭此完成改汗称帝的大业。在登上皇帝大位的典礼中，太宗命多尔衮代表宗室捧满文表文请上尊号，以突出多尔衮的特殊地位，同时封他为睿亲王。其后，在著名的松山决战中，多尔衮再立大功，成为统领八旗军击败明军最著名的将领。太宗皇帝说过：“朕爱尔过于群子弟，赐予独厚。”太宗在世时，多尔衮虽然也犯过错误，但太宗总是爱惜有加，只要其稍有表现，立即撤销处分，官复原职。总之，多尔衮之成长，与太宗生前对他的精心培植有着直接关系。

太宗去世时，多尔衮刚刚32岁，正是青年有为、大展英姿的绝佳时期。以他当时的军功和地位来说，可谓举足轻重，实力超群，因此他有问鼎皇帝宝座的想法并不为过。

至于内大臣索尼敢于当面对欲图帝位的多尔衮说“不”，也有他的政治背景和相当实力。

索尼，姓赫舍里氏，隶属太宗皇帝自领的满洲正黄旗。他自幼从父追随努尔哈赤，至青年时又跟随太宗，才能卓著，文武兼备，文可通晓满、蒙、汉三种文字，武能冲锋陷阵，战功卓著，因此成为朝中出色的大臣，“商议大事，无出索尼右者”。

索尼不仅对太祖、太宗忠心耿耿，对太宗之子也颇具影响，甚至是太宗长子豪格的救命恩人。天聪三年（1629）八月，太宗首次入关，进逼北京城下时，在广渠门外，与明将袁崇焕、祖大寿展开激战，豪格不幸陷入明兵重围，危险至极，索尼见状跃马突入，拼死将豪格救出，因此与豪格结成了密切关系。当太宗去世时，索尼与两黄旗大臣为报答先帝之恩，毫不迟疑地坚决支持豪格继任帝统。因此多尔衮向索尼做出试探时，索尼即明白无误地直言相告，不同意多尔衮当皇帝。

多尔衮没有得到两黄旗大臣的支持，无可奈何地走开了。当天晚上，太宗的另一个心腹将领巴牙喇纛章京图赖来到索尼家中，向他表态：一定要立皇子，皇长子豪格当立。这样，谋取帝位的斗争从个人之间的私相联络，迅速传播开来，发展成政治派别的对抗。两黄旗诸将领以内大臣索尼、巴图鲁鳌拜等为首，召开会议，“共相谋誓，愿死生一处”，必立肃亲王豪格为君。他们发出了不惜生命必立豪格的誓言，显见事态发展到多么严重的程度。

以两黄旗为核心力量形成一个强大的阵容，可称为豪格派；反对豪格即位的政治势力也聚集起来，拥立多尔衮，形成了睿亲王多尔衮派。这一派的核心力量，是以多尔衮与其胞兄英亲王阿济格、胞弟豫亲王多铎所率的两白旗诸将。这些人平时因拥护多尔衮，而与豪格有些矛盾，关系疏远，他们害怕一旦立豪格为帝，不但官位不保，恐怕还有性命之忧，因此极力鼓动多尔衮即位。

在支持多尔衮的诸将中，以阿济格和多铎最为突出，他们在太宗朝即是勇猛善战的大将，深得皇太极的宠信，在八旗诸贝勒之中，地位居高，实力雄厚。但两人出于私利的考虑，不遗余力地力推多尔衮，甚至兄弟行礼，“跪劝睿王当即大位”。多尔衮顾虑两黄旗大臣坚持反对的态度，岂敢贸然听从两兄弟的“劝进”，便处于犹豫不决之中。

作为帝位之争的中心人物，豪格也颇具实力，可以说与睿王多尔衮旗鼓相当，不相上下。

豪格是太宗皇帝的长子，父亲去世时，他已35岁，比叔父多尔衮稍长3岁。此人也是文武双全的杰出人物。早在祖父努尔哈赤时期，他已在政治舞台上崭露头角，因从征蒙古察哈尔、鄂尔多斯有功，被封为贝勒。天命十一年（1626），豪格同其伯父大贝勒代善征蒙古扎鲁特部，斩其首领鄂斋图。此年，他虚龄才18岁，即立下了赫赫军功。父亲即位后，豪格在军事上、政治上有了更多施展本领的机会。自天聪元年（1627）以后，豪格全面走上战场，征明朝，伐蒙古，攻朝鲜，他既是统军征战的统帅，又是冲锋陷阵的勇将，几乎每战都立有功勋。

由于豪格在开国战争中发挥出越来越大的作用，其地位和名望也稳步上升。天聪六年（1632）六月，豪格由贝勒晋爵为和硕贝勒；崇德元年（1636），他被封为肃亲王，掌户部事，虽然以后因失误曾被降爵、解除官职，但仍然是太宗诸子中，最具实力的皇位竞争者。

睿亲王多尔衮与肃亲王豪格作为此番争夺皇权两个最为关键的人物，如果其中一方主动提出退让，那么皇帝权力即会在平稳之中得以交接，顺利过渡到下一任君主。可问题是两人都有登临大位之心，双方各不相让，这就为下一步权力之争的公开冲突埋下了伏笔。

为了维护皇帝家族的地位，原来护卫太宗皇帝的两黄旗首先发起了行动。八月十五日天刚亮，两黄旗大臣们就早早来到盛京皇宫大清门。他们共同盟誓，一致拥护太宗之子继承帝位。这一行动，宣示了他们与欲夺皇位的多尔衮已公然对垒。很快，两黄旗所属的精锐巴雅喇兵全副武装，张弓挟矢，环立于宫殿周围。顿时，宫廷内外一下紧张起来，空气中似乎也充满了火药的气味。

紧接着，多尔衮和其他亲王、贝勒等皇室成员步入皇宫的正殿崇政殿，索尼、鳌拜等两黄旗大臣则腰挂佩剑，依次进入殿内，在距离太宗皇帝“梓宫”不远的地方，开始讨论皇位继承人的议题，其他地位较低的文武大臣，则守在崇政殿两侧的左右翊门或大清门外等候消息。

议事会议一开始，索尼和鳌拜首先发言，提出“必立皇子”的意见。工于谋略的多尔衮马上意识到，两黄旗大臣发言对己不利，便以“八和硕贝勒共议国政，外臣不得与闻”为由，喝令索尼等人退下。索尼和鳌拜只好暂时退出殿外。等外姓大臣都退出之后，以多尔衮、阿济格、多铎为首的睿亲王派暗自松了口气，他们以为没有两黄旗的干扰，即可以按照自己的愿望提议睿王执政了。

会议继续进行，此时年龄最长的礼亲王代善做了表态。他说：“豪格，帝之长子，当承大统。”闻听代善之言，另一位年龄稍长的郑亲王济尔哈朗，也随即表示支持。代善为太祖努尔哈赤次子，皇太极兄长，原为四大贝勒之一；济尔哈朗是太祖之弟舒尔哈齐之子，他们两人年龄较长、军功较大，在清廷之中均是举足轻重的人物，此时他们提出应由豪格即位，使选帝天平一下倒向了豪格一边，这无疑激起了多尔衮等人的强烈怨恨，却又不好公开反驳。

众人在尴尬之中都不敢再发言，生怕祸从口出，由自己引发双方的直接冲突。在长时间的静默之后，令人想不到的是，豪格突然讲话谢绝代善等长辈的推举。他说：“我福小德薄，非所堪当。”言毕竟然撇下众人，“固辞退去”。豪格当时之所以做出推辞之举，可能是觉得有两黄旗撑腰，又有代善等伯父公开支持，自己即位已有较大把握，便做出谦让的举动，以便由众人再来拥戴，最终形成诸臣仰慕的结果。

豪格的“自动退出”，给多尔衮一派带来了转机。阿济格、多铎等人趁机力劝多尔衮“即帝位”。面对众人纷说的局面，多尔衮心存顾忌：一是怕皇宫内外有支持豪格的两黄旗大臣以武力挟制；二是怕殿内有代善、济尔哈朗等实力派反对自己即位，因此不敢贸然接受皇位。正在思量和犹豫之间，多铎见多尔衮不肯回应，便急不可耐地说："兄若不允，当立我，我名在太祖遗诏之上。"此言一出，引起一片哗然！

多尔衮对于多铎的短见之言，当然不会同意。他反驳说："肃王豪格在太祖遗诏上亦有名，不独王也。"话虽不多，却是一语双关，分明是既不同意多铎，也不同意豪格。其实，多铎也并非真的要争皇位，大抵是对多尔衮的激将法，逼其表态自立为帝。当他看到多尔衮否定自己意见后，马上又转移目标，提出："不立我，论长，当立礼亲王为帝。"显然，多铎的两次提议纯属乱议，不会得到肃王派和睿王派任何一方的响应。

眼看豪格离开大殿，拥立肃王已经无望，列于殿外的两黄旗大臣再也按捺不住，他们生怕多尔衮乘虚而入，便不顾"臣下干政"的罪名，手按佩剑再次进到崇政殿内，说："吾等属食于帝，衣于帝，养育之恩与天同大，若不立帝子，则宁死从帝于地下而已！"两黄旗大臣以死相胁，进一步加剧了事态的严重性。这时，代善看到局势有恶化的趋势，便连忙表示："睿亲王若允，为我国之福，否则当立皇子。我老矣，能胜此耶？"接着又说："吾以帝兄，常时朝政多不予知，何可参与此议乎！"说完，他起身退出了会场。

从代善发言的前后态度来看，其想法已有微妙的变化：开始，他明确支持豪格即位，但随着会议陷入僵局，而豪格坚决辞让，两派斗争已趋激烈时，他则取折中意见，不再立豪格，而希望在多尔衮和其他皇子中做出选择，他自己以年事已高为由，表明无意于皇位，并心情不快地离开会场，实则是对多尔衮的一种要挟，即将偌大的矛盾丢给多尔衮，让他亲自决定是自立为帝，还是立太宗之子为嗣君。此时，济尔哈朗也不再支持由豪格即位了。

形势逼人，容不得多尔衮再举棋不定。他既惧于两黄旗诸臣以死相争，又唯恐自立之后引发宫廷内部及整个八旗的全面厮杀和流血事件，但他又不甘心将帝位拱手让给政敌豪格。权衡利弊，很快打定主意，便说："诸兄所言是矣。肃亲王既承让退出，无继统之意，则当立帝之第九子。因其年岁幼稚，八旗军兵即由吾与郑亲王分掌其半，左右辅政。待福临年长之后，当即归政。"

在大是大非的艰难扬弃抉择中，多尔衮放弃了个人争取皇位的可能，同时他也排斥豪格即位，而采取妥协方式，选定时年刚6岁的福临，进而提出由自己和郑亲王两个人共同辅政，这实际是达到了自己掌控实权的目的。这一结果，是在睿亲王多尔衮和肃亲王豪格执不两立的情况下，所选择的最佳折中方案，而且也最容易被矛盾各方所接受。于是，一场弓在弦、剑出鞘的政治危机，终于被睿王的睿智所化解，进而避免了宫廷内部的流血厮杀，使朝廷内外马上恢复了往日的平静。

当最后这个决定由崇政殿内公布之后，两黄旗大臣深感欣慰，索尼、图赖、谭泰、巩阿岱、锡翰、鳌拜等人出离大清门，转入旁边的三官庙，他们重新聚会，"誓辅幼主，六人如一体"。

这场关乎大清命运的皇位之争，最后以叔侄相互妥协，改选第三者幼子福临为嗣君告终。年仅6岁的福临不费吹灰之力，皇冠竟从天而降，戴在了他的头上。由此开启了他的天子生涯！

六岁登极　年号顺治

按照清当时习俗和努尔哈赤留下的规则，当新君即位时，诸王贝勒及文武大臣须对天宣誓，表明公忠一心。这种传统的宣誓方式，可维持统治集团内部的团结与稳定。因此，当朝中宣布福临为嗣君之后，以礼亲王代善为首，率领皇族的各类重要人物，如多尔衮、济尔哈朗、阿济格、多铎、豪格、阿达礼、满达海等宗室显贵，对天宣誓，其中主要的誓词说："嗣后有不遵先帝定制，弗殚忠诚，藐视皇上幼冲，明知欺君怀奸之人，互徇情面，不行举发，及修旧怨，倾害无辜，兄弟谗构，私结党羽者，天地谴之，令短折而死。"[1]

紧随诸王贝勒，其他八旗诸臣也相继宣誓，表示要像效忠先帝那样，共同辅佐幼主；倘若个人不忠，陷害贤能，构启谗言等，如犯其中一条，则"天地谴之，即加显戮"。

多尔衮、济尔哈朗出任辅政，关系重大，诸王贝勒也须对此表明自己的

① 《清世祖实录》卷2，崇德八年八月乙亥。

立场和态度。他们同样以誓告天地的形式，向两位辅政亲王做出保证。他们宣誓说：二王辅理国政，为公议推举，我等如不忠于职守，从公审断，如有应得之罪，不自承受，则“天地谴之，令短折而死”。

最后，轮到多尔衮和济尔哈朗两人以辅政王的身份，一起宣誓天地，保证效忠幼主。二人提出：“我等如不秉公辅理，妄自尊大，漠视兄弟，每事行私，以恩仇为轻重，天地谴之，令短折而死。”①

数日后，两黄旗大臣以索尼为首二百余人，也做出同样内容的效忠誓言。

满族人敬天、畏天，对天无限崇拜，努尔哈赤建国时建元“天命”，皇太极即位后改元“天聪”，都表达了对上天的敬畏与崇拜。按照满族旧俗，从家事到国事，每有重要活动，必向天和地祝告、宣誓。如新皇帝即位，其宗室及文武大臣首先要拜天，说出自己的祝愿，做出保证，对皇帝忠诚不贰，言语行为一定端正。为此，不惜发出“毒咒”，以生命为担保，如违背自己的誓言，让上天夺去他的寿数，不得善终，等等。发出这些誓言，是让上天监督他们的言行，使自己对做坏事感到恐惧，以此克制或约束自己的不当行为。

其实，这种拜天告誓仪式，只能说表达了立誓人当时的一种愿望，一种思想信仰，对自己和别人起到心灵的慰藉。但在现实生活中，一旦人与人发生利益冲突，什么誓言、许诺、毒咒都会被推翻！果然，诸王贝勒及八旗大臣刚刚誓告天地，言犹在耳，福临尚未正式登极，争夺权力的斗争便继续下去，并引发了一场血案。

先说盟誓，并不是每个人都情愿参与。宗室镇国公艾度礼，是镶蓝旗固山额真，他对多尔衮、济尔哈朗两王辅政十分不满，实际上也是对推举的

① 《清世祖实录》卷1，崇德八年八月乙亥。

嗣君有意见，因此他就不愿参加誓告天地的仪式。艾度礼认为："二王迫胁盟誓，我等面从，心实不服。主上幼冲，我意不悦。今虽竭力从事，其谁知之？二王擅政之处，亦不合我意。每年发誓，予心实难相从，天地神明，其鉴察之。"[①]看来，这位宗室公爵对此类告誓天地活动不感兴趣，对立幼童为帝、二王辅政等也心怀不满，便不愿做口是心非的盟誓。但这种不满，艾度礼是根本无法表达出来的，他迫于压力表面服从，内心则并未顺从。最后，他把自己的这番心里话写到纸上，然后焚烧，只让上天知道他的心思。

严重的问题发生于集体盟誓之后，诸王贝勒中仍有部分人希望改变既成事实，推翻各方已达成的协议，再次企图将多尔衮推上皇位。就多尔衮本人而言，他也不甘心失去眼看到手的皇冠。

八月十六日，即盟誓后的第二天，礼亲王代善第二子硕托、代善之孙阿达礼两人不顾既成事实，四处活动，各方串联，极力为多尔衮游说，欲推举他当皇帝。硕托之所以如此，仅仅因太宗在世时，他曾因屡犯错误，而数次遭到降职、削爵的处分，以致形成他对太宗的怨恨。

阿达礼为代善之孙、萨哈廉之子。他对太宗皇帝没有敌意，也没有反对诸皇子的理由，可能仅仅因为太年轻，也许受到硕托的诱惑，便和伯父一起为谋立多尔衮当皇帝而奔走活动。此件事情的严重性，在于诸王贝勒及文武大臣已向新君福临和辅政王多尔衮共同对天地立誓，这是不能反悔的，否则就是不忠不孝、大逆不道！

硕托对此毫无顾忌，他与阿达礼密见礼亲王代善，说："今立稚儿福临为帝，国事可知，不可不速为处置。"其意十分明确，就是要推翻福临，重新考虑议立新君，即拥多尔衮为帝。代善闻言明确表态，坚决反对，对其说："既立誓天，何出此言？更勿生他意！"代善力劝硕托和阿达礼赶快打

① 《清世祖实录》卷5，第24～25页。

消这个念头，维护已宣告的誓言。但是，伯侄两人根本听不进去，阿达礼亲自找到睿亲王多尔衮，宣称："王正大位，我当从王。"硕托则派遣吴丹向多尔衮表态："至和硕睿亲王所，言内大臣图尔格及御前侍卫等，皆从我谋矣，王可自立为君。"多尔衮对两人的活动没有公开反对，也没有阻止，实际即是默认了。

在太宗去世、新君未立之时，礼亲王代善是个关键人物，他的态度将对政局的变动和嗣君的人选起到决定作用。所以，阿达礼又去劝说代善："众已定议立和硕睿亲王矣，王何默默？"阿达礼的意思是说，诸王都同意立多尔衮，就看您的态度了。代善对他的回答是断然拒绝，说："何为再发妄言？祸必立至，任汝所为！"代善再次向他胆大妄为的儿子和孙子发出严厉警告，也使多尔衮受到震动。其后，当硕托、阿达礼去求见多尔衮，希望进一步谋划对策时，多尔衮拒绝接见。无奈，两人又前往豫亲王多铎王府，多铎则说："此非相访之时"，也拒绝见面。很清楚，多铎此时与多尔衮是一样的态度：若推翻前议，重立多尔衮，此事关系重大。如果搞不好，很可能会引火烧身，祸及自身。因此他们都不想与二人再接触，以免受到牵连。

硕托、阿达礼的四处碰壁，使代善感到问题的严重。为防止事态扩大，他不惜大义灭亲，将硕托等人的阴谋活动正式告发。至此，多尔衮不得不说："吾亦闻之。"即于十六日晚，下令将硕托、阿达礼逮捕，"露体绑缚"，另将与此事有牵连的硕托的妻子和阿达礼母亲一起逮捕，未经审讯，更没有调查核实，即"缢杀之"。硕托之子和阿达礼的弟弟，"既缚而旋释，党余皆不治。"

硕托、阿达礼阴谋活动的败露，可以说是一次未遂政变。其幕后指挥者不是别人，正是多尔衮。议立6岁的福临为嗣君后，多尔衮对此并不甘心，他便趁福临尚未举行登极大典时，指使代善一子和一孙替他游说诸王，主要是希望能够做通代善的工作，那样自己就有希望登上帝位。硕托、阿达礼曾两度劝说代善，但均遭断然拒绝，不仅如此，代善还随即揭发了他们的阴谋活动，便使此事急转直下，迫使多尔衮也参与到揭发行列。十余年后，此事真相大白：多尔衮揭发，完全是他“惧罪及己，是以出首”。尤其是未经审讯，就将两人处死，显系杀人灭口。如果没有多尔衮背后支持和指使，一个名声不好、品级较低的固山贝子硕托和年轻的多罗郡王阿达礼，是无论如何也没有胆量公然四处活动的，最终只能是做了多尔衮争位的牺牲品。

八月二十三日，又发生了一件出人意料的事：有人写了一封匿名检举信，投到多尔衮王府。据当时居住在盛京城内的朝鲜人记述：此信中揭发“有皇帝旗属执权将领若干人，阴谋不轨”，据清官方史料，其图谋不轨者，乃是太祖努尔哈赤第11子巴布海夫妇，与太宗、多尔衮都是同父异母的兄弟。多尔衮给巴布海夫妇所定罪名是：“谋陷固山额真谭泰。”之后经审议，即以“诬陷之罪”处以死刑。诸王提出：“人命至重，杀之似过。”但多尔衮却不听诸王劝阻，坚持把巴布海夫妇处死。

巴布海与谭泰，一个是宗室的亲兄长，一个是固山额真，而多尔衮竟将兄长巴布海杀掉，执意保护与他有敌对之意的两黄旗将领谭泰，这就把事情完全弄颠倒了。此事与上述硕托、阿达礼的阴谋活动有关联。硕托、阿达礼为支持多尔衮曾四处游说，从两黄旗中也寻找支持者，就起到了瓦解政敌的作用。谭泰便是其中一人。

清朝官方对谭泰被诬陷的事情记载极为简略，对巴布海揭发谭泰的事实全部隐去，只用“谋陷”两字一笔带过。可以肯定，巴布海必有事实根据，否则一个宗室的人为什么要“谋陷”一个固山额真呢？多尔衮唯恐暴露他自己的阴谋，为免除后患，只有将巴布海夫妇杀掉，同样是杀人灭口。巴布海夫妇并不了解多尔衮，更不知道他的内心所想，故将揭发信误投多尔衮处，结果是自投罗网，取杀身之祸。谭泰其人，因受到多尔衮的特别保护，从此就投靠了睿亲王，很快成为其死党。当两黄旗将领不断受到排挤、打击时，谭泰却飞黄腾达，一直受到多尔衮的重用。由此反观巴布海事件，可知谭泰当时已背叛两黄旗立皇子或立豪格的立场，偷偷站到了多尔衮一边。正因为如此，在多尔衮死后被定逆案时，谭泰也受到了严厉惩处。

从确立福临为嗣君到正式即位前，短短10天之内，连续发生了几起阴谋和流血事件。仅仅从这些事件即可看出来，皇位争夺战一直没有停息，参与者大多付出了巨大代价，甚至丢掉性命。所有这些明暗较量和残酷斗争，在幼帝福临正式即位之后，才逐渐烟消云散了。

崇德八年（1643）八月二十五日，年仅6岁的福临为告祭郊庙，亲率文武百官斋戒，随后又举行了拜天昭告以及祭告太祖、太宗和列宗列祖等仪式。这些仪式结束后，意味着福临即位已得到上天及祖宗的批准，正式成为大清的合法继承人。

二十六日，满、蒙、汉八旗王公贵族、文武百官及宗室人等，齐聚盛京皇宫的笃恭殿（后改称大政殿），在这里，将隆重举行福临“即皇帝位”的大典仪式。

是日福临出宫时，由侍臣捧出貂裘，以抵御秋季的寒气。但福临一看见貂裘里面是红颜色的，即没有接受。一种说法是，幼帝福临认为重孝在身，即太宗尚未安葬，自己不宜穿红；另一种说法是，福临知道自己身为皇帝，应穿用黄色或杏黄色袍装，故谢绝了红色里子的貂裘。两种说法不必深究，其本意都是称赞福临虽然年幼，却颇为懂事。

此外还有一件趣事，也说福临具有天子的仪度：是日，当他从后宫“台上五宫”前往大政殿时，须乘御辇。因为他太小，乳母还像平时那样，想抱着他一同乘坐。福临却已明白自己是皇帝了，奶娘不可以与他同坐皇帝专用的御辇。于是，他拒绝奶娘上辇，说御辇不是下人所能乘坐的。这些传闻不能不使人感到惊异，也初步印证了福临的聪颖。

这天早晨，福临乘坐的御辇由凤凰楼抬下，过崇政殿，出大清门，向东拐入皇宫东侧的一个大院落，此院南北长，东西窄，正北面为一座金碧辉煌的八角大殿，此殿坐北朝南，巍然耸立。大殿的东西两厢，分别对称分布着十个亭式建筑，俗称十王亭。早已恭候的诸王、贝勒、大臣等，在赞礼官的导引下，一齐跪倒在笃恭殿前，迎接新皇帝升临御座。

福临下了御辇，在侍臣扶持下，登上金殿内的宝座。当他看到殿前一大片人向他跪拜时，内心不禁有点发慌，他连忙问："诸伯叔、兄长，你们朝贺行礼，我宜答礼乎？宜坐受乎？"旁边的侍臣告诉他："现在您是皇帝，不必答礼了。"

福临坐定后，即位大典正式开始。和硕睿亲王多尔衮、和硕郑亲王济尔哈朗率领诸王贝勒、贝子、公及内外文武群臣，向新君行三拜九叩头礼。随后，朝廷颁布登极大赦诏书，定年号为"顺治"，以明年为顺治元年。

诏书大意是表明新君继承先祖列宗之遗志，继续将大清事业向前推进。因为自己年龄还小，尚要有赖于诸伯叔、兄弟及大小臣工共同佐理国事。其下就是大赦各种罪犯的具体规定，目的是借此改元更始之时，给国人以祥和的环境，使之同心同德，共同缔造国家。诏书表达了新君对治国的愿望和期待，通过赦免罪犯，将恩惠施于国人。

其实，年幼的皇帝福临根本不懂这些事，很多大人的对话他也听不懂。所有事情均由两位辅政王及其他大臣替他拟定和发布，对国家的管理也就此开始。颁诏完毕，辅政王多尔衮、济尔哈朗率领文武百官再行三跪九叩首礼。至此，福临的即位大典礼成，全部仪式结束，清朝正式步入"世祖时代"。

两王摄政 共掌朝纲

多尔衮在皇位争夺中出于大局考虑，放弃了自己对于皇位的追求，提出将年仅6岁的福临立为嗣君，这一建议得到了诸王乃至其敌对者的一致认同。为了弥补自己的缺憾，他又提出由自己和郑亲王济尔哈朗共同担任摄政王，为幼君辅政。这一做法从实际情况来看，也的确需要，因为幼帝毕竟年小，尚无法执掌国政。

多尔衮不自己辅政，而是与济尔哈朗同为辅政王，大抵是出于避嫌，免得被人视为独擅大权。而多尔衮选中济尔哈朗为另一辅政王，也是从其名望、地位与功绩来考虑的。

济尔哈朗是太祖努尔哈赤弟弟舒尔哈齐的第六子，自幼为太祖抚育，封为和硕贝勒。太宗即位后，他一心辅佐，忠心耿耿，追随太宗南征北战，有时独自领兵出征，战功卓著。天聪五年（1631）改革官制，设六部，他受命掌刑部。无论用兵、行政，他都唯太宗之命是从。因此他虽属叔伯兄弟，太宗对他却胜过亲兄弟。崇德元年（1636）太宗改称皇帝时，他被封为和硕郑亲王。历太宗执政17年，他是少有的没有受到责罚的兄弟，在众兄弟子侄中享有很高的威望。他不属于努尔哈赤的直系子孙，无论功劳多大，威望多高，推选帝位继承人也轮不到他的头上。他亦无非分之想，只能安于现状。但他作为辅政亲王，确是一个合适人选。

多尔衮选择他作为其政治“搭挡”，是经过慎重考虑的。除了他的战功与威望能服众，还因为他不属于努尔哈赤的直系子孙，在名分上比直系就略低些，以便于多尔衮协调和控制。初议辅政，以长幼之序，济尔哈朗年长于多尔衮，故列名于睿亲王前。但此后不久，辅政之名改为摄政，两王排名顺序亦发生改变，多尔衮改列于济尔哈朗之前。

实行辅政制之初，诸王大臣愿望未尝不好，连身任辅政王的多尔衮和济尔哈朗也希望辅佐幼帝处理好国政，但个人权力的膨胀很快终止了这种平衡。很快，多尔衮排挤掉济尔哈朗，独擅大权，进而逼近皇帝的宝座，对皇权构成了直接威胁。

辅政伊始，睿、郑两位亲王尚能和衷共事，各有分工。多尔衮主管刑法、人事、内外政事等事务，济尔哈朗专管军事、征伐。当时，留在盛京城内作质子的朝鲜李氏王朝世子看得清楚：“刑政除拜，大小国事，九王多尔衮专掌之；出兵等事，皆属右真王济尔哈朗。”

从两王的分工可以肯定，辅政一开始，列名在后的多尔衮就处于主导地位。如内政、外交“大小国事”，都归多尔衮操持，其权力是很大的，他行使这些权力，足以使他居于权力的核心。济尔哈朗只负责军事，权力有限。两王权力的分配，已使名列在前的济尔哈朗处于从属地位。

济尔哈朗对这一现状及自己所处地位，似乎并无异议，仍是实心实意地做事，认真履行辅政的职责。对于多尔衮来说，他从并列的八王之中高出，跃居诸王贝勒之上，开始行使名为辅政、实则皇帝的职责，这在他的个人政治生涯上，已是一次巨大的飞跃。

此时的多尔衮仅仅30出头，锐气正盛，极富进取心。自宣布设立辅政王之日起，他就忙不迭地开始着手处理朝廷内外的大小国事。新皇帝刚刚即位，他最先做的一件事，就是向中外宣告新皇帝即位的消息。他先后派使臣出使朝鲜、外藩蒙古诸部，向他们颁布“大清顺治皇帝即位诏书”，并减免了朝鲜部分岁贡，以示皇恩浩荡，怀柔远人之意。朝鲜作为清朝的属国，闻听新皇帝即位及减免贡品的喜讯，不敢怠慢，迅速派使臣赶赴沈阳，恭贺顺治帝福临即位。遣使、接待等礼仪皆由多尔衮主持，并以新皇帝的名义，向他们颁赏、赐宴。

九月二十一日，清太宗去世已40余天，宫内为其举行了隆重的安葬仪式，将太宗皇帝葬于盛京城北郊的昭陵，也就是沈阳民间俗称的“北陵”。为大行皇帝所尊上的谥号为“应天兴国弘德彰武宽温仁圣睿孝文皇帝”，庙号为“太宗”。

就在睿亲王多尔衮顺利操持国家大事的同时，郑亲王济尔哈朗也同时开始了对外征战的步伐。太宗尚未安葬前，辅政二王经商议，由济尔哈朗统率将士先除去丧服，为出征辽西做好准备。此次军事行动名为征宁远（今辽宁兴城），实际是攻取宁远以西至山海关之间的中后所、中前所、前屯卫三城。济尔哈朗的意图十分明显：先剪除防守薄弱的前屯卫等三城，以便切断宁远与明山海关的联系，从而将宁远城彻底孤立起来，再集中兵力对它发动最后攻击。

崇德八年（1643）九月十一日，郑亲王济尔哈朗、武英郡王阿济格统领大军，携红衣大炮和各种火器自沈阳出发，直奔宁远而来。清军越过宁远，首先进攻中后所城（今辽宁绥中）。攻城是在九月二十四日傍晚开始。激战一夜，于次日将城轰开，明兵溃逃，清兵随之入城，擒斩明游击吴良弼、都司王国安等20余人，歼灭明马步兵4500人，俘虏4000余人。

接着，九月二十九日转攻前屯卫，至十月一日破城，斩杀明总兵李辅明、袁尚仁等30余员将官，歼灭4000余人，俘获2000余人。济尔哈朗乘胜进军，派护军统领阿济格、尼堪率部分八旗兵进攻中前所。守城的明总兵黄色得知前屯卫城已陷落，惊惶失措，弃城而逃。清军顺利进入中前所，俘获千余人。

此次的军事行动，前后加起来不过七八天，中后所、前屯位等城明军做了力所能及的抵抗，但都被清军击败。明朝方面除丢失城池外，损失守城官兵1.5万余人，城中所储军需物资，均被清军收掠一空。至十月十七日，济尔哈朗率师还归盛京城。

清军此次出征，应是睿、郑两亲王初任辅政后所取得的一次重大军事胜利，消灭明军的大量有生力量，为不久后的进关之战扫清了障碍。

至十二月中旬，多尔衮与济尔哈朗又采取一项重大的政治举措："罢诸王、贝勒、贝子管部院事。"原来，早在天聪五年（1631）七月，皇太极仿明制初设吏、户、礼、兵、刑、工六部，后来又陆续组建了理藩院和都察院，由自己的兄弟、子侄和亲戚分掌六部、两院大权。当时，阿巴泰、多尔衮、多铎、德格类、济尔哈朗、豪格、杜度、岳托、萨哈廉、博洛、阿什达尔汉等人，曾先后担任各部院首脑。

爱新觉罗家族成员分别掌管六部、两院各项事务，使得国家权力掌握于家人手中，可以更好地行使管理职能。但凡事有一利亦有一弊，诸贝勒分掌国家权力，必然会削弱汗权或皇权，而且随着各旗诸王势力的不断增长，诸王贝勒之间的矛盾斗争已不可避免。太宗去世后，诸王贝勒为争夺帝位几乎兵戎相见。而随着福临即位和两辅政王掌权，执掌六部、两院的诸王贝勒位居两王之下，造成政治上新的不平衡。另外，诸王贝勒均为宗室，辈分年龄有序，也使两亲王无法严格管理。因此要想更有效地发挥六部、两院的职能，就必须采取集权制，扫除辅政体制运行的障碍，两亲王遂决定罢诸王贝勒管部院事。

于是，多尔衮、济尔哈朗两辅政王召集诸王、贝勒、贝子及诸王公大臣，向他们宣布了上述决定。两亲王在诏令中具体地阐明了他们的理由，其大意是：不久之前，诸位已经立誓，凡属国家大事，皆要由大家共同商议之后才能做出决定。现在看来，众议之时难免说法过多，不便做出判断，反而会误了国家大事。我们两人在皇帝年幼时辅政，无论做得好坏，我们都会承担相应的责任。因为责任重大，我们不得不说。太宗皇帝让大家管理六部时，曾经说过：现国家初创，由各子弟暂时管理部事，待日后大功告成，即行停止。我们二人已担任辅政，不宜再兼理部务，我们己不管部事，而诸王还继续管理，亦为不便。所以，我们希望诸王管部事自今起一概停止，不知诸位以为如何?

多尔衮、济尔哈朗以辅政两亲王的名义发布命令，参加会议的诸王、贝勒、贝子及王公大臣等都明白他们的意图，谁能说不赞成？豪格、多铎等人虽然心有不甘，但他们又找不出恰当的理由反对，只好随众一起勉强同意。经议定，除贝子博洛、公满达海之外，诸王、贝勒、贝子一概停止兼管部事；各部承政改称尚书，部院事务悉由尚书主持。

诸王贝勒被罢去六部、两院的行政权，转由具有实际经验的异姓满、汉尚书掌管。他们没有爵位，没有依附关联，凡事尽心尽力，使得两辅政王主持朝政更加得心应手。

顺治元年（1644）正月初一日，福临增长一岁，年满7岁，按照礼制，应在御殿接受百官朝贺。上朝之际，福临以礼亲王代善年老、资历最深、地位显要，而恩赐其“勿拜”。正月初五日，派遣沙尔虎达率师征库尔喀；初十日，派达哈巴图鲁等“代戍锦州”。朝廷中的各项事务均属正常，国家政务运转顺利，两个辅政王表面上看配合默契，并没有什么矛盾，给人以协调、和谐的感觉。

但就在初十这天，济尔哈朗召集内三院、六部、都察院、理藩院各衙门堂官，宣布关于他自己的一项重要决定：“今后各衙门料理事务，或有应白于我二王者，或有记档者，皆衔启知睿亲王。档书名，亦宜先书睿亲王名。其坐立班次及行礼仪注，俱照前例行。”①

济尔哈朗突然做出这个决定，的确使人感到意外。其实，只要稍加思考就会明白，多尔衮作为辅政王，具有太祖之子、太宗之弟、福临叔父的三重身份，而济尔哈朗仅仅是太祖之侄、太宗之叔伯兄弟、世祖之堂叔，其身份高低远逊于多尔衮。这使得忠厚的济尔哈朗不安于坐第一辅政的位置。与其名列第一，何如退居其次，让多尔衮名正言顺地位居第一，他甘愿居第二，这样就不致产生矛盾。

多尔衮对济尔哈朗的退让持何种态度？无论是多尔衮传记，还是官方史籍，都没有反映。不过可以肯定，济尔哈朗的退让，正合多尔衮之意，从此走上先专政再专权的道路，进而权倾朝野，威逼皇帝。这正是多尔衮悲剧的开始。

多尔衮虽然专权，但是处理政务还是相当精明。他忠于职守，秉公办事，很好地负担起国家大政。

这年正月间，朝鲜李氏国王赠送给多尔衮个人一些礼物，如果他照常收取，并不会构成多么严重的问题。然而，他想到要为众多兄弟、子侄及文武大臣立规矩，树榜样，便召来济尔哈朗及诸王大臣，就朝鲜国王赠送礼物一事，向他们通报，并做出规定说：当年攻朝鲜时，我曾率军攻取江华岛，保全了朝鲜国王李倧的妻子，因此对方怀有感激之情。战后，朝鲜国王为报答我的恩情，常私自赠送礼物。当时，有先帝太宗皇帝在，我必报告而后受之。但是，“辅政王与朝鲜国王谊无私交，不当受”。最后他提出，今后“禁外国馈诸王贝勒者”。

多尔衮立下规则，拒收朝鲜国王礼物，就是明告诸王贝勒、贝子及王公

① 《清世祖实录》卷3，顺治元年正月己亥。

大臣，要以他为榜样，人人遵守，勿得违犯。仅从此事即可看出多尔衮继承了太宗的优良传统，是在推进事业发展。所有这一切，都为不久后的清军入关、君临天下做好了准备。

二

清军入关

SHUDU QINGSHI
DINGDING BEIJING

大顺亡明 一朝更替

公元1644年，即明崇祯十七年、清顺治元年，是中国历史上“天崩地陷”大震荡的一年。这一年的春天，李自成农民军率先灭亡了明朝，揭开了大震荡的序幕，中国历史进程为之改变。随后，清军入关，在故明将领吴三桂配合下，驱逐李自成农民军，攻占北京。同年九月，清王朝将首都由盛京迁至北京，实现了入主中原的夙愿。

这场惊心动魄的历史巨变，成为中国古代最重要历史节点之一，而它的最初起点，即是李自成率农民军起义。

李自成统率的农民军，崛起于西北地区。崇祯元年（1628），李自成加入农民起义队伍，历经15年出生入死的战斗，由士卒而闯将，而闯王。几经失败和挫折，从最初的数百人，发展成左右时局的重要力量。

崇祯十七年（1644）正月初一，已攻取西安的李自成在此宣布建立国家政权，国号“大顺”，改元“永昌”，本年即为永昌元年。这标志着大顺农民起义军进入到一个新的阶段，即将向明王朝发动最后攻击。

正月初八日，李自成挥师百万东渡黄河，兵锋直指北京。一路之上，农民军不断散发建国诏书和讨明檄文，历数明朝种种罪恶，又向明廷传送通牒，表明自己誓与明朝决战到底的坚定立场。

大顺军的举动引起明统治集团一片惊慌，许多人意识到大明已危在旦夕。明思宗（崇祯皇帝）朱由检在巨大的危机之下，首先想到御驾亲征。他不胜悲愤地说："朕非亡国之君，事事皆亡国之象。祖宗栉风沐雨之天下，一朝失之，何面目见于地下！朕愿督师亲决一战，身死沙场无恨，但不瞑目耳。"①

明朝众臣当然不会让思宗出征，大学士陈演、蒋德璟等人上疏愿替皇帝出征。但他们根本不懂军事，只是装装样子，以示要替皇帝分忧。另有一个名叫李建泰的缙绅，上奏恳请督师出征。李建泰家住山西，积财甚厚，因担心农民军劫夺其财，故力请出兵，以护卫家财不受损失。思宗受其迷惑，答应了他的请求，并举行隆重仪式为其送行。不料李建泰领兵刚一出京，士卒就因不愿打仗而纷纷逃亡。余军进到保定，即被农民军打败，城池也丢了。李建泰自刎未死，成了农民军的俘虏。

面对农民军的强大攻势，明廷无饷而难以聚兵，只能眼睁睁地看着各地守军被农民军一一击败，一座座城镇被逐一攻破。于是，朝臣又提出了另一种方案，詹事府左中允李明睿向思宗上奏，提出迁都之策："惟有南迁，可缓目前之急，徐图征剿之功。"由于南迁首都关系国家根本，思宗虽有此意，但又担心群臣反对。果然，此议一出即被群臣否定，此后迁都之议即不了了之。

在国家面临危亡又无力自救的情况下，都城南迁，退守江南，再图进取复兴，不失为一招应急救亡之策。但明思宗其人好猜忌而多疑，爱虚荣而不求实际。他知道迁都关系重大，却不肯承担责任和风险，总想让臣属担当下

---

①《明史》卷253，《李建泰传》。

来，但诸臣已经看透他的品性，只说反对迁都，因此也就失去了此条良策。

至二月末，李自成大军势如破竹，日益逼近京畿。此时，左都御史李邦华又献一策："太子南行，皇上固守。"这就是说让太子离开危地，到陪都南京城去，万一北京失守，太子即会承担建国责任，在江南继续掌有半壁江山！此策较前策更为稳妥。太子为"国本"，保留住太子，亦即保留了国脉。岂料，思宗还是不敢承担责任，此议又没被通过。

最后一个解救的办法，是下令放弃宁远城，调总兵吴三桂率辽东劲旅进京勤王。这是最实际、最可行的好办法。此时，吴三桂统率辽兵有4万人，独守宁远孤城。清军已于前一年即崇德八年（明崇祯十六年，1643）九十月间，将宁远与山海关之间的三座城堡中后所、中前所、前屯卫攻破，毁三城而归。清军当时没有主动攻击宁远，主要原因是该城十分坚固，防御严密，更有吴三桂率辽兵固守，很难攻取，只布置了游动哨进行监控。

但在思宗提出欲调吴三桂军进京勤王之时，竟引起朝中一场纷争。原来，明律明确规定："擅弃封疆，律无赦。"让吴三桂军放弃宁远城进关，实际就等于丢弃了该城，那么这个弃城之责该由谁来负呢？思宗害怕落下不战而弃祖宗疆土的罪名，企图让朝臣承担这个责任。他委婉地说："此等重大军机应行与否，原应先生们主持担任，未可推诿，延缓误事。"当朝诸臣久历宦海，深知皇帝心术，谁肯自取杀身之祸？首辅陈演冠冕堂皇地声称："一寸山河一寸金，吴三桂的宁兵万不可调！"他着重表示："此真安危大机，臣等促膝密商，意皆如此，实未敢轻议也。"又说："臣等迂愚无当，诚不敢以封疆尝试，伏乞圣裁。"[①]最后逼迫思宗自己做出撤离宁远的决定。但陈演等重臣仍不肯承担一点责任，又召集阁臣开会，一方面敷衍皇上的谕旨，另一方面提议："宁远撤否，宁军应否调进关内？请地方大员总

① 蒋德璟：《悫书》卷11。

督、巡抚、镇等各级官员议定。”思宗百般无奈，只得下旨各省征求意见。

从正月十九日提出调吴三桂军进京勤王的想法，一直商议20多天，仍然没有结果，而李自成农民军则已于二月初八日攻克山西首府太原。消息传来，“京师为之震动”。这时，边镇各督抚得到征求关于撤出宁远意见的谕旨，正在慎重考虑，唯有蓟辽总督王永吉明确表示：“宜撤宁远，令吴三桂统边兵守山海关，即京师有警，关门之援可旦夕而至也。”思宗将王永吉的奏疏出示给陈演与另一位大学士魏藻德等人。陈演等人还是不敢表示赞同，又提出：此事应征求各抚镇将领的意见，而后再予定夺。大臣们在私下窃议：“皇上此时有急，故行其计，但事定之后一定会以‘弃地’杀我辈，且奈何？”一语道破了明思宗为人猜忌之深、心胸狭隘之重。

思宗征询诸臣意见不得结果，便在德政殿召集科道九卿会议，再议撤回宁兵之事。诸臣之中，只有大学士范景文、倪元璐、朱元俊等少数人支持王永吉的意见，吏科给事中吴麟征辩论尤为激烈。他说：“宁远孤城，其势必撤。今日弃之为弃地，明日弃之为弃人。弃地已不可，弃地兼弃人更不可。吴三桂勇将宜收用，（不可）委之他人。今寇旦夕至，若使（辽军）来捍京师，一举两得。”但他的建议并未得到诸臣支持。吴麟征气急之下独自署名，将这一奏疏呈交思宗，可思宗却出于种种考虑扣留了奏疏，不批示，不下发。接着，吴麟征又补写一疏，痛陈利害，力图说服思宗尽快做出决策[①]。

此时的明朝诸臣囿于成见，以“弃地”为耻，实则是为明哲保身，便顽固反对放弃宁远城。同时，陈演、魏藻德等人又想出一个主意，建议思宗在宫内召见吴三桂之父吴襄，征求他对弃宁远之议的看法。

原来本年正月初，吴襄已奉召来到北京城中，任提督御营之职，负有保

① 朱诚如主编（李治亭分卷主编）：《清朝通史·顺治朝分卷》。

卫京师的责任。究其缘由，是思宗皇帝不放心吴三桂，唯恐他率部投靠清政权，故将其父调入京城，视同人质，用以牵制吴三桂，使其死心塌地效忠明朝。思宗接受陈、魏两人的建议，于二月十二日召见吴襄，而吴襄也坚定地反对撤兵宁远，他说："祖宗之地，尺寸不可弃！"思宗被说中了痛处，但对撤与不撤宁远之兵，仍是举棋不定，又没主张。

尽管思宗已有放弃宁远的想法，也得到京外部分督抚的赞成，但以陈演、魏藻德为首的重臣仍抱定"弃地非策"的主张。这样，议撤宁远之事足足拖了一个多月，还是没有结果，思宗自己不愿承担"弃地"的责任，这件关乎明朝存亡的大事最终无果而终。

崇祯十七年（1644）三月初，李自成率领农民军抵达宣府。这里距离京师仅有五六百里，大军进攻指日可达。告急奏章如雪片般送达京师，举朝惊慌。思宗召集文武百官，追问"战守之策"，诸臣皆默默无语。思宗仰天长叹，愤愤地说："朕非亡国之君，诸臣尽亡国之臣耳！"

面对国将不国的危机局势，思宗非常后悔未采纳吴麟征之议。他赶紧把留中的奏疏批转下去，决定弃宁远，调吴三桂进京勤王。三月初四日，思宗传下手诏，赐封吴三桂为"平西伯"，与其同封的还有左良玉、唐通、黄得功等人，皆晋封为伯，后又补封刘泽清为"平东伯"，另给刘良佐等20余员将官晋级。为挽救覆亡的命运，思宗不得不用重赏、高爵位来激励将士效命。

六日，思宗正式下达谕旨，命令放弃宁远，征召吴三桂、蓟辽总督王永吉、密云总兵唐通、山东总兵刘泽清等率部入京勤王。但在此危局之下，已无人忠心效命，刘泽清谎报坠马，脚部受伤，借故不予赴京；吴三桂、王永吉等远离京城，何时发兵不得而知；只有唐通距京师较近，即率8000人马先赴京师。但这点兵力与李自成的"百万之师"相比，不过是杯水车薪，况且唐通本人缺少勇气与谋略，根本救不了大明的危局。思宗一见唐通，却视之如救星，当即给予重赏，封唐通为"定西伯"。唐通慷慨激昂，表示不辱君命，不料随后他与监军太监杜之秩率部赴居庸关防堵农民军时，竟投降了李自成，至该关不攻而破，农民军自西北方向进入长城后，毫无阻拦地直趋北京。

再说山海关外，思宗派特使太监谢文举星夜驰至宁远，向吴三桂下达赴京勤王的旨意。吴三桂自知宁远非长久可守，又担心京城中家眷安危，正急于离开此地，一接圣旨，即部署撤离事宜。约在三月十日，吴三桂率守城军民数十万众，放弃明朝苦心经营近200年的宁远孤城，向山海关进发。由于吴军所带家眷、辎重过多，全军行进缓慢，从宁远到山海关不过100公里，但吴军却走了5天，直到十六日才进入山海关内，而此时农民军先头部队已越过昌平，进至北京郊外。吴三桂在进关后，向兵部提出："请马一万，安歇家口五日。"思宗心急如焚，却又对其无可奈何。

三月十七日，李自成亲统大军进抵北京城下，列队环攻。原驻扎于城外的明军大营顷刻瓦解，尽降李自成。城墙上的明军守备力量不足，每垛派守一人尚不够。襄城伯李国桢奉命指挥守城，因缺兵少将，经奏请皇帝，由内官派出数千人登城守卫，凡重要之处，包括城门，"皆内臣，外臣不得上"。在京城危急时刻，思宗还是信任太监，而他们中的许多人都不懂军事，也并不忠心，最终出卖了明王朝。

十八日，明朝守城部队已濒临瓦解，思宗无计可施，为挽回人心，他再度传发罪己诏，并命罢除为百姓所痛恨的"三饷"加派，但这些做法已无丝毫意义。午后，农民军展开大规模攻城，"炮声不绝，流矢雨集"，并呼叫城上明军速速开门，免遭屠杀。在西直门、平则门（后称阜成门）、德胜门等处，农民军竖起云梯重点进攻，全城形势岌岌可危。李自成在彰仪门前设座，亲自指挥攻城，被俘获的明宗室秦、晋二王在李自成左右两侧席地而坐，投降农民军的太监杜勋则在旁陪侍，并奉命向城内喊话劝降。李自成命人把一封劝降信系于箭上，射入城中。接着，李自成命杜勋缒城入见思宗，劝其让位。思宗接信后不为所动，最后放掉了杜勋。

为挽回败局，身处瓮中的思宗发布亲征诏书，以示决心。其诏书内容为："朕以眇躬，上承祖宗之丕业，下临亿兆于万方，十有七年于兹。政不加修，祸乱日甚，抑贤人在下位欤？抑不肖者未远欤？至干天怒，积怨于民下。赤子化为盗贼，陵寝震惊，亲王屠戮，国家之耻，莫大于是。朕今亲率六师以往，国家重务，悉委太子。告尔臣民，有能奋发忠勇，或助粮草、舟车、器械，骡马、俱诣军前听用，以歼丑逆，分茅胙土之赏，决不食言。"[1]

此份诏书表明了思宗誓与农民军血战到底的决心，明确拒绝李自成的劝降条件，可在敌我双方实力相差悬殊的前提下，思宗的所有努力不过是以卵击石，而且因贻误时机，京城被层层包围，皇太子也插翅难以逃离京师了。

是夜，负责守卫彰仪门的太监曹化淳接受农民军劝降，悄悄打开城门，献城投降。农民军即一拥而进，迅速占领了外城。夜半时分，思宗登上煤山（今景山），但见城外火光冲天，四面呐喊，解救已无希望。他虽欲突围求生，可走了几个大门，均被城外的攻势挡回，便又折回宫中。

身如困兽的思宗自知时间无多，开始着手处理后事：命成国公朱纯臣提督城内、城外军事，辅佐东宫；命暂将太子及诸皇子分送外戚周奎、田弘遇两家躲避。之后，在天色渐明之时，思宗怀着满腔悲痛，手持宝剑在宫内屠杀自己的家眷，先将长公主右臂击断，逼令皇后、贵妃等人自尽，又刺死御幸之嫔妃。此时，举朝诸臣及内监皆已星散，思宗身边仅剩太监王承恩一人。思宗在王承恩搀扶下，退到宫后的煤山，自缢于山左侧一亭前的小树下。

三月十九日黎明，京师诸城门大开，农民军将领李过、刘宗敏等先行入城，安抚百姓。至午时，李自成头戴白毡笠，身着蓝色縹布箭衣，乘一匹乌驳马，在诸将和大队人马簇拥下，自德胜门进入北京城，统治中国达276年的

① 《明思宗实录》卷17。

明王朝宣告覆亡。

三月二十日，吴三桂率军行至丰润，得知京师已经陷落的消息。他下令停止进兵，拨转马头返回山海关固守，北京城因无人可救，完全变成大顺农民军的天下。

对于驻守山海关且拥有数万兵力的吴三桂，李自成等农民军领袖曾给予高度重视。一天，李自成对丞相牛金星、军师宋献策说："山陕（山西、陕西）、河南、荆襄（湖北）已在掌握之中，大江以南传檄可定，惟山海关吴三桂是一骁将，当招致麾下，而辽东劲敌又使我衽席不安。"[①]

如何解决山海关问题，大概有两种方式可以选择：一是用武力夺取，彻底消灭吴三桂所部；二是和平招抚，避免双方流血战斗，对农民军最为有利。李自成与谋臣商议后，决定以政治手段解决，招抚吴三桂。

在招抚吴三桂过程中，李自成曾派降将张若麒、左懋泰、王则尧等人，先后携带金银、锦帛和封侯敕书等前往劝降，又以其父吴襄名义写信，力劝三桂投诚。吴三桂接到多封劝降信后，考虑到皇帝已经殉国、父母家人等均被扣在农民军手中，即准备接受劝告归降。他派人"报使于李自成，自称随即卷甲入朝"。

三月二十八日，吴三桂在山海关为殉难的明思宗及其后妃治丧，全军缟素举哀。治丧后，他将山海关防务交给李自成所派唐通守御，自己率所部启程进京。吴军行进至永平（今河北卢龙），吴三桂传令张贴告示安民。四月四日，在永平西面的沙河驿，吴三桂遇到从京城逃出的家人。当他得知自己的爱妾陈圆圆被农民军将领刘宗敏掠去时，深感奇耻大辱，勃然大怒，咬牙切齿地恨恨说到："大丈夫不能保一女子，何面目见人耶？"吴三桂当即下令全军停止前进，回师返归山海关。他杀掉李自成派来的使者，发布"讨

① 孙旭：《平吴录》，辛巳丛编本。

贼”檄文，积极募兵备战，欲图复兴明室。他给父亲吴襄写了一封绝情信，公开声明与大顺政权决裂。为避免自己腹背受敌，陷入孤立无援的险境，他听取部将“借兵”之策，准备“请北兵（清军）进关，共歼‘李贼’，以雪君父大仇”。

此事出现戏剧性的变化，正如清初著名诗人吴梅村在《圆圆曲》中生动描述的“恸哭六军俱缟素，冲冠一怒为红颜”。吴三桂的降而复叛也间接决定了李自成农民军在清、吴两军联合下，很快被击败的命运。

八旗进关

文程谏言

早在吴三桂派出特使向多尔衮借兵的数月之前，清政权作为当时政治舞台上另外一个重要的角色，已经主动地开始了自己的进取过程。

顺治元年（1644）正月，摄政王多尔衮遣使携带书信，取道蒙古寻找李自成农民军，希望通过与农民军联合来实现共同伐明的策略。多尔衮这样做，表明他认为入关的条件已经成熟。此时，明朝在关外的防御只剩下宁远一座孤城，再也无法阻挡清军进攻山海关的脚步。多尔衮之所以寻找农民军合作，也是执行太宗生前的遗策，通过联合"农民军"，以便更快地推翻明王朝统治。

不久，多尔衮派出的特使便找到农民军，但李自成对此根本不予理会，遂使此项谋划落空。当时，李自成之所以拒绝多尔衮的提议，是其统帅的数十万大军已对明朝发起了总攻击，自身实力空前强大，根本不需要清军的合作。三月十九日，李自成农民军开进北京城，明朝宣告灭亡，清军联合农民军共同灭明的设想成了黄粱一梦。

早在明朝抽调吴三桂军入京勤王之际，清朝方面已获知明军放弃宁远城，全部退入山海关的情报。当时，多尔衮等执政者虽然还不知道李自成兵临北京，却从时局变化中判断出明朝必是面临严重危机。从此，清朝方面对关内情况高度重视，密切关注着局势的发展。多尔衮下令全军“修整军器”，储备粮饷、马匹，预定在四月初“大举进讨”明朝。

三月末至四月初，清朝方面获知李自成军已攻占北京，多尔衮立即召开宫中会议，与诸王贝勒、文武百官共同商讨对策。多尔衮在对时局的认真思考中，想到了一个重要人物，他就是身历太祖、太宗两朝的汉族谋臣范文程。此时，范文程尚在辽南盖州汤泉养病，多尔衮派人紧急召回范文程，以共商出兵大计。

范文程原为明朝辽东地区的一个普通秀才，世居沈阳，于后金天命三年（1618）努尔哈赤攻取抚顺时投降。太祖对其虽予以礼遇，实际上却并未重用。皇太极即位后，一改父汗轻视汉官的政策，将范文程等一批汉官收为心腹之臣，随侍左右，委以重用。范文程则不负太宗的信赖，实心任事，出谋划策，博得太宗的尊敬。至福临登极之时，身历两朝的范文程处于元老地位，得到辅政王多尔衮的特殊信赖和倚重。

范文程回到盛京，参加诸王贝勒的临时讨论，他胸有成竹地说：“自‘闯寇’猖狂，中原涂炭，近日倾覆京师，戕厥君后，此必讨之‘贼’也。（李自成）虽拥众百万，横行无惮，其败道有三：逼殒其主，天怒矣；刑辱缙绅，拷掠财货，士忿矣；掠民资，淫人妇，火入庐舍，民恨矣。备此三败，行之以骄，可一战破也。我国家上下同心，兵甲选练，诚声罪以临之，恤其士夫，拯厥黎庶，兵以义动，何功不成！”[1]接着，范文程对进军中原应采取的策略又提出方案：如果只想留居关东（山海关以东，泛指东北地区），不图大进，则“攻掠兼施”；如想进占中原，则“非乂安百姓不可”。

① 《清史稿》卷232，《列传十九》。

深谋远虑的范文程提议，要乘明朝刚被推翻的混乱时机，挥师进关，进而建立全国统治。这个宏伟目标，极大鼓舞了以多尔衮为首的清统治者，而范文程分析农民军“三败”的论点，则从思想上坚定了他们入关夺权的信心。会议之后，范文程又于四月四日书千百言，再次阐明出兵入关的战略思想和具体措施。这份奏疏十分重要，是清朝统治集团决策入关的特殊物证。

范文程在这份奏疏中，强调此次出兵入关与往日不同，昔日几次进关是得金帛子女，而此次则是要得“河北数省”，以便占据中原，再得全国。他疾呼：进关，是清朝兴亡的紧要关头，是千载难逢的历史性机遇，成大功而建一统江山在此时，失机遇而遗恨亦在此时。他明确地提出，在明亡之后，清朝的敌人不再是明朝，而是更强大的农民军，清军将同他们进行角逐而决最后胜负。为保证清朝实现其战略目标，范文斌制定了具体政策，并建议在军事上或直趋北京，或在山海关以西选择一座坚城，驻兵固守，作为关内、关外相连的中继站，以保持前方与后方的畅通无阻。多尔衮作为足智多谋的一代枭雄，充分认识到把握时机的重要性，他完全采纳范文程的意见，果断做出决定：即刻出兵，入关夺权。

随后，八旗大军即被调动起来。四月七日，多尔衮率在朝文武大臣于盛京举行庄严仪式，向太祖、太宗在天之灵祭告出师。次日，7岁的世祖驾临笃恭殿（后改称大政殿），朝见诸王和众将，向辅政和硕睿亲王多尔衮颁赐“奉命大将军”敕印，以自己年幼，授权多尔衮“代统大军，往定中原”，其战守方略，一切赏罚，“俱便宜从事”。多尔衮受敕印，行三跪九叩礼。世祖又赐其黄伞等御用之物，并赐给其他随征将领衣服、鞍马等物。四月九日，多尔衮率多罗郡王多铎、多罗武英郡王阿济格、恭顺王孔有德、怀顺王耿仲明、智顺王尚可喜、续顺公沈志祥及范文程、洪承畴等一大批满洲、蒙古、汉军将领，还有留质于沈阳的朝鲜世子李溰等人，齐聚堂子，奏乐行礼，向天祈祷。礼毕，炮声大作，多尔衮统率“满洲、蒙古三分之二及汉军与恭顺等三王、续顺公兵”启行。

此次清朝所发满洲、蒙古官兵实数约为8万人，汉军全部与恭顺等三王、续顺公部应约为8万人，由此可知，多尔衮所率将士约为16万众。渡过辽河后，朝鲜国王奉召派出兵员600人随征。又据李氏朝鲜方面记载：清朝征集“男丁七十以下、十岁以上，无不从军”。“前后兴师，未有如今日之大举。”综合来看，清朝在它所管辖的范围内，下达了全面战争的动员令，倾举国之师，志在必胜。多尔衮决策进关的意义，正如出使朝鲜的清朝使臣郑命寿所言：“成败之判，在此一举。”

清军师出盛京，大约以每天30公里的速度行军。时值农历四月上旬，春风送暖，气候宜人。八旗大军快马加鞭向西进发。此次清兵进军路线，仍照皇太极生前屡次进关的行程，绕开宁远、山海关，经内蒙古地区直趋长城。此时，多尔衮对山海关方面的情况还一无所知，不便贸然疾进，便在行军中派人探听情况，并组织旗兵沿途行猎。

四月十三日，大军已渡过辽河，前进至辽河西60公里处宿营。多尔衮将洪承畴召至帐内密议，征询他对战况的想法。

洪承畴原是明朝蓟辽总督，在明清松山决战中战败被俘，后归降清朝。由于他久经战阵，并长期与农民军交锋，因而当他进入睿亲王大帐，得知是询问其击败李自成农民军之策时，便胸有成竹地提出：“我兵之强，天下无敌，将帅同心，步武整肃，流寇可一战而除，宇内可计日而定矣。今宜先遣官宣布王令，示以此行特扫除乱逆，期于灭贼，有抗拒者必加以诛戮，不屠人民，不焚庐舍，不掠财物之意。仍布告各府州县，有开门归降者，官则加升，军民秋毫无犯。若抗拒不服者，城下之日，官吏诛，百姓仍予安全；有首倡内应立大功者，则破格封赏，法在必行，此重务也。况流寇初起时，遇弱则战，遇强则遁。今得京城，财足志骄，已无固志，一旦闻我军至，必焚其宫殿府库，遁而西行。贼之骡马不下三十余万，昼夜兼程可二三百里，及我军抵京，贼已远去，财物悉空。逆恶不得除，士卒无所获，亦大可惜也。今宜计道里，限时日，辎重在后，精兵在前，出其不意，从蓟州、密云近京处，疾行而前。贼走则即行追剿，倘仍坐据京城以拒我，则伐之更易。如此，庶逆贼扑灭……”①

洪承畴、范文程等汉族名臣准确预见了清朝、大顺政权双方的决战及结果。不过，他们当时并未料到把守山海关的宿敌吴三桂会向清军求援，更没有想到李自成会亲率大军前来攻打山海关。在这种特殊的历史条件下，清军与农民军的决战提前爆发，交战地点也由北京转到了山海关。

随着八旗大军不断西进，一场关乎明清鼎革以及千百万人生死存亡的大战，就此揭开了帷幕。

① 《清世祖实录》卷4，顺治元年四月庚午。

清吴两军血战闯王

吴三桂向清朝请兵，并非易事，绝非三言两语就能解决问题。吴氏与清朝长期敌对，多次招抚而不降，只有当其自身命运面临巨大威胁，而又无法摆脱时，他才选择与清军联手，以击败共同的敌人李自成农民军。

清军与吴军联合结盟，使历史进程发生改变。本来，多尔衮想绕过山海关，却因行军缓慢，或者说吴三桂遣使及时，双方在途中相遇，才使多尔衮改变了行军路线，并就此改变了历史走向。

顺治元年（1644）四月十五日早晨，清军进至翁后（今辽宁北镇附近，一说在辽宁阜新）5里许，前队突然停止前进。原来，吴三桂派遣郭云龙、杨坤两位使者，兼程疾驰终于遇到了清军。他们迅速面见多尔衮，递上吴三桂的请兵信。

多尔衮读信后，很快了解到面前的形势变化，对吴三桂主动求援既觉惊喜，又大感意外，因为吴军曾长期与清军顽强作战，吴三桂也曾一再婉拒太宗劝降。面对突如其来的求助信，多尔衮对吴三桂的动机不解，一方面安顿郭、杨两人休息，另一方面仔细推敲其中是否有诈。他召来阿济格、多铎等人共同商议，仍无法确认吴三桂的真实意图。最后，多尔衮与众人议定采取慎重和戒备的态度，先搞清虚实再说。随后，他将杨坤留在清军营中，而派妻弟拜然随郭云龙前往山海关，实际是互留人质，为下一步的联系做铺垫。

之后，多尔衮取消了原定进军路线，也未按吴三桂所约中协、西协之线，而是直趋山海关。为加强清军攻击力量，多尔衮又遣学士詹霸、来衮前往锦州，调取汉军携来攻城用的红衣大炮，运往山海关。十六日，清军进至西拉塔拉。多尔衮正式给吴三桂复信，派人飞马送去。该信的内容如下：

> 向欲与明修好，屡行致书，明国君臣不计国家丧乱，军民死亡，曾无一言相答，是以我国三次进兵攻略，盖示意于明国官吏军民，欲明国之君，熟筹而通好也。若今日则不复出此，惟有底定国家，与民休息而已。
>
> 予闻流寇攻陷京师，明主惨亡，不胜发指。用是率仁义之师，沉舟破釜，誓不返旌，期必灭贼，出民水火。及伯（指吴三桂）遣使致书，深为喜悦，遂统兵前进。夫伯思报主恩，与流贼不共戴天，诚忠臣之义也。伯虽向守辽东，与我为敌，今亦勿因前敌，尚复怀疑。昔管仲射桓公中钩，后桓公用为仲父，以成霸业。今伯若率众来归，必封以故土，晋为藩王，一则国仇得报，一则身家可保，世世子孙长享福贵，如河山之永也。[①]

此信体现了范文程、洪承畴所阐述的基本思想，打出了“期必灭贼，出民水火”的旗号，与吴三桂提出为君父“报仇”、与“流贼”不共戴天之仇取得一致。多尔衮的另一重要意图，在于此信的最后部分，以裂土封王的奖

① 《清世祖实录》卷3，顺治元年四月癸酉。

赏诱其“来归”，投降清朝。多尔衮感到吴三桂眼前处于危难之际，孤立无助，是劝诱他的绝佳时机。

前一天（十五日）夜晚，多尔衮曾下令：“明日当倍程”前进，但十六日大军并未加快行程，从十七日开始，清军行速稍有加快，由每天30公里增加到40公里，十九日中午进抵锦州，在城中歇息半天，第二天早上开拔。多尔衮并非不急于进兵，而是在等待妻弟拜然探听情况虚实之后再作决定。当天中午，清军进至连山驿（今辽宁锦西，位于兴城北），忽见吴军前使郭云龙与新使孙文焕飞驰而来，叩见多尔衮，十万火急地说：“贼兵已迫，朝夕且急，愿如约促兵以救！”随即呈上吴三桂的第二封求救信：

> 接王来书，知大军已至宁远。救民伐暴，扶弱除强，义声震天地，其所以相助者，实为我先帝，而三桂之感戴，犹其小也。三桂承王谕，即发精锐于山海以西要处，诱贼速来。今贼亲率党羽，蚁聚永平一带，此乃自投陷阱，而天意从可知矣。今三桂已悉简精锐，以图相机剿灭，幸王速整虎旅，直入山海，首尾夹攻，逆贼可擒，京东西可传檄而定也。又仁义之师，首重民安，所发檄文最为严切，更祈令大军秋毫无犯，则民心服而财土亦得，何事不成哉！[①]

多尔衮意识到此时局势的危急，彻底击败农民军才是上策，便传令全军急行，轻骑要率先疾驰。入夜，大风刮得很猛，尘土蔽天，夜色如漆。夜半之时，大军经宁远城飞驰而过。四月二十[illegible]日拂晓，军至沙河所城外，此处距山海关仅50公里左右。又急行20公里，稍作休息后，全军继续疾行，连续

① 《清世祖实录》卷3，顺治元年四月丁丑。

越过中前所、前屯卫、中后所诸城（今辽宁绥中），傍晚时分，清军已抵山海关外7公里远之地。多尔衮下令停止前进，至此，清军疾行一昼夜，奔驰百公里，完成了大战前的战略部署。

当吴三桂将第二封求助信送达多尔衮处时，即十九日，李自成率大顺军已逼近山海关。吴三桂见状，不再消极等待，“传令聚讲武堂，合关辽两镇诸将，并绅衿誓师拒寇”。

早在李自成率军出征山海关时，吴三桂闻讯，一方面派人出关向清朝请兵，另一方面派出高选、李友松、谭邃环、刘泰临、刘台山、董镇庵等6人为代表，前往李自成军营诈降，目的是想稳住李军，延缓其进军，以争取时间。高选等6人“行至三河（今河北三河）遇贼”，拜见李自成，诡称吴三桂愿意投降。李自成半信半疑，还对吴三桂抱有幻想，但他并没有放弃军事进攻，他要亲自接受吴三桂投降。李自成将高选等6人留于军中，放缓了行军速度，至四月二十一日早晨，仅比清军早一天到达山海关。如果李自成急速进兵，能比清军早两天或更多一些时间赶到山海关，则对农民军更为有利，甚至可能轻易歼灭吴军。

李自成抵达山海关外，迎接他的不是吴三桂的臣服之军，而是在山海关前石河西岸摆开战阵的吴兵和3万当地乡勇！李自成此时才恍然大悟，明白了吴三桂诈降的诡计。此时，高选等6人欲从军中逃跑，李自成大怒，下令将其逮捕并斩首，但其中一人骑马先逃，虽身中三箭却侥幸逃脱。

李自成在挥师进攻前，曾派使者最后通报吴三桂，命其放弃抵抗马上投降，归服大顺政权，但为吴三桂断然拒绝。李自成随即部署兵力，其一在石河西，以主力做全面进攻；其二在关外夹击，派唐通率少量骑兵迅速从九门口出关，绕到关外一片石立营，准备与关内农民军共同夹击吴兵，并截住吴三桂东逃之路，防止他投奔清军。

战斗首先在石河西（今山海关燕塞湖区）展开。战斗中，农民军曾几度占据上风，在西北侧防线上有所突破，有数千农民军骑兵冲至西罗城北侧，差一点就登上城墙，但终被吴兵击退。在北翼城上，农民军亦展开迅猛进攻，吴三桂部将山海关副总兵冷允登拼命死守。激战至第二天早晨，农民军攻势愈加凶狠，大部队扑到城下，有的甚至已经登上城头。“正在呼吸存亡之间”，吴三桂拨援兵支援，才击退农民军。而东罗城“孤当贼冲，危机劳瘁，位于两城”，当地乡绅马维熙等率乡勇死战，才算保住了东罗城。

两军战斗一整天，至晚均已疲惫不堪，乃各自收兵，转为炮战。吴三桂将主力撤回山海关内。此次石河首战，是山海关大决战的第一回合。吴军拼死抵抗，顶住了李自成农民军的强大攻势，为清军参战赢得了宝贵时间。夜幕降临之际，清军已抵达山海关外七八公里的地方，吴军与农民军进行炮战，宣示了战斗的激烈程度，而这时清军前哨又报告李自成农民军已占领一片石，对清军构成了威胁。多尔衮当即命令诸王各率精兵，向一片石农民军发起攻击。图赖奉命率前锋兵与唐通部骑兵数百人开战，一举将其击败，生擒两人。此次战斗规模较小，称为“一片石之役”，而更激烈的战斗，则爆发于次日的第二次石河大战。

当夜，吴三桂料定明日必有一场更大规模的恶战，即为清军迟迟未至而焦急。一夜之中，他连续派遣特使前往清军大营，敦促多尔衮尽快入关。据载：“三桂遣使者相望于道，往返凡八次。”多尔衮则出于谨慎的考虑，至下半夜才令清军向山海关方向移动。黎明时，清军行至距山海关只有四五里的欢喜岭，但见烟尘弥漫，炮声大作。多尔衮找来阿济格、多铎密议说：“难道吴三桂略知我军前来，故设此陷阱？且我军尝三围北京，不能遽克，李自成一举破之，其智勇必有过人者。今统大众亲至山海关，志不在小，难道是想乘战胜精甲，有窥辽东乎？不如分兵固守四境，以观动静。”[①]

① 《明季北略》卷20，“吴三桂请兵始末”。

于是，清军再次止住脚步，驻营于欢喜岭，高张旗帜，以观战况。

吴三桂闻报清军已至欢喜岭，急忙派山海关士绅冯祥聘、吕鸣章、曹时敏、程邱吉、佘一元5人代表自己和百姓前去敦请。欢喜岭上，筑有一威远台，原为明设在山海关外的一处哨所，此时成了多尔衮的驻营地。双方相见之后，多尔衮才真正相信吴三桂请兵的事实。会见结束，他派范文程随同五人返回山海关，向吴三桂和关城内军民晓谕：清军即将入关！

顺治元年（1644）四月二十二日，天色微明，李自成农民军即开始行动，大队人马列队集结，准备发动攻城之战。吴军哨探将此消息报送吴三桂，他已是焦急难耐，遂决定亲自前往清军大营，当面敦促多尔衮尽快进兵。吴三桂迅速点出十余名将官，率精骑百人策马出关，命城上放炮助威，一口气奔上欢喜岭。

多尔衮闻报吴三桂亲自前来，大为兴奋，叹道："天下已在掌握中矣！"他马上与洪承畴出面相迎。多尔衮开口便问："将军此来何意？"吴三桂答："请大兵共诛李贼耳！"多尔衮追问："此意果真？"坐在一旁的洪承畴插言："三桂为报君父之仇，岂得不真！"

接着，吴三桂慷慨陈词，力请进兵，以报家国之仇，以救民于水火，终至声泪俱下。多尔衮为之动容，提出：你们愿为故主复仇，今日不必说，也不忍说，但昔为敌国，今为一家。我兵进关，若动人一株草、一粒粮，定以军法处死！你可通告大小官员百姓，勿得惊慌。

按照清朝习俗，凡国家遇有大事，如政治、军事上的会盟、结盟等，均要举行拜天、祭祖等盟誓仪式。多尔衮即提出要与吴三桂结盟，而且因吴军与李自成军服装、甲仗等相似，不易辨认，恐致误伤，故要求吴三桂及其将士均要进行剃发，以示区别。

形势紧迫，吴三桂知道目前已容不得半点迟疑。他慨然答应："王爷说的是。我并非怯懦，假使我再得万名骑兵，何惧于李贼！今因兵少，故向您乞师。盟誓、剃发，无恨！”说完，即率先剃发。多尔衮见吴三桂已经剃发，心中大喜，下令即刻在威远台设仪仗，吹螺，杀白马祭天，宰乌牛祭地，向天行礼，歃血为盟，双方承诺恪守誓言，永不反悔，如违背盟誓，必遭天谴和惩处。

仪式举行完毕，多尔衮考虑到军情已万分紧急，在交战之前已来不及给吴军众人剃发，便采取变通办法。他对吴三桂说：可令你的士兵肩系白布，以做记号。不然你们与逆军同是汉人，无法分辨，恐致误杀。

吴三桂率随从将士疾驰回关，果断下令打开城门。于是山海关东大门轰然洞开，这是其有史以来第一次向明朝宿敌清兵开放！不一会儿，只见浩浩荡荡的清军骑兵分作两路，如两股洪流滚滚而来：左翼是英王阿济格，统万余骑兵，从北水门入；右翼是豫王多铎，统万余骑兵，从南水门入。多尔衮自率主力3万余骑殿后，从山海关的中门而入。余部则仍驻欢喜岭待命。

按照约定，吴三桂首先率军出战李自成。当清军大举入关之时，吴军5万余众已经从关西城门杀出，直奔石河西而去。此时的李自成军，已在石河西岸红瓦店一带摆开决战架势：北自山，南至海，绵亘二三十里，其阵如一字长蛇，面向山海关。李自成除了带有少数随从，还带着崇祯皇帝的太子。他们立马高岗，俯视石河两岸，战场全貌尽收眼底。

其实在李自成眼里，并未把吴三桂放在重要位置。他曾向手下人说：“吴三桂兵仅三千，我三十万，以一百人捉一人，可用靴尖踢倒！”对于吴三桂可能降清借兵一事，他认定吴军与清军“久相仇杀，必不会得其相救；即使来救，北兵（清军）住满洲，衣粮、马匹、器械尚须整顿而来，也得旷日累月。”故出征山海关前，李自成曾向部将许下诺言：“等攻下山海关，我再即位”。[①]其轻视吴三桂之心溢于言表，完全低估了吴军的战斗力，更

① 《吴三桂纪略》。

没有料到吴军与清军的联合来得如此之快！

李自成观望之际，吴军已呐喊着飞驰过河，不顾一切地直冲农民军右翼后部（即阵首靠北山一侧），大顺军也毫不畏惧地予以迎击。一场空前的血战开始了！

吴三桂及其将士因心知有清军为后援，有恃无恐，勇气倍增，无不以一当百。此时，战场上忽然刮起大风，飞沙走石，尘土蔽空，刮得不见对面人。吴军呐喊而进，随风怒吼，令人惊心动魄。

大顺军也发挥出极大的战斗力，将士个个奋勇直击，以优势兵力从三面迅速包围吴军。两军相搏，杀声震天。吴军刚一冲开包围，农民军又迅即复围，吴军再次冲开，农民军再度合围……如此反复，竟不觉战过数十回合。李自成立于高处，令下属发出新的号令："连营并进。"在农民军的全面攻击下，吴军逐渐失去进攻力。

当吴军与农民军激战正酣之时，已经进关的多尔衮并未急于参战，他要利用吴三桂消耗对手的实力，以逸待劳，以便给农民军以最后一击。他召集诸王贝勒、贝子及出征大臣指示说：不要越伍躁进，闯贼不可轻击，须各努力，破此，大业可成！接着，他部署兵力：向大海方向鳞次布阵，咬住农民军阵尾，准备与攻击农民军阵首的吴军一起，两头合击。

战斗持续到中午时分，吴军经半日激战已呈精疲力竭之态，眼看难以支撑下去，多尔衮遂下令出击。清军如弦上之箭，迅猛冲出，以正白旗骑兵为先锋，数万铁骑从吴军右侧插入，飞矢如蝗。

清军参战之初，李自成尚不知冲阵者是清兵。他发现本阵被冲破后，下令后军迅速迎击。但此时李军已和吴军一样，早已疲惫不堪，战斗力急剧下降。吴军得到增援，顿时振作起来，与清军配合，协同作战，战场形势迅即改观。

李自成面对突变的战场正在惊异之际，有一僧人赶到他马前跪下，语气带着几分惊慌地说："执白旗的骑兵不是关宁兵（吴军），必是满洲兵。大王宜赶快回避。"李自成心中微微一震，自知取胜无望大势已去，便叹了口气，策马下岗奔西而去。

李自成治军甚严，他未下令，诸军不敢后退，此时仍在战场中拼杀，大将刘宗敏已中箭负伤，仍然在苦战。但当沙尘散开之时，农民军才发现冲过来的骑兵是梳着辫子的清兵，不约而同地惊呼："满洲兵来了！"随后各支队伍争相逃命，自相践踏，清、吴联军则紧随其后，一路掩杀，一直追击20公里方才收兵。当时，有很多农民军士卒误逃至城东海口处，退无可退，又无力反抗，有不少人被迫跳入海中，被滚滚波涛所吞没。

仅仅一顿饭的工夫，石河战场即变得平静、空旷起来。农民军在这里损失了数万人、15员将帅，吴三桂军死伤也不在少数。到处尸横遍野，辎重、军械随处皆是。据目睹战况的当地人描述，石河西红瓦店一带的交战最为激烈，"凡杀数万人，暴骨盈野，三年收之未尽也"。

此次战役最大的赢家是清朝，由于清军最后参战，武力又强，损失极小。同时，因山海关一战的决定性转变，清朝、李自成大顺政权、吴三桂武装这三者，也就此有了戏剧性改变：清朝从此入关，踏上定鼎中原的旅程；李自成农民军则正好相反，山海关之战成为其由盛转衰的转折点，此后，大顺政权即由顶峰迅即跌入深谷，不仅退出北京和京畿地区，且从此一蹶不振；而参加此战的另一个受益者吴三桂，则在战后迎来了他的锦绣前程。

三桂受封 平定京畿

山海关决战，完全改变了吴三桂的命运，他从请兵，到剃发归顺，换来清军入关助战，由此，他在本质上已经降清，开始为清朝效命。

山海关之战后，李自成率农民军余部向永平方向退却，并于当晚退至永平城（今河北卢龙）。他收揽溃散的士卒，重新集结兵力，聚集了数万人。为了避免清、吴两军随后追剿，保存尚余的农民军撤回北京，他派明朝降官张若麒为代表，前往吴军议和。正在紧追不放的吴三桂接受李自成的议和建议，条件是：必须归还思宗太子和两王；速离京师，奉太子即位而后罢兵。李自成回信表示同意，提出只要允许他及部属不受阻碍地回到北京，他便把太子送到吴三桂军中。吴三桂因此停止对农民军的追击，率部返回山海关。

吴三桂和李自成的短暂议和，其中有令人生疑之处：吴三桂在明知自己父亲还在李自成手中的前提下，却根本不提交还其父事，而是坚持索要思宗太子和两王，这不能不使人猜测他的另有所图，即欲将太子掌握于自己手中，以获护驾拥立之功，并以此号令天下，达到个人极欲之目的。显然，索要太子的价值远远高于索要其父，而且这也证明吴三桂内心并不想降清，仍对复明报有余念和幻想。

但李、吴两人的议和，只是他们的一厢情愿，拥有决定权的多尔衮岂能放过农民军，又岂能让吴三桂恢复已经灭亡的明朝，拱手退出对整个天下的角逐？放过农民军，就如放虎归山，将来势必有无尽的后患；答应吴三桂可以在南京拥立思宗太子，也只是一种稳定人心的权宜之计。事实很快证明，这只是多尔衮争取吴三桂归清和率军进京的策略，

山海关决战的当天晚上，多尔衮率军追击农民军一段路程后，便下令返回到关城。他听从范文程、洪承畴的劝告，一改往日纵兵抢掠的习性，不许军队进驻关城，而是选择离城2公里之处安营扎寨，使城里百姓不受惊吓，安心生活，以达到收揽人心的目的。

大战获胜，多尔衮不忘论功行赏，用以激励将士。他把缴获的大量战利品分赏给有功人员，其中吴三桂获得最高的奖赏。多尔衮以世祖的名义，封吴三桂为“平西王”，赏赐玉带、蟒袍、貂裘、鞍马、撒带、弓矢等物；同时，他命令吴三桂所属将士及全体士卒尽皆剃薙发。

吴三桂深知王爵地位的崇高，也深知接受王爵对他意味着什么。“平西”意指平定西边的农民军和明朝余部，这就是说，他已经是清朝的人，要为清朝去打仗。在王冠面前，吴三桂不再犹豫，而是俯首接纳。其手下数万将士因与农民军进行过生死决战，并且效忠吴三桂，也随之全部降清，成为清军之中的一支生力军。

吴三桂从请兵、献关，到与清军联合作战，直至受封王爵，这是一个短促而复杂的过程。他是在形势的迫使下，在自身危在旦夕的前提下，选择了投降归清的道路，用农民军的鲜血换来了自己的王冠。对多尔衮来说，他巧妙地利用了当时的危机局势，施以诱逼，最终使吴三桂就范。

吴三桂在明朝时，官不过总兵，爵不过伯爵。这个伯爵还是在李自成农

民军逼近北京、明朝危在旦夕的时刻，崇祯皇帝为激励吴三桂进京勤王，才不得不赐封的“平西伯”。这和清朝当场封其为王爵比较，相差十分悬殊。

四月二十三日，也就是山海关大战后的第二天，多尔衮决定乘胜进兵，向农民军展开新的攻势，目标直指北京。经过一夜休息，八旗将士精神抖擞，开始向京城方向进军。行前，多尔衮下令将李自成派遣的大顺兵部尚书王则尧斩首祭旗，以壮行色。王则尧原是明朝密云巡抚，明亡，他投降了农民军，被授予兵部尚书。山海关战役前夕，李自成派王则尧前往关城，企图利用旧关系劝说吴三桂投降，但被吴断然拒绝，并把他扣留下来。此刻，当清朝大军起行时，吴三桂将王则尧交给多尔衮处置，使其成了出兵的祭品。

清、吴两军整装待发之际，多尔衮又调给吴三桂马步兵一万人，充任追击李自成的先锋。多尔衮传令：“此次出师，所以除暴安民，灭流寇以安天下也。今入关西征，勿杀无辜，勿掠财物，勿焚庐舍。不如约者罪之。”他颁布文告，晓谕当地及行军沿途官民，声明清军“取残不杀，共享太平之意”。逃窜山野避乱的百姓得此布告，陆续返回乡里，剃发迎降。

李自成率残部尚在永平驻营歇息，他想稍加整顿，然后再从容撤退至北京。他没有料到的是，吴三桂竟不守承诺，率军急赶而来。当天，吴三桂率万余先锋军逼近永平。李自成虽然已集结数万兵马，但军队士气衰落，刚与吴军交锋即溃败而撤。李自成自知无力控制局面，被迫拔营向西而逃。行至永平西10公里处，来到一处名叫范家庄的村庄，李自成再也无法容忍吴三桂的行为，心中愤怒不已，下令将吴三桂父亲吴襄斩首，割下头颅示众。

为避开吴军追击，李自成一改往日的从容，马不停蹄地撤往北京。吴三桂则率军，尾随追至北京郊外。李自成很快撤离北京城后，多尔衮便传令吴三桂不准进城，命他继续追击农民军。吴三桂尾追农民军至畿南地区，先后在保定、定州（今河北定县）、真定（今河北正定）等地与李自成军交战，接连败之。实际上农民军已无力与清、吴联军对抗，而后从固关撤入山西境内，吴军则于固关停止追击，班师回朝。

吴三桂追剿农民军，从北京直追到河北与山西交界的固关，在长达千余里的追剿途中，消灭了农民军大量有生力量，终将李自成势力完全逐出河北境内，巩固了京畿地区，为清朝统一全国取得了牢固的立足之地。追剿农民军返回京城后，吴三桂写了一份奏疏，历数自己所取得的战绩："我国家应天顺人，定鼎燕京，不期月间，率土来王，已成车书一统之治。揆厥始基，实肇造于关门之一战，而庆都（今河北正定地区）之追剿，独署星驰，摧锋陷阵亦不可泯之劳勋。"①

对于吴三桂的功绩，清朝统治集团给予高度评价，报以优厚的封赏。顺治元年（1644）十月初，世祖迁入北京，对建有战功的诸王、贝勒及汉官、汉将予以奖励，其中给予吴三桂的奖赏最为优厚：特赐平西王册印、白金万两、鞍马一匹、不配鞍之马二匹。在给吴三桂的册文中写道："咨尔平西伯吴三桂，洞识天时，当叔父摄政王（多尔衮）统兵西征之际，尔即擒流贼说士，遣官归命军前。迨王师式临，开关迎入，又随叔父摄政王破贼兵二十万，底定中原。大功茂著，宜膺延世之赏，永坚带励之盟。特授以册印，封为平西王，尔其益励忠勤，屏藩王室。钦哉无斁！"②

山海关之战结束时，多尔衮虽然履行诺言，册封吴三桂为平西王，但当时在战争状态，事先并无准备，无法下达正式文书，仅以口述形式封王。至世祖迁都北京后，钦命授以册印，其封王才告圆满。

① 刘健：《庭闻录》卷1。

② 《清世祖实录》卷10，顺治元年十月丁卯。

三 迁都北京

SHUDU QINGSHI DINGDING BEIJING

定鼎燕京 二次登极

入主北京

顺治元年（1644）五月二日，即李自成率部众撤出北京的第三天，摄政王多尔衮统领大军直趋北京，一路上浩浩荡荡，兵不血刃，很快来到朝阳门城外。

这一天，京城中的明朝旧臣及士民很早便汇集于朝阳门外，准备迎接明东宫太子和吴三桂军入城。不料，当大军进抵城门，从玉辇中下来一人准备换坐肩舆时，人们却发现此人身着胡服，身体健硕，根本不是东宫太子。这位来者不是别人，正是清朝摄政王多尔衮！

此情此景，故明臣民“相顾失色”，不胜惊讶。内心略有气节者，在骇愕之余悄悄溜走。但大多数人都是从众行事，将迎接明太子的礼仪改成对多尔衮的欢迎。多尔衮不知其中底细，对明故旧士民的欢迎甚感欣慰。

原来，山海关大战后，吴三桂被多尔衮任命为先锋，率军直趋北京。他在沿途发布文告，要求京城士绅百姓摆香案、穿素衣，为思宗发丧，准备迎候东宫即明太子朱慈烺。这一消息迅速传遍京城，“士民大喜相庆”，皆信以为真。人们在午门设置了思宗的灵位，哭拜奠礼。仪式完毕，即置办宫中法驾，前往朝阳门，准备迎接明太子入城承继帝序。

但是，当吴三桂军临近京城时，突然接到多尔衮的命令，命他不必入城，继续追击李自成农民军。此时，吴三桂尽管很想进城，以寻找自己的爱妾陈圆圆和父母、家人，但摄政王令不可违，便率部绕城西去，随同阿济格、多铎两位亲王继续追击农民军余部。

李自成军撤离京城时，纵火焚烧了紫禁城。这把大火燃烧了近两天，在清军进入京城前一天夜里，天降大雨，这才使火势熄灭，得以保存的建筑物成了断壁残垣，散发出一股焦煳的刺鼻气味。据随清军入京的朝鲜李氏国王世子所亲见，“皇城宫阙、公廨烧毁”，“灰烬之中，只有武英殿存焉”。其实，朝鲜世子尚有未见到的残余宫殿，如文华殿及宫外的大明门、正阳门等均属完好。

多尔衮进入北京城，比任何人都意识到北京之于大清的重要价值。在进入京城的第二天，他发布命令，正式宣布：“今本朝定鼎燕京，天下罹难军民，皆吾赤子，出之水火而安全之。”清朝统治者俨然以天下共主的身份说话，反映了多尔衮等人的远大理想和政治抱负。

此后过了一个月，在处理完迫在眉睫的几件大事之后，多尔衮正式做出迁都决定。六月十一日，多尔衮召集诸王大臣，就迁都一事征求他们的意见。此时，清朝仅据有京畿及相邻的地区，大片国土分别为南明、大顺、大西政权所掌握。统一全国，任务艰巨且形势严峻。即使在统治集团内部，对应否迁都仍存有疑虑，意见并不一致。其中，以英王阿济格为代表，“不欲留北京”，他提出的主张是：“大肆屠戮，留置诸王以镇燕都（北京），而大兵或还守沈阳，或退留山海。”这种主张显然是政治短见，且不改入关前八旗戮掠的旧习。持此主张者，并非阿济格一人，反映了清初统治集团中有相当一部分人仍保持着旧有思想。最愿意迁都的，当推那些汉官们。他们大多来自关内，祖辈世居中原，而降清往往是迫不得已，因此积极主张进取北京。在此次协商之前，五月十二日，汉官祖可法、张存仁就上疏多尔衮，提出“京师为天下之根本”，只要“京师理，则天下不烦挞伐，而近悦远来，率从恐后矣”。一句话，得北京即得天下。其实，多尔衮对迁都之事早有定见。他毫不含混地驳斥了阿济格的浅见陋识，果断宣布：“当即徙都，以图进取。”他一言九鼎，迁都遂成定局。

多尔衮很快将迁都北京的决策写成奏章，派遣辅国公吞齐喀、和托，固山额真何洛会等为专使，携带奏疏返回盛京（今沈阳），向年幼的世祖等人汇报。其奏疏写道：“仰荷天眷及皇上洪福，已克燕京。臣再三思维，燕京势踞形胜，乃自古兴王之地，有明建都之所。今既蒙天畀，皇上迁都于此以定天下，则宅中图治，宇内朝宗，无不通达，可以慰天下仰望之心，可以锡四方和恒之福。伏祈皇上熟虑俯纳焉。”[①]

世祖年方7岁，还不懂事，迁都这样的大事，他是决断不了的。此时，世祖身边有两位重要的人物，一个是辅政王济尔哈朗，另一个是他的母亲孝庄皇太后。在多尔衮率大军进关后，沈阳方面的政务皆决于这两个人，只是全国实权仍操于多尔衮一人之手，他的决策其实即是皇帝的令旨，是不可违抗的。而奏疏中最后那句“伏祈皇上熟虑俯纳焉”，不过是例行公事。而当时关外的百姓虽然割舍不下自己的土地和丰收在望的庄稼，也会服从于皇帝的旨意。

迁都的日期确定为顺治元年八月十五日：“八月望日，移都北京，两宫亦一时入住。”此系朝鲜方面的记载，实际是八月二十日方才“圣驾启行”。

迁都的决议刚刚确定，岂料北京城内却谣言四起，闹得满城风雨。传

① 《清世祖实录》卷5，顺治元年六月丁卯。

言说清军将于七八月间“东迁”回沈阳，并要像以往那样纵兵掳掠。面对谣言，多尔衮急忙发布敕谕辟谣，他声明：从今开始，燕京就是清朝的定鼎之都，清军绝无“东迁”之意，大小官吏及将士应从盛京搬取家什，计日至京。

此外还有另一条谣言，“有八月屠民之语”，传言很盛。九月初，多尔衮只好再次公开辟谣：“今八月已终，毫无惊扰，则流言不足信也，明矣。”事实已经做了回答，绝无此事，百姓也自然安定下来。而当世祖即将迁入北京之时，又有讹传：“九月内圣驾至京，东兵俱来，放抢三日，尽杀老壮，止存孩赤等语。”多尔衮除了以好言好语解释，也只有用事实来答复——当世祖迁来北京时，一切便见分晓，谣言亦不攻自破。

多尔衮的迁都计划于八月二十日开始实行，比原定的十五日晚了5天。搬迁都城，远比居民搬家复杂千百倍，以世祖为首的全部皇室成员、诸王贵族、诸大臣，以及大批军队连同他们的家属，还有辎重器物、车具，大队人马，浩浩荡荡，络绎不绝，绵延十数里。行军速度十分缓慢，正如朝鲜人所形容的“寸寸前进”。

从沈阳至北京，全长约750公里，真是长途跋涉，全靠步行与车马代步，其艰难可想而知。此时，刚过中秋，天气转凉，尤其是早晚时间，在关外已有几分寒意。大队人马沿途风餐野宿，世祖和母后虽受到特殊侍候，但也难免旅途劳累，一路风尘。至九月九日，大队终于抵达山海关。这是清初三帝首次进关，因此意义重大，影响深远。

进入关内后，经永平府、丰润县，至蓟州。多尔衮已经派出大学士詹霸、吴达礼，护军参领劳翰及侍卫噶布喇、扈习塔等先期赶到这里迎驾，向皇帝、皇太后等奉献马匹、果品。稍事停留，世祖等人继续赶路，由蓟州经三河县，于九月十八日到达通州。多尔衮亲自率诸王贝勒、贝子及文武群臣赶到这里迎驾，举行隆重的朝见礼：摆放各种仪仗，奏乐，对天行礼。之后，多尔衮又率臣属朝见皇太后，行三跪九叩礼，最后谒见小皇帝福临，行三跪九叩礼，再行满族抱见礼。从四月下旬进关到此时君臣相见，仅仅隔了不足5个月，但形势变化之大，远非当初所能预料！

朝见仪式结束，略事歇息，大军随即启行入京。九月十九日下午，世祖车驾从正阳门（今前门）进入紫禁城，这标志着清朝的最后一次迁都顺利完成。

再行大典

历朝历代皇帝即位，一般来说只举行一次大典，仪式隆重而庄严，程序大同小异，上告天地、祖宗，下告天下百姓，公布新年号，宣布新政方针等等。仪式完成，实际上也就完成了即位的法律程序。福临在其父太宗皇太极去世后，被推选为帝位继承人，本来已在沈阳举行过隆重的即位仪式。但此次进京后，多尔衮出于政治上的需要，考虑到大清即将统治全国，便再一次主持了福临的即位典礼，标志着清朝对全国实施统治的开始。

福临在北京举行的第二次登基仪式，仍由多尔衮一手筹划与实施。当福临迁离盛京尚在辽西行进途中，多尔衮就已着手准备大典事宜。他首先指令礼部官员做出全部仪式计划，礼部尚书郎球于八月二十八日上疏确定礼仪乐章，多尔衮提出："乐章载在会典，应否相沿，还著察明，不得草率溷乱，有亵大典。"内阁大学士冯铨、谢升、洪承畴等就采取乐章名称提出建议：郊庙及社稷仪式中所用乐章，历代都取用不同的名称，梁朝用"雅"字，北齐和隋朝用"夏"字，唐朝用"和"字，宋朝用"安"字，金朝用"宁"字，元朝宗庙乐也用"宁"字，郊社乐用"成"字，明朝用"和"字，等等。至我朝削平寇乱，据有天下，拟改用"平"字。又具体确定郊祀九奏、宗庙六奏、社稷七奏，将乐章予以固定。多尔衮审阅后，觉得很好，当即批准。

登基典礼中一项重要内容是告祭祖先。太祖努尔哈赤、太宗皇太极作为开国创业之君，当在祭祀首位。多尔衮命人在北京太庙中设立了太祖、太宗的灵位，以便开展祭祀和供奉。

创建新王朝统治全国，历法是施政的重要内容，也是登基典礼不可缺少的一项。选用本朝历法，既表示其政权与天地同时运行，也有万始更新之意。早在七月，礼部官员即奏请将本朝历法更定新名。多尔衮指示：历法为明帝首重，“今用新法正历，以敬迓天休，诚为大典，宜取名‘时宪’，用称朝廷宪天乂民至意。颁行天下，以明年为顺治二年”。

世祖入京后，先安顿生活起居诸事，略事休息几天，便按照历朝惯例，由群臣上表“劝进”，请新君即位称皇帝。新君则往往不能马上答应，还要以个人“德薄”为借口予以推辞。于是群臣再度“劝进”，直到新君同意为止。这些做法，均属“劝进”的仪式，无非是要表明群臣对新君的衷心拥护，而新君的谦让则体现为良好的品德。

世祖当时还小，自然不懂这一套大人的礼仪，所以均由至亲“导演”行事，演好一出出的热闹“喜剧”。当时劝进世祖的有方方面面的臣属，除多尔衮和诸王贝勒以外，汉官也是一个重要方面。汉官大学士冯铨颇具代表性，他上疏劝进：“恭惟皇帝陛下祥蚀虹电，法合乾坤……伏愿俯答人心，仰承天意，敬登大宝。”其他属臣甚至蒙古官员亦纷纷效仿，不断上奏“劝进”。群臣纷纷上表劝进后，要由世祖做出决定是否接受。这时，多尔衮便代皇帝下发了一道谕旨，正式表态：“特允所请，定于十月初一日即位。”

顺治元年（1644）十月初一日早晨，东方刚透出几缕霞光，世祖便和属臣个个穿戴一新，在精锐侍卫的护卫下，以盛大的仪仗开路，浩浩荡荡直趋南郊的天坛。至天坛前，世祖下辇步行，由导引官引至天坛中央的圜丘，肃穆站立，文武百官各就各位，大典时辰一到，乐声奏起。年幼的世祖在礼仪官辅助下，向已设定的上天神位上香，行叩拜礼，献玉帛。接着，转至祝读所，宣读祝文。

此时，世祖尚未受到严格的教育，甚至不懂汉文。当他14岁亲政之时，如他自己所说，读诸汉官大臣奏章，竟茫然不解其中含义。因此，要让他亲自读完这篇汉文告天祝文，也一定有相当的困难。

读罢祝文，君臣向天地行礼，再经亚献礼、终献礼、撤馔、祝帛、焚烧祝帛物等程序，最后才由大学士刚林捧出皇帝专用的“大宝”，代表君臣上奏，宣布仪式完成，皇帝正式即位。于是，文武大臣向新皇帝行三跪九叩礼。至此，告天之礼结束。从这一天起，世祖成为命世之君，尽管清朝远未统一全国，但已然成为国家最高统治者，并由此掀开清朝历史的新纪元。

论功行赏，大封功臣，也是历代开国大典或新君即位典礼的一项重要内容。清军入关决战，定鼎北京，涌现出一大批有功之臣，至开国大典之时，这些功臣都受到不同的封赏。大典之后的第三天，即十月三日，世祖颁赏封爵，摄政王多尔衮无疑功劳最高，列为封赏第一人。世祖命礼部尚书郎球、侍郎蓝拜、启心郎渥赫给他建立功德碑，将其开国所建功勋刻于碑上，以享永垂不朽之名。十日，颁布即位诏书，详细阐述施政方针及新政策。同时，正式赐封多尔衮为“叔父摄政王”，颁赐册宝，赏赐极为优厚，主要有：御赐镶嵌13颗东珠的黑狐帽1顶、黑狐皮大衣1件、金1万两、银10万两、缎1万匹、带鞍马10匹、马10匹、骆驼10头。赏赐之厚，无人可比。在册文中详列其功绩，也是独一无二的。册文详细列举了他追随太宗以来所建功绩，尤以决策进关、击败李自成大顺军、定鼎北京和甘心辅佐世祖之功，可谓无与伦比。以此观之，其德虽不能与专用于皇帝的“德配天地”相比，亦达到常人所难以企及的境界。对叔父大加赞誉，将其比做周公，又高于周公，这也达到了无以复加的境地。

几天后，世祖又加封济尔哈朗为“信义辅政叔王”，给赐册宝，另有一些赏赐。多尔衮诸兄弟如阿济格、多铎等皆封为亲王，世祖亲兄豪格则恢复亲王爵。宗室之人以及汉蒙大臣，凡立有功劳者，均受到封赏和奖励。

从世祖告祭天地即位，到发布诏书大封大赏功臣，前后持续了近半个月，有条不紊，顺利完成。清朝定鼎北京，世祖再次即位，为清王朝开创了君临天下的新时代，同时也把清政权引向一个更加广阔的新天地，推动它走上空前发展的道路。

此后，清军在吴三桂部和其他归降汉军的配合下，展开对李自成大顺农民军、张献忠大西农民军的攻击。其中，派出追剿李自成农民军的清军分为两路，分别由多铎率南路军由河南攻陕西，由阿济格、吴三桂率北路军由山西绕道蒙古攻陕北。清军于顺治二年（1645）年初在陕西潼关、西安等地击败李自成，迫使其逃亡川陕边界及湖北境内，最终在流亡途中被杀于湖北九宫山（另有李自成出家之说）。对于张献忠大西农民军的追剿，清朝曾前后两次策划出兵，第一次是顺治二年（1645）十月由何洛会等人统军，却因陕西各地反抗蜂起，加之征川准备不足，故而中途停止；第二次是顺治三年（1646）正月，由肃亲王豪格以“靖远大将军”称号亲自出征，至是年十一月于四川西充斩杀张献忠等将领，完成平川大业。

摒除两王
一人擅政

6岁的福临登上大清皇位，并不是因为他具有过人的才能，而是睿亲王多尔衮与肃亲王豪格相互争位的结果。福临即位后，由睿亲王多尔衮和郑亲王济尔哈朗为摄政王，共同辅佐执掌国家军政大权。

事情虽然平衡下来，但那只是权宜之策，掌握清朝实际大权的多尔衮因自己无法登上皇帝宝座，而对肃亲王豪格乃至另一位摄政王济尔哈朗一直心存隐恨，在清朝入主中原的过程中，多尔衮一方面利用豪格、济尔哈朗等诸王贝勒为国征战，另一方面一旦时机成熟，他便采取种种手段对两人实施打击和报复，并最终铲除了肃亲王、郑亲王两位王爷，真正达到了自己独掌朝权的目的。

打击政敌肃亲王

在两位政敌中，多尔衮与肃亲王豪格的矛盾最深，对其打击和惩处的时间也最为持久。

福临登上皇位后，多尔衮虽然尽力履行辅政之职，统率清军入关，并迁都北京，但在他的心里，却一直充满怨气。多尔衮对福临登位心有不满，而且对曾与自己争夺皇位的豪格心怀仇恨，一遇到合适的机会就要报复，进而激起新一轮的斗争。先是，多尔衮利用济尔哈朗让贤之举，由第二辅政变为第一辅政，力图独掌朝政。之后随着其权力急剧膨胀，为了个人目的，也为了泄私愤，他开始对豪格等政敌进行残酷打击，而豪格等人也予以反击，甚至彼此欲将对方置于死地而后快。

清世祖福临即位后，随着权力的重新分配，原来相互争斗的两个政治派别发生了重组，曾经支持多尔衮的人有的转而支持豪格，而曾支持豪格的人有的却投向了多尔衮的阵营。多铎是多尔衮的胞弟，坚决支持多尔衮当皇帝，自己也曾毛遂自荐试图染指皇位。也许是因为自己的愿望为多尔衮所阻，心中不满，多铎即与豪格亲近起来。豪格也愿意与多铎联系，力图把他拉到自己阵营来。

崇德八年（1643）十月，多铎看上大学士范文程的妻子，一心想夺到手。被告发后，罚银1000两，夺15牛录。豪格有意包庇，明知其事却不揭发报告，也被罚银3000两。第二年即顺治元年三月，又发生一件事：豪格与多铎出城放鹰打猎，日久始归。两人违规，被治应得之罪。这使豪格与多铎关系日益密切。有一次，多铎私下对豪格说："和硕郑亲王（济尔哈朗）初议立尔为君。因王性柔，力不能胜众，议遂寝。其时我亦曾劝令勿立。由今思之，殆失计矣。今愿出力效死于前。"[①]这番话，表明多铎态度的根本转变，即从支持多尔衮变为支持豪格。

豪格也后悔在讨论嗣君的诸王贝勒会议上，自己过于谦让，当代善提名他应即位时，自己以"福小德薄，非所堪当"的话推辞，结果弄巧成拙，坐

① 《清世祖实录》卷4，顺治元年四月戊午。

失机会。他怨恨两黄旗大臣索尼、谭泰、图赖等人放弃对他的支持，说他们"向皆附我，今伊等乃率二旗附和硕睿亲王"，甚至诅咒多尔衮说："夫睿亲王素善病，岂能终摄政之事？"又说："和硕睿亲王非有福之人，乃有疾人也，其寿几何，而能终其事乎？"他甚至发狠要杀死多尔衮："我岂不能手裂若辈之颈而杀之乎？"①

豪格称多尔衮体弱多病，的确是事实。据留质于沈阳的朝鲜国王世子所记，多尔衮曾派人向他讨要治其病痛的特效药，说明多尔衮当时已经是久病就医。豪格出于私心，如此咒骂当朝辅政的叔父，不仅触犯了法律，也触犯了国家利益。而当这些话无意间传到多尔衮耳中时，豪格就变成了多尔衮的政治死敌！更严重的是，豪格的心腹将领固山额真俄莫克图，议政大臣杨善、伊成格、罗硕等人，于顺治元年（1644）四月暗中谋划了一场拥立豪格的活动。此时，福临已即位7个多月，这种企图推翻皇帝重立豪格之举，无疑是叛逆行为。

此事被正蓝旗固山额真何洛会告发。何洛会原先是支持豪格的，在豪格失势后，他投向了多尔衮。此时他借机告发豪格等人"图谋不轨"，连同豪格咒骂睿王的话也一并举报。多尔衮以"附肃王（豪格）为乱"的罪名，将俄莫图、杨善、伊成格、罗硕等逮捕，判处死刑。豪格自己差一点也被处死，幸亏福临泣涕求情，才幸免一死，但夺去他所属的牛录人员，罚银5000两，废为庶人。

豪格被废的半年期间，正是清军入关、进抵北京——定鼎中原的关键阶段，他因获罪受罚，没有参与军事活动，因此也没有任何军功建树。直到顺治元年（1644）十月，福临在北京举行即位大典，这才使豪格的处境有了转变。少年皇帝以天下共主的身份，大封同姓诸王，其中之一即是恢复了豪格

① 《清世祖实录》卷4，顺治元年四月戊午。

的肃亲王爵位。虽然恢复豪格爵位的旨意也是由多尔衮所下，但两人的积怨并未化解，多尔衮对豪格依然很冷淡，不予理睬，不给其具体职务，仍把他闲置起来。

此时国家尚未统一，天下远未安定，在河北、山东、山西等地，到处都有“土寇”武装，还有明末农民起义军余部，另有一些已降清的原明将吏和官兵重新组织武装起义等等，都严重威胁到京畿地区的安宁。远在四川，还是大西农民军的天下；在长江以南的广大地区，南明政权相继成立，各以强大的军事力量同清朝展开较量。在入关后的最初几年，清政府面临的形势十分严峻。多尔衮操纵全国局势，派出一批批规模不等的军队，四出作战，颇感军力不足，能统兵征战的将领更嫌不够。这样，具有将帅之才和丰富战斗经验的豪格才被多尔衮所起用，统率大军重新走上战场。

大约自顺治二年（1645）二月开始，豪格被频繁派出，统领部队驰骋沙场，不断建立功勋。他先是平息山东满家洞的农民抗清武装，随后被任命为靖远大将军，出征四川，剿灭张献忠的大西军。但在豪格率部取得胜利后，多尔衮并未给予相应待遇。五年（1648）二月，当豪格自川省凯旋抵京时，多尔衮既没有派人郊迎，也没有表达慰问之意，但他又不能不安排迎接，遂推出少年皇帝福临“御太和殿，宴劳之”。除此之外，再没有搞别的庆贺活动，这与多铎攻下西安、南京后所得到的隆重接待形成鲜明对比。豪格对此虽心知肚明，却是有苦难言，忍气吞声。

事实很快证明，多尔衮并未因豪格屡建大功而放过他，而是一直酝酿如何进一步打击他。豪格由四川凯旋回京仅一个月，三月初，即有贝子吞齐等6人共同告发郑亲王济尔哈朗所犯罪状，其中之一即是其曾拥立豪格为君，之后还继续同情和包庇豪格。与郑亲王案有牵连的索尼、鳌拜等人，都涉及他们当年在皇位之争时，曾支持过豪格并反对多尔衮之事。审议之后，多尔衮命将这些人治以重罪。处理完郑亲王案的第三天，多尔衮突然下令：逮捕豪格，投入监狱。由于此次在揭发郑亲王“罪行”时，当年宫廷争权内幕更加清楚，这就使得多尔衮对于豪格更加痛恨，因此借机予以治罪。

多尔衮经过仔细调查，终于从豪格征四川一事中找到罪状。原来，豪格于顺治三年（1646）正月出征，五年二月回京。征伐过后，四川又出现反复：南明永历政权派军入川，降清的原明将吏复叛，造成全川局势混乱，清朝在川统治陷入崩溃。应该说此事很正常，因为顺治五年前后，在山西、陕西、湖南、湖北、江西、广东等省，政局均出现较大反复，清军不得不反复征剿，如在湖南，即形成清军与南明拉锯状态，清军几进几出也未得全胜。豪格进川剿灭张献忠大西政权，并委派了清朝官吏统辖该省，本来出征任务已告完成，地方上的反复不应牵扯到豪格。但是，多尔衮利用此事完全否定豪格平川之功，并将当地局势的混乱都归咎于豪格，甚至牵强附会地以其他问题大作文章，其实均是想惩治豪格。

经诸臣审议，给豪格罗列了三条罪状：其一是征四川未平，其二是未把冒功的希尔艮及时处理，其三是将自己的心腹杨善之弟补授护军统领。最终，多尔衮操纵诸王贝勒大臣会议，给豪格定罪：“旧念未除”“乱念不忘”，虽经睿亲王“三次戒饬”“犹不引咎”，因此“诸王贝勒人人愤怒。如此怙恶不悛，觝抗不已，不可复留”。

会议决定：“豪格应处死。”世祖批示：“如此处分，诚为不忍，不准行。”毋庸置疑，这是多尔衮的意见。他不想直接处死豪格，因为他还有所顾忌。诸王大臣仰承睿王鼻息，仍坚持将豪格处死，上奏说：“太祖长子（指努尔哈赤长子褚英）亦曾似此悖乱，置于法。”最后死刑判决被改为免死“幽系”，夺所属人员。这等于剥夺了豪格所有家产，终生监禁，直到其生命结束。

豪格受此陷害，心中异常悲愤，他实在难以接受这一残酷的现实。被监禁之后，他气愤地对旁人说：“将我释放则已，如不释放，毋谓我系恋诸子也。我将诸子必以石掷杀之。”痛恨，使他近乎失去理智，他宁可把自己的孩子都砸死，与他们同归于尽，也不再受多尔衮的气！

被监禁后不久，豪格便死在了狱中，时年仅仅37岁。关于他具体死于何时，史无明载，只有《清史稿》明确记录为：“系豪格于狱，三月薨。”至于豪格的死因，则有较多说法，一说是被多尔衮谋杀，一说是因激愤而死，一说他义愤填膺，绝食而死。总之，豪格很快死于禁所，其家人也遭到了睿王的迫害。

顺治七年（1650）正月二十五日，多尔衮召集议政王贝勒、固山额真、内大臣等举行议政王大臣会议。同一天，多尔衮“纳和硕肃亲王豪格福晋博尔济锦氏”。此时，距豪格冤死尚不足两年，多尔衮就将其侄儿寡妻娶为自己的福晋。豪格之妻，系多尔衮元妃之妹。顺治六年十二月，元妃病故，一个月后，多尔衮即娶了肃王豪格之妻。多尔衮不仅陷害豪格致死，且夺人之寡妻，违背法理，实属大错特错，留下了其一生中的一大污点。

铲除另一辅政王

再说说多尔衮打击并铲除另一位辅政王济尔哈朗的经过。

皇太极去世后，济尔哈朗作为与多尔衮并列的辅政王，开始成为主持朝政的实权派人物。但实际上多尔衮并不想让他分享权力，只是因与豪格争夺皇位不成，才主动拉济尔哈朗与自己共同辅政。多尔衮一旦控制了朝中大权，必将要限制济尔哈朗的势力，直至把他排挤出统治集团核心。

济尔哈朗是努尔哈赤的亲侄子，为舒尔哈齐第六子。而多尔衮是努尔哈赤第十四子，从血缘关系来看，济尔哈朗地位低于多尔衮，在诸王夺位时没有竞争的可能性，而只能是某一位参与皇位争夺者的附庸。在实际情况中，身为镶蓝旗旗主的济尔哈朗站在了拥有两黄旗的豪格一方，正好与支持多尔衮的两白旗形成严重对立，这便为日后多尔衮惩处他埋下了祸根。

从理论上说，当初选择另一位摄政王时，本应该从由两黄旗旗主来物色，甚至就应由多尔衮和豪格两人共同担任摄政王才算公平。但是多尔衮却别有用心地选择了镶蓝旗旗主济尔哈朗为辅政王，实际是为将两黄旗摒除在统治集团核心之外，将济尔哈朗变成了抵御敌手的政治挡箭牌，使得对手有苦说不出。济尔哈朗一向能征惯战，军功众多，威信较高，且各旗旗主对他均有好感，因此由他来担任辅政王并未有人反对。另外，由于济尔哈朗对权势没有强烈欲望，缺少谋略，遇事也不露锋芒，这就为多尔衮日后专权提供了方便。

在济尔哈朗和多尔衮辅政伊始，就有一方退让、一方揽权的迹象。崇德八年（1643）十月，济尔哈朗前往攻打山海关至兴城之间的中前所、中后所、前屯卫，多尔衮则坐镇沈阳，总揽朝政。过了两个月，济尔哈朗就主动提出：以后凡诸臣有所请示、奏报，均要先写多尔衮的名字，他自己的名字列要列在多尔衮后边，班次礼仪等，亦皆照此办理。原先，多尔衮是将济尔哈朗之名列在前面的，而此时济尔哈朗再把两人位置颠倒过来，明确显示了退让的意味。

在清军入关这个重大事件上，多尔衮则自任统帅，亲自决策，成为大清历史上不可或缺的功臣人物。济尔哈朗却被留在沈阳，无法参与这千载难逢的建功机会，在崇尚武力军功的时代，他失去了应有的威望。多尔衮统兵入关及顺利进入北京，为清朝开辟了一个崭新的天地，也使包括济尔哈朗在内的所有诸王均黯然失色。

顺治元年十月，当福临在北京举行第二次登极大典、论功行赏之时，多尔衮位列第一，其他王公贝勒都与他拉开了距离。十月三日，朝廷以摄政王多尔衮军功最高，特命礼部官员为他“建碑纪绩”。七日，给他颁赐册文，就多尔衮的功绩做出极高评价，称其“历思功德，高于周公”，多尔衮所作的一切，“皆周公所未有，而叔父过之，硕德丰功，实宜昭揭于天下”。周公以忠心辅佐幼侄成王，至死未变，终成千古美谈，为万世不易之楷模。清初，举朝齐颂多尔衮丰功伟绩，硕德无量，可比周公，且又胜过周公！据此，对多尔衮“用加崇号，封为叔父摄政王，赐之册宝，式昭宠异”。在名分上多尔衮不是皇帝，但其荣誉又远胜过处于帝位的福临；从掌握国家实权而言，多尔衮实际上已是真正的皇帝。

十三日，才轮到封赏济尔哈朗，世祖下诏：加封和硕郑亲王济尔哈朗为“信义辅政叔王”，赐给册宝、黄金千两、白银万两、彩缎千匹。以下，则封豪格、阿济格、多铎等为亲王。当时，封济尔哈朗为“辅政叔王”，封多尔衮为“叔父摄政王”，两者在称谓上差别十分明显。显然，多尔衮处于“摄政”的主导地位，而济尔哈朗仅仅是“辅政”，与多尔衮功德相比如天壤之别。两王开始时同为辅政，仅过了一年多，彼此地位大变，多尔衮开始走上擅权的道路。

政治地位有别，物质待遇也存在高下。如多尔衮的俸禄为3万两，济尔哈朗的年俸为1.5万两，两者相差一倍。在其他方面，为多尔衮所定冠服、宫室之制，仅次于皇帝；济尔哈朗则与亲王同级。除此，其护卫人员等亦各有定数，差别非常明显。

从史料记载看，在主持朝政方面，济尔哈朗之议往往不被多尔衮接受。多尔衮在决策和处理国政中，则看不到济尔哈朗如何辅政，既无言论，也不见其行动。显然，多尔衮有意冷淡或排斥济尔哈朗，并一直寻找机会消除其在朝廷中的声望。

顺治二年（1645）五月，济尔哈朗与内大臣定议，以多尔衮“代天摄政”，又“为皇上抚国立政”，故一切仪制应予加礼。他带头倡议为多尔衮增仪，显然是为表达对睿王的拥戴之意。但多尔衮称：“予在上前，未敢违礼”，回绝了他的提议，并对济尔哈朗等提议者进行了处罚，将其由辅政王降为亲王，再降为郡王，使他成为一个微不足道的普通王爷。此案处理一个多月后，闰四月初四日，多尔衮又恢复了济尔哈朗的和硕郑亲王爵，使其享受一定的物质生活待遇。

顺治四年（1647）正月，不知由谁告发，称济尔哈朗所建王府“王殿台基逾制”，又擅用铜制龟、鹤陈设器，也超越了他的身份。多尔衮指示刑部尚书吴达海、启心郎额尔格图等审查议罪。最后，判罚济尔哈朗白银2000两，以吴达海等初审其罪时“议罪徇情”，即曾包庇济尔哈朗，革去其刑部尚书之职，另革去额尔格图世职，副理事官胡敏鞭责50。此事不算严重，但多尔衮借题发挥，既处罚了济尔哈朗本人，对包庇他的官员也进行了严厉惩处，此举是在警告所有亲近济尔哈朗的各级官员，要对其远离，以达到孤立济尔哈朗的目的。

此事仅过去半年，七月初一日，多尔衮又采取了一项重大决定：召集内大臣、各部尚书、启心郎等官员，说：“兹内大臣、礼部，佥以和硕德豫亲王（多铎）剿灭流寇，底定陕西，殄福王，平江南，乃击败喀尔喀部落土谢图汗、硕雷汗，厥功甚懋，应进封为辅政叔德豫亲王。予初亦念及此，尚以王为予季弟，故犹豫未果。然予恭摄大政，简贤黜不肖，国之钜典，乌容瞻顾。尔等偕诸王定议以闻。”[①]他提议给幼弟多铎晋级晋爵，让百官讨论。按说多铎的功绩可谓大矣，在诸王中亦名列前茅。以功论赏，是顺理成章的事。但问题的本质是多尔衮想借提高其他诸王地位，一方面巩固自己的摄政王位，另一方面则是要排斥异己。

多铎和多尔衮是同父同母兄弟，比旁支的济尔哈朗更为可信可靠。他在连续打击济尔哈朗后大胆提出由多铎为辅政王，名义虽为建议，其实就是决定。诸王百官都明白应该怎么做，遂“佥以为然”，无人提出异议。于是，

① 《清世祖实录》卷3，顺治四年七月丁亥。

朝廷颁诏进德豫亲王多铎为辅政王。多尔衮当即告诫：“汝继予辅政，益加勤勉，斯名誉非小矣。”

翌日即七月二日，世祖御太和殿，正式册封多铎为“辅政叔德豫亲王”，赐黄金千两、白银万两、鞍马1匹、空马9匹。仪式后举行大宴，以示庆贺。此项决策，将多铎提升为辅政王，是否和济尔哈朗为并列地位？从多尔衮提议，到诸臣表态，直至皇帝册封，均没有说明。但很快有了结果：七月六日，摄政王多尔衮向内院、六部、都察院等各衙门传达他的指令：“前令辅政德豫亲王、和硕郑亲王共听政务。今和硕郑亲王（济尔哈朗）已经停罢，止令辅政德豫亲王（多铎）与闻。凡各部院事务，有应亲理者，有应辅政德豫亲王代理者，开列具奏。”①

多尔衮此令一出，群臣立刻有了答案，先任命多铎为辅政王与济尔哈朗“共听政务”，但几天后即提出将济尔哈朗“停罢”，其实就是罢免或撤销的意思，那么今后就只有多铎一人辅政了。自此，济尔哈朗已从清朝的决策机构和统治集团核心中撤出，不再参与最高层的政务，他的身份已经完全变成了普通亲王。

济尔哈朗从辅政王被降为无权无势的亲王，其心中不满、愤愤不平可想而知。在政治上，他已被废为一个闲人，从此可以悠闲度日。但任何人都想不到的是，另一场更大的灾祸就要降临到这位倒霉的王爷身上了。

顺治五年（1648）三月，济尔哈朗的几个侄儿揭发他罪大恶极。他们是：贝子吞齐、尚善、吞齐喀及公扎喀纳、富喇塔、努赛等6人。他们共同揭发的罪状之多、罪行之重，令人触目惊心。多尔衮下令将济尔哈朗及受到牵连的人“齐聚质讯”，当面对质。根据《清世祖实录》记载，仅审问济尔哈朗修房一件事，即穷追不舍。最后依据会议揭发、审实情况，确认济尔哈朗

①《清世祖实录》卷33，顺治四年七月乙巳。

犯有以下六条“罪行”：

其一，当初两黄旗谋立肃王豪格为君，以今上福临为太子。及议时，济尔哈朗说：“我意亦如此。待我与众商之。”擅谋大事，其罪一也；

其二，皇上迁都燕京时，途中，济尔哈朗将原定后行之镶蓝旗（济尔哈朗所领之旗）靠近皇上立营，他又同皇帝本人同行。其罪一也；

其三，迁都之时，正蓝旗原定次序在后，反令在镶白旗（多尔衮所领之旗）前行；又曲徇犯罪的肃王豪格，令其妻在多铎与阿济格两亲王的福晋前行，这岂不是因一向与豪格同谋，心生怜悯，明显僭越吗？其罪一也；

其四，郑王“久无为国宣劳之处，及定大业，又无辅佐之功，而乃援比君上，谓：何人房当用官夫修，何人房不当修，言语不伦”。其罪一也；

其五，宠爱有罪之顾尔玛洪、罗托，给予美宅，反优于公努赛，厚薄无等。其罪一也；

其六，郑王的福晋托病，不让她“会丧”（指衍禧王、饶余王、贝子和托病死），又去赴宴，漠视所亲。其罪一也。

总之以其罪过深重，经诸王大臣会议，将济尔哈朗判为死罪。与其相关的一干人等，也逐一判刑，莽加、博博尔岱被判为死刑。

除惩办济尔哈朗一派外，此次还将当年与济尔哈朗商议谋立豪格的两黄旗大臣也顺势进行了打击：公图赖，革去公爵，籍没家产；鳌拜巴图鲁，论死；公塔瞻，革去公爵；公锡翰，亦革公爵，并革内大臣、议政大臣职；索尼谋立肃王为君，又与同谋者“相誓生死一处”，论死；国戚多尔济“附和郑王”等罪，革内大臣、议政大臣职；公图尔格，亦谋立豪格为君，革公爵，并尽革所有职务；阿济格尼堪为郑王隐罪不报，罚银百两。

会议判刑很重，交到皇帝后由其批准。世祖还小，不懂如此复杂的政治问题，由多尔衮以皇帝的名义做了最后宣判：“郑王免死，革去亲王爵，降为多罗郡王，罚银5000两。”对其他有罪之人，分别进行了减等、免死、免革职、免籍没家产等判决：鳌拜免死，可以“赎身”；锡翰革去公爵，仍为阿思哈尼哈番，“并革其议政大臣，赎身”；索尼为两黄旗颇具影响的人物，当年支持豪格最为有力，虽然免去死罪，但尽革所有职务，赎身，黜为民，徙居沈阳昭陵（皇太极陵）守墓，夺其燕京所投汉人，以及所赏蒙古人、赏银与鞍马等。其兄弟子侄为侍卫者，“俱革退”。

自此以后，济尔哈朗在朝中几乎销声匿迹。直至半年后的顺治五年（1648）夏秋，由于大江南北战乱纷纷，反清、抗清、叛清战事到处爆发，多尔衮虽遣将四处征伐，但仍顾此失彼。此时他才想到济尔哈朗，为应付眼前诸多事变，不得不让他带兵出征。

是年九月，朝廷颁发敕书，授予济尔哈朗“定远大将军”衔，统兵征讨湖广“逆贼”即李自成余部。十月初，济尔哈朗首先由山东发来捷报，随后经河南进入湖北境内，自安陆府（今湖北钟祥）渡长江，直趋湖南湘潭，擒斩南明重要人物何腾蛟等人。接着连克湖南宝庆（今邵阳）、衡州（今衡阳）、辰州（今沅陵）、永兴等城，致大顺军余部将领“一只虎”、袁宗第、“二只虎”等均“弃城而逃”。再进至湖南沅州（今沚江）、靖州（今靖县），一直攻入广西境内的全州县。顺治六年（1649）八月，济尔哈朗奉命“班师还京”，为清朝统一大业做出了重要贡献。

像豪格得胜返京时一样，顺治七年（1650）正月，济尔哈朗领兵返回北京时，受到多尔衮的冷遇，朝廷没有派任何人迎接，更谈不上慰问之事。《清世祖实录》对此没有一个字的记载。显然，多尔衮的做法有欠公允。凡是他的政治对手，即使是立了大功，他也不予理睬。

济尔哈朗默默回到家里，朝廷对他的战功没有任何态度，他的心情可想而知。但他又无可奈何，只能隐忍不发。迟至四月下旬，多尔衮终于有所表示：赏给济尔哈朗黄金200两、白银2万两，以下有功将领各按级别依次递减。这是对济尔哈朗此次远征所给予的唯一一次奖励。在政治待遇方面，则没有任何改变，一直对其进行禁锢。此后一直到多尔衮病死，济尔哈朗始终处于孤立无援、无权无势的状况。

多尔衮当政时期，自感受到来自肃亲王豪格和郑亲王济尔哈朗两方面的威胁，但他利用自己的智慧和政治手段，迅速将两个政敌击倒，使其他诸王再也不敢向他挑战。此后，多尔衮重用同父同母兄弟阿济格、多铎，由他们充当自己的左右手，又将本旗将吏收为心腹，拉拢和分化敌对的两黄旗，使许多人投归到自己门下，其在朝中的地位更加巩固，所掌控的权力也达到了顶峰。

二 太后下嫁 父皇人轶事

孝庄皇太后是否下嫁摄政王多尔衮一事，长期以来，一直是民间热衷关注的问题。一是两人均为清朝最高执政者，直接关乎清朝的决策，两人的绯闻既是宫廷大事，也是国家大事；二是孝庄皇太后本是多尔衮的嫂子，两人如有联姻，于礼法不合。

孝庄文皇后原为太宗皇帝皇太极的妃子之一，她才高貌美，聪睿机警。由于崇德八年（1643）八月多尔衮议立福临为君，而没有立豪格，也没有立地位高于庄妃的麟趾宫贵妃之子博穆博果尔，因此引起不少传闻。一些野史载述了所谓“太后下嫁”之事，声称孝庄皇太后曾下嫁多尔衮，两人举行了皇太后下嫁大典。

民国八年（1919）署名“古稀老人”编写的《多尔衮轶事》之《太后下嫁》条称：

世祖福临年幼时，“军政大权实在多尔衮一人之手，倘怀异志，莫敢谁何，当时朝廷情势，危于累卵”。“太后时尚年少，美冠后宫，性尤机警，知非有以羁縻而挟持之，不足以奠宗社于泰山之安，故宁牺牲一身，以成大业。”而多尔衮则“涎太后之色”，“时以陈奏机密为由，出入宫禁，奏事既毕，辄纵谈市鄙事以尝试之”，孝庄遂提出：若尔“诚意见爱”，“务矢赤心，为国驰驱，卫我母子，待天下统一之日，即我二人因缘成就之日”。多尔衮肃然敬服，两人对天立誓，各刺臂作血书，互执一书。从此，多尔衮果然“奋勉图功，精勤倍常，以冀媚于太后”，间有劝其自立为君者，“多尔衮皆以念及血书而止”。后天下大定，多尔衮屡求太后实践盟誓，且以死为要挟。“太后鉴其诚悃，不忍背之”，遂召幼帝，告诉事情始末，但如践约，“则国基未固，祸不旋踵”，乃秘密设策，数日后宫中忽传太后驾崩，隆重办理丧仪，不久又降旨以帝之乳母某氏指婚于摄政王，命满汉大学士为媒，襄办婚礼，嫁奁之多，空前罕有，自宫门到王府，绵延数里，彩舆所经，沿途皆设锦幛，禁止窥探。多尔衮在门前恭候，引入正殿，先叩拜，然后行交拜之礼，空前之太后下嫁大典，至此告终，“于是天下臣民莫不心知其故矣”。

如果认真考证这段叙述，其实谬误甚多，其不合情理之处比比皆是：第一，多尔衮摄政之时，皇太后从未也无权公开过问国政，完全由摄政王全权代行帝权，不须要向太后奏呈诸事，或请其裁决，所谓多尔衮以陈奏机密为由入宫之说，不能成立。第二，多尔衮摄政之日，孝庄太后康健如常，并未驾崩，直到多尔衮死后37年，即孝庄太后之孙圣祖玄烨执政的康熙二十六年，她才去世，享年75岁，举办了隆重的丧仪。可见，多尔衮在世之日太后驾崩之说，不攻自破。第三，所谓将太后扮作帝之乳母，指婚给睿王，大办婚礼，致天下臣民皆知太后下嫁之说，查遍《清实录》等官方史书，均无此记载，大臣学士及文人学者之个人文集笔记，亦无片言只字，显系民国初年文人所杜撰。

另外，民国初年出版的《清朝野史大观》卷一，有三条专记太后下嫁之事的内容，即《太后下嫁摄政王》《太后下嫁贺诏》《太后下嫁后之礼制》。这三条叙述的中心意思是称：多尔衮诚心拥戴福临即位，满朝王公大臣深有歉意，欲报答其恩。多尔衮与大学士范文程密议后，使范氏倡议说：摄政王功高望重，皇上应予报答，王乃帝之叔父，视帝为子，“则皇上亦当以父视王”，认王为父，可否？众人议定如此办理。范文程又说：今闻王之福晋新逝，“而我皇太后又寡居无偶”，皇上既以睿王为父，“不可使父母异居，应请王与皇太后同宫”，众又赞同其言。于是颁发太后下嫁恩诏，宣示天下。其诏大意为：“太后盛年寡居，春花秋月，悄然不怡。”“皇叔摄政王现方鳏居，其身分容貌，皆为中国第一人，太后颇愿纡尊下嫁，朕仰体慈怀，敬谨遵行，一应典礼，着所司备办。”到了乾隆朝，“纪昀见之，以为此何事也，乃可传示来世以彰其丑乎，遂请于高宗削之，是后遂鲜有知者”。明臣张煌言作清宫词，有云：“上寿称为合卺樽，慈宁宫里烂盈门；春官昨进新仪注，大礼恭逢太后婚”，“即咏此事云”。“闻当时百官贺表，出钱蒙叟笔，藏虞山瞿良耜大令处。”

以上三条记述，似乎颇有根据，一则言范文程与群臣商议决定；二则言有太后下嫁恩诏，宣示天下，其诏尚存到乾隆朝；三又说百官有贺表，乃钱蒙叟即钱谦益所撰，藏于瞿良耜处；四则说明朝遗臣张煌言写了清宫词，其中有专讲太后下嫁之内容。有人有物有词有表，似乎清宫之中当时果真举办了太后下嫁大典。

然而，细加分析以上论据，则又有许多破绽：其一，摄政王多尔衮之福晋卒于顺治六年（1649）十二月，第二年正月举行了纳肃王豪格福晋为妃的典礼，史有明证，在此情形下，太后怎能下嫁多尔衮呢？其二，所谓下嫁恩诏，辞文俚俗，显非真诏，且言睿王乃“中国第一人”，更有违规制。查遍清朝诸帝诏书，言及中国，皆称“我大清国”“我大清”，未尝使用“中国”之词。其三，既有恩诏，宣示天下，而且过了顺、康、雍三朝，到乾隆时，纪昀还见到此诏，纪昀是乾隆十九年（1754）进士，其后在宫中任侍读，乾隆三十八年编《四库全书》，距所谓下嫁大典已逾百年，他都能目睹此诏，那么当年见过此诏的人自然不会少。但实际是，不仅《清实录》等官书中未记此事，而其他成千上万的在朝大臣、文人学士的著述中，均未谈及这一大事。如果说清朝臣仆不敢触讳，那些明朝遗臣如顾炎武、黄羲之、王夫之等一大批反清人士，怎么也不对此进行抨击呢?

从现存史料看，多尔衮死后被世祖追罪之原诏，至今仍然保存，而多尔衮死后被焚骨扬灰、世祖剃发欲图出家等事，虽不为官书记载，却被文人学士、僧道之人著作所一一记述。但所有著作中，对太后下嫁诏均未有任何记录，这只能说明太后下嫁只是后人杜撰出来的故事。

此外，朝鲜诸臣及宫廷对此大事也未有任何记述。清朝入关之初，朝鲜虽迫于形势臣服于清，上贡颂扬，但朝鲜君臣内心仍忠于故明，长期视清朝为夷狄，其国内官书和文人著作多称清为“胡”或“虏”，称明朝为“大明”，对于清帝及摄政王的言行十分抵触，常予贬斥。但所有朝鲜君臣的言论中，均未见到有任何关于太后下嫁的记述内容。

从以上诸方面推断，所谓太后下嫁大典的事迹，应该根本没有举行过。

当然，孝庄皇太后虽无下嫁之举，她与多尔衮也不一定毫无瓜葛。只是，有无瓜葛并不能以野史传闻为真实依据。

从当时史实情况看，摄政王多尔衮素有称帝之心，入主中原后先后改称“皇叔父摄政王”“皇父摄政王”，大权独揽，势焰熏天，人皆知有摄政王，而不知有幼君，多尔衮对幼帝福临有着直接威胁。聪明绝顶的孝庄皇太后不能不考虑如何联络多尔衮，以保全福临的生命与帝位。

满族旧俗中有“转房婚”之陋习，所谓“父死，则妻其母（非自己生母，而是父亲其他妻子）；兄死，则妻其嫂；叔伯死，则侄亦如之。”相关的事例在当时较多存在。如太宗执政时，莽古尔泰贝勒死后，其妻被分给侄子豪格和岳托；德格类阿哥死后，其一妻被阿济格带走。因此当太宗皇太极故去之后，多尔衮按照当时的满族习俗，是允许迎娶孝庄为妻的。由此可见，孝庄皇太后为了自己的儿子，与掌权的摄政王多尔衮存在暧昧关系，以保证幼帝的安全，也并非无可能。

清人蒋良骐在《东华录》卷六中，记述顺治八年（1651）二月世祖福临颁诏斥责多尔衮罪状中，有一条是指责他“又亲到皇宫内院”；朝鲜国《孝宗实录》记载清宫惩治多尔衮之罪，也有“又亲到皇宫院内”这一罪行。但在清朝官修的《清世祖实录》之中，却有意将此条诏令故意删去，显然有为尊者讳之意。多尔衮为何要亲到皇宫内院，而且此举还被旁观者列为谋逆的罪状之一？有可能就是因为当初多尔衮曾经入宫与孝庄太后相会。

如果此说合理，那么孝庄皇太后虽然与摄政王多尔衮没有联姻，却出于巩固帝位这样一种政治上的考虑，而与摄政王多尔衮确实存在着一种暧昧关系，是其迫于形势的无奈之举。

此外，世人传言孝庄皇太后与多尔衮联姻的另一依据，是清宫中曾正式册封多尔衮为“皇父摄政王”，这就意味着多尔衮俨然成了太上皇，成为世祖福临的继父。那么多尔衮与孝庄皇太后的关系，也可以进一步定性为夫妻。

清朝宫廷加封多尔衮为“皇父摄政王”之事，起于顺治五年（1648）冬季。是年十一月初八冬至日，朝廷在圜丘举行隆重的“祀天”典礼，奉太祖武皇帝“配享”，追尊太祖以上四世祖考妣帝后尊号，祭告天地。至十一日礼成，诸王群臣上表称贺。

在这一天，宫中又发布诏书“大赦天下”，所定“应行事宜，条列于后”，其中列于首条的就是给多尔衮再加封号，其文称：“叔父摄政王（多尔衮），治安天下，有大勋劳，宜增加殊礼，以崇功德，及妃、世子应得封号，院部诸大臣集议具奏。”[①]

① 参见蒋良骐：《东华录》，顺治五年十一月初八日相关内容。

至于部院诸大臣集议后具奏，到底给多尔衮加上了什么封号，在清朝正史《清世祖实录》中，并未作以记载。而清人蒋良骐之《东华录》却记录了当时诸臣为多尔衮共议的封号，即“加皇叔父摄政王为皇父摄政王，凡进呈本章旨意，俱书皇父摄政王”。多尔衮由叔父进称“皇父”，是一个质的飞跃，标志着他在宫廷中地位的提升。但《清世祖实录》中为什么要有意隐去册封“皇父”这样一个敏感的字样呢?

究其原因，可能是当时社会上即已有孝庄皇太后下嫁多尔衮的传闻，而为多尔衮加上“皇父”封号，很容易使人联想到太后下嫁一事。因此在顺治八年世祖清算多尔衮之罪后，清朝官方耻于将“皇父摄政王”一名记载于《实录》当中，从而使这一史实不再记载。

四

定鼎初政

SHUDU QINGSHI
DINGDING BEIJING

废弃三饷 除明苛政

清朝定鼎北京之后，面临着诸多问题。多尔衮以摄政王身份主持政务，提出并实施新政，以此安抚人心，建立新的社会秩序，力图使新政权迅速站稳脚跟。

清军进入北京前后，京城内外及京畿地区的局势异常混乱，治安恶化，百姓生命安全得不到保障。多尔衮在进入北京次日，即五月初三日，即发布命令，宣布要好好保护受灾受难的士民。他下令八旗大军驻扎于城外，凡官兵出入城门者，要执有专门的标旗方得出入，严禁兵士擅入百姓人家，以保护官民的生命财产安全。

与此同时，多尔衮又提出原明大小官员归顺、剃发易服及安葬崇祯皇帝等政策。不久，因剃发易服规定引起汉人强烈反感，甚至引发士民公开抵制，多尔衮不得不审时度势，取消了剃发易服的强制规定。京城及京畿地区得到“俱免剃头之谕，军民欢呼”。总之，清人关后采取的一系列政策，对汉族士民尚较为宽松和有利。

此外，多尔衮还大刀阔斧地革除明末弊政，废止扰害百姓的各项政策，如明末扰害百姓最深的“三饷”等。所谓明末“三饷”，是在朝廷正常税赋额之外加收的三项特税：自万历以后，为支付辽东用兵费用，加征了“辽饷”；为支付镇压农民起义军费用，加征了“剿饷”；为训练新军而增加了“练饷”。这些饷费大多是向农民直接增收的税收，至崇祯十二年前后，“三饷”加派一年已达到1670余万两，超出正常收入一倍以上。崇祯十五年，“三饷”数额已高达2300余万两。这些沉重的赋税，给广大农民带来深重灾难，使他们不得不揭竿而起，以求生存。故历史学家曾经论述：明亡，实亡于“三饷”之加派。

多尔衮深知明末“三饷”危害之大，毫不犹豫地下达旨令，全面废除“三饷”之征。顺治元年（1644）七月十七日，多尔衮向官民人等下达谕旨：

> 尝闻德惟善政，政在养民。养民之道，必省刑罚，薄税敛，然后风俗醇而民生遂。……至于前朝（明朝）弊政，厉民最甚者，莫如加派辽饷，以致民穷盗起，而复加剿饷，再为各边抽练，而复加练饷。惟此三饷，数倍正供，苦累小民，剔脂刮髓，远者二十余年，近者十余年，天下嗷嗷，朝不及夕。更有召买粮科，名为当官平市，实则计亩加征。初议准作正粮，既而不与销算，有时米价腾贵，每石四五两不等，部议止给五分之一。高下予夺，惟贿是凭。而交纳衙门，又有奸人包揽，猾胥抑勒，明是三饷之外，重增一倍催科，巧取殃民，尤为秕政。……自顺治元年为始，凡正额之外，一切加派，如辽饷、剿饷、练饷及召买米豆，尽行蠲免。各该抚按即行所属各道、府、州、县、军卫衙门，大张榜示，晓谕通知。如有官吏朦胧，混征暗派者，察实纠参，必杀无赦！倘纵容不举，即与同坐。各巡按御史作速叱驭

登途，亲自问民疾苦。凡境内贪官污吏，加耗受赇等事，朝闻夕奏，毋得少稽。[①]

这篇谕旨，深刻揭露了明朝加派"三饷"等种种腐败弊政，明确提出要废"三饷"，给农民创造一条生路。为使此项政策得到贯彻，清廷一再进行宣传。入关当年十月，世祖福临在北京重新即位，在向全国颁发的即位诏书中，又一次宣布废除"三饷"，明确提出："自顺治元年五月初一日起，按亩征解，凡加派辽饷、剿饷、练饷、召买等项，悉行蠲免；其大兵（清军）经过地方，仍免正粮一半；归顺地方不系大兵经过者，免三分之一，就今年一年正额通算。"[②]

明末征收的苛捐杂税还不止"三饷"，除此之外，在地方尚有不计其数的各类加派，可谓多如牛毛。这些不断加重的税赋，终于把农民和其他劳动者逼上绝路，举起了反明大旗。清朝初入北京，为得民心，屡次下达谕旨减税，以铲除明末弊政，废除各种加派。随后，清军在征服全国进程中，每得一地，即宣布蠲免加派，废止"三饷"，以此赢得民心。

顺治元年（1644），清军占领山东济宁，即按明朝万历年间每亩起科3分2厘，不再另行加派税赋；四年，清军进入广东，随派知县到任，管理已得州县，征粮时按照万历四十八年则例，每民征米1石，只缴银川钱、本色编米3斗。这与明末崇祯朝相比，赋额已经较轻。

明崇祯初期，大量裁减驿卒，省下一笔费用，以抵偿一部分加派。就山西来说，当时拨给各处驿站银钱总额为15.8万两，崇祯三年裁银4万两，拨给部分地方兵营，以充军饷。驿站额银不足，朝廷便每年额外私派，总数达

① 《清世祖实录》卷6，顺治元年七月壬寅。

② 《清世祖实录》卷6，顺治元年十月甲子。

20万两，分摊到各州县，使百姓负担加重。可想而知，正是因为朝廷裁减驿卒，才使李自成被裁汰退伍，随后即因生活无着，与大批被裁驿卒一起参加了起义。顺治四年（1647），摄政王多尔衮得知此事原委，迅速做出决定：恢复山西省原定驿站额银“十五万八千六百九十三两，并禁私派”。山西省百姓受害近20年，至顺治初年才被解除。

清军入关后，以多尔衮为首的统治集团，不断以皇帝或以他个人的名义颁发恩诏、谕旨，推行大清新政，由于大多是针对明末弊政而发，力图清除故明腐败政策，减免农民的经济负担和政治上的苛政，因此起到稳定民心和建立新秩序的目的。各项政策的实施，的确取得了巨大的效果，各地百姓在欢迎新政的同时，实际上也就接受了清朝统治。

当然，因当时全国统一战争仍在继续，清朝税收严重不足，这就迫使部分地方军政官员不得不加派一定赋税，以维持本地军费开支，因此造成了加派税赋的弊政未能真正杜绝。但即使如此，广大农民及其他阶层劳动者的生活较之明朝末期已经有了较大转变，他们在自己生存得到保证的同时，对清朝统治渐有信心，甚至产生信任感，最终使这种“仁政”取得实效，保证了清朝统治的稳固。

满汉一体 承袭明制

启用汉官 巩固政权

清王朝定鼎北京之后，在国家统治和政权建设上面临一个十分严峻的课题：如何统治数以亿万计的全国汉族人，并如何建立统治全国的行政机构、官僚体制。以满族极少的人数力量，根本无法应付如此庞大的国家机器运转，更不用说镇压各族人民的武装反抗了。与清入关前众多归降汉人被编制进入汉军八旗组织不同，清入关后，清朝统治者对汉族人采取“以汉治汉”的统治政策，大批起用前明政府的汉官，委以官职，由其直接管辖汉人。

早在清军进入北京后第六天，多尔衮即下令：“在京内阁、六部、都察院等衙门，俱以原官同满官一体办事。”他强调说：“各衙门官员，俱照旧录用，……其避贼（指李自成军）回籍、隐居山林者，亦具以闻，仍以原官录用。”这些政策使大量明朝官员投入清政府怀抱，甚至在明朝曾经为敌的宦官阉党和东林党人也一起出山，为巩固清朝政权出谋划策。

当时，原东林党人陈名夏（曾投降李自成军）归顺清朝后，被任命为吏部尚书、弘文院大学士；在明末即已声名狼藉的冯铨，不但保住自己大学士的头衔，还深受重用，得以“入院佐理机务”。这些明末官僚对维护清朝统治、巩固新生政权都发挥了一定作用。此后，在清军西征、南下时，多尔衮继续采取招抚政策，降者不拒，归顺不分早晚，按例给予投降者官职和奖励，使得农民军余部首领和南明官员纷纷归附，加速了清朝统一全国的进程。

清朝定鼎北京之后，在摄政王多尔衮的主持下，迅速组建起中央政权，大批汉官被吸收到中央各部院衙门担任要职。大学士是统治集团中的高层职务，多数由汉官担任。范文程早在入关前已是内三院大学士，多尔衮任命他继续担任此职。其后，故明大学士冯铨、谢升、洪承畴等都加入内阁，同列为大学士，其人数已超过满族大学士。顺治二年（1645）谢升去世，出身满族的希福被革职，遂命以李建泰为大学士，实际是取代了希福的职务。

顺治二年（1645）五月，清军已渡过长江，南明弘光政权投降，江南尚有广大地区尚未统一。多尔衮希望汉官发挥更大的作用，遂派遣有名望的原明官员赴江南各地，招抚那些未降的明朝将吏和士卒。顺治二年闰六月，他命内院大学士、太子太保、兵部尚书兼都察院右副都御史洪承畴“以原官总督军务，招抚江南各省”。同月，又连续任命一批汉官分赴江南，招抚各地军民。如恭顺侯关惟华被授为太子太保兼都察院右副都御史，“总督军务，招抚广东”；礼部右侍郎孙之獬升任兵部尚书兼都察院右副都御史、翰林院侍读学士，“提督军务，招抚江西”；尚宝寺卿黄熙允任兵部右侍郎兼都察院右佥都御史，“招抚福建”；原大同巡抚江禹绪仍以兵部右侍郎兼都察院右佥都御史，“提督军务，招抚湖广”；刑部郎中丁之龙为兵部右侍郎兼都察院右佥都御史，“招抚云贵”。闰六月二十六日，朝廷“铸给招抚广东、江西、福建、湖广、云贵各关防”。其中，以洪承畴的品阶最高，给予的待遇也最优厚。多尔衮亲自送他出行，“赐蟒衣、靴、帽、银盘、雕鞍、大帐房、驼马等物；定给路费，每月银一百五十两，随行书役、旗尉等十三人，各给袍、帽、帐房、马匹。”

以满洲、蒙古、汉军八旗将领用武于疆场，以汉族出身的文官从事行政管理，宣布朝廷旨意和决策，并由其招抚江南尚未归降的官民，诱之以利，晓之以理，使其尽快放弃抵抗，向清朝投诚。从实际情况看，被任命的招抚官员常利用自己的私人关系，说服未降者归附，往往都收到了较好的效果。

在中央各部院机构中，清政府采用满汉并用的原则。如六部尚书设满、汉各一人，以体现“满汉一体”的方针。至于地方高级官员、封疆大吏如总督、巡抚一级的官员，经常是满、汉掺用，总兵官则大都起用汉官。如顺治六年（1649）六月，原明太子太傅左都督骆养性，仍以原官“总督天津等处军务”；投诚的原明总兵官高第，授为山海关总兵官，等等。

多尔衮摄政时期，最大限度地起用汉官，使大量汉族成员得到重用，实现了“满汉一体”的统治政策。这不仅为新生政权的统一和稳定起到作用，还为世祖亲政起到示范。顺治八年（1651）正月福临当政后，他继续推行此项政策，起用才能卓著的汉官，使他们发挥出更大的作用。

效仿明制　健全体制

李自成农民军进入北京后，灭亡明朝，之后形成大顺、大西、南明与大清四个政权并立的格局。前明统一政权已被彻底摧毁，国家机器已不复存在，清朝若想统治好整个中国，特别是想管理好以汉族为基础的中原及江南地区，就必须建立全新的国家机构，必须接纳明朝的旧有政权模式，承袭其固有统治体制。

首先，清朝承袭了故明一整套从中央到地方的完整官制，由其领导中央及地方的各级机构。清入关前，自皇太极时期已开始仿照明制建政。入关后，一切职官悉仿明制，同时又保留一些本民族的创新形式。按照《清史稿》“职官志序”记载：“世祖入关，名并七卿，外台督抚，杜其纷更，著为令甲。”清政府自己也说：“我朝设官，大半沿前明数百年旧制。”反映了清承明制的重要性。

清朝的中央官制，基本仿造于明式。明初，沿袭历代职官制度，一度设宰相之职。在发生了一些权力争斗后，明太祖朱元璋废除了宰相制，以六部分掌国家权力，最后统于皇帝一人之手。同时，朝廷又建内阁制度，设大学士若干人。清朝早在入关前的皇太极时期，即仿明制设中央职官，不设宰相，其最高决策和权力机关是“议政诸王大臣会议”，由皇室和八旗选出诸王大臣共议国政，最后由皇帝批准实施。入关后，随着中央集权制加强，皇权进一步强化，议政诸王大臣会议作用逐渐减小。至雍正朝，宫内创设军机处，成为皇帝直接统辖的办事机构，掌管国家机密与决策，议政诸王大臣会议已形同虚设。至乾隆朝，终于结束了诸王大臣会议制，而内阁制度则始终保留，成为仅低于军机处的重要衙门。由此看来，清朝从建政伊始就没有使用过宰相制，而是由内阁、议政王大臣会议及后来的军机处并列形成中央中枢。

至于所谓的六部，即吏、户、礼、兵、刑、工部，早在清入关前即已设置，它们是中央政府最重要的职能部门。各部首脑分掌国家一个部门的权力，各自对皇帝负责，使得全部权力集中于皇帝手中。皇帝下达的各项指令、措施，则由六部分别贯彻执行。议政王大臣及内阁大学士虽具有较高的政治地位，但他们只是协助皇帝决策，为其提供咨询和建议，只有出任六部首脑之后，才真正掌握了国家行政权力。清入关前，六部首脑定名为“承政”，主要由诸王贝勒兼任。入关后，为适应政治需要，朝廷将六部首脑名称做以更改，即将“承政”改称“尚书”，其下“左、右参政”改称为“左、右侍郎”，“理事官”改称为“员外郎”，“额者库”改称为“主事”。原设“满、汉启心郎”，于顺治十五年（1658）撤销，“都察院承政”改称为“左都御史”。原来独立的监察机构“六科给事中”及“十三道监察御史”，均并入都察院，成为其下属机构，从而结束了唐宋以来监察机关台、谏并列以至纷争不断的局面。

明朝时期，曾按隋唐旧制在中央机构设立“大、小九卿”。大九卿包括：六部首脑与都察院、通政司、大理寺首脑，合称为九卿；“小九卿”包括：詹事府、鸿胪寺、太常寺、光禄寺、太仆寺、顺天府、国子监、翰林院、尚宝司等首脑。清朝入关前，国家机构尚未健全，上列大、小九卿并未完全设立。入关后，则陆续增建大、小九卿官制，一直沿袭到清亡。除此之外，清仿明制，在宫廷中设有宗人府之制，以管理宗室事务，由最受尊重的亲王担任首脑，亦为常设机构。另外在宫廷中设立内务府，全称为“总管内务府衙门”，其首脑称“总管内务府大臣”，专门负责皇帝及皇室成员日常生活。

清朝的内务府机构，为其所独创，创立时间约在入关前。它由包衣（满语，奴仆之意）制演化而成。满族王公贵族之家，皆有包衣人，由其分管家务，提供差役，随侍主人。皇帝自己也有固定的包衣，由其管理宫内事务。

清宫内务府的设立，具有重要的意义，它取代了历代宫廷宦官管理制度，防止太监干政、乱政。但在顺治十年（1654）六月，世祖开始启用太监，并相应设立了“十三衙门”，一度造成寺宦兴盛，内外交结之事屡有发生。顺治十八年（1661）二月，圣祖即位不久，即宣布废除十三衙门，“内官俱永不用”。这实际是废除了太监参与政事或干预政治的道路。直到晚清慈禧太后专权，才使宫中太监有所活跃，甚至部分乱政。

清朝的中央机构设置，尽管较多参照明制，但也有一些是其独创，如议政王大臣会议、理藩院、内务府等。此外，另有一些中央机构虽然仿于明制，但其运作和执政时，却具有少数民族的特点。清朝中央统治，实行以满族贵族为核心、吸纳蒙古族、汉族上层贵族及精英联合主政的政治体制，体现了满族的独创精神。在中央政府，六部长官、内阁大学士、都察院左都御史和左副都御史，以及其他部门的长官，如通政使司，各寺、院、府、监的正副首脑，皆由满、汉官员联合担任。这就是所谓的“满汉复职制”。以六部为例：吏、户、礼、兵、刑、工各部尚书，均为满员1人、汉员1人，即每部的尚书各有两人。各衙门中分掌事务的下属官员，也都以满、汉两族人充任。在少数特殊部门，则满、汉官制分开，或是统用满员，或是统用汉员。如宗人府及其所属，全用宗室之人（满族），仅用汉府丞1人、汉主事1人，由其掌校汉文册籍。还有内务府、理藩院，都不用汉官，而太医院则全用汉官。

清政府在施政过程中实行满、汉兼用政策，另一个做法是其公文形式采用双轨制，即采取满、汉文同时抄写的制度，称为“满汉合璧”。当时，汉官章奏用汉文书写，然后再译成满文，上奏时将汉、满两体文书同时上呈；同样，满官的公文，先用满文书写后，亦译成汉文，再将两体文字合册上呈。这种满、汉文合用的公文制度，恰好是与满、汉复职制相适应的，有利于满、汉官员政治上保持一致。

清朝在地方政权的行政建制上，仍然采用明制，照旧设有省、道、府、县机构，其官制在局部上稍加变通。如省一级最高行政长官为督抚制，即设总督、巡抚两人。明制，这一职务属于临时差遣，办事完毕，即撤销总督、巡抚之职。清建地方官制时，把督、抚两职均保留下来，巡抚被确定为一省的最高行政长官，邻近二三个省或一个大省，则设总督一人，直接贯彻执行朝廷和皇帝的旨意，并对巡抚起到辖制、约束作用。省级以下，各政府机构的首要官职，则与明朝毫无差别。

有清一代，总督、巡抚成为朝廷的封疆大吏，是常设的地方最高军事、行政长官。督抚制的实行，加强了中央与地方的密切联系，强化了中央集权和对各地的控制，有利于巩固清朝统治。顺治晚期，朝廷基本完成了中央与地方各行政机构的职官建制，实现了对全国的有效统治和管理，这与其承袭明朝旧制有着密不可分的直接关系。

四 首崇满洲 大弊政

清朝以满族这一少数民族为核心，建立起多民族融合的统一国家，从建国伊始，即开始吸收蒙古贵族、汉族士大夫及军官加入，特别是入关后建立了全国统一政权，更是大量启用汉族知识分子，作为其管理国家的工具。但满洲上层贵族为维护自身利益，在制定统治政策之际，不可避免地要实行一些特殊政策，以保证本民族的优势地位和既得利益，进而出台一些压制其他民族的歧视性政策。

在清朝入关前后所确立的官僚体制中，始终奉行“首崇满洲”的政策，并将这一体制一直沿用下去，从而使满洲贵族始终牢牢地掌控着中央及各行省地方的最高权力。另外，其入关之初所采取的“剃发易服”“圈地”“投充”与“逃人法”等四项法令，均是针对其他民族（主要是汉族）而推行的政策，因此对其他民族（主要是汉族）的思想观念、民族意识以及当时的社会经济，都带来严重危害。这些政策被史学家定义为“四大弊政”（亦有学者归纳出“六大弊政”，即剃发、易服、圈地、占房、投充、逋逃）。

重满轻汉　维护本族

清朝入关后，按照“清承明制”的原则，在中央及地方机构建制中采用故明定制，并开始大量启用汉族官员。但是，满洲贵族集团在实行满、汉官员对等任用时，并非是满、汉完全平等，而是对汉族官员始终怀有戒心，并一直采用“首崇满洲”的政策，以此突出满人的优势地位。如在中央国家机关，各部尚书、院、府、寺等首脑官职，均实行满、汉官复职制，但满族官员一定要列于前面，汉族官员则必居其后，“各衙门印务，俱系满官掌管”，其他一些具体事务、政务，则由汉官处理。掌印是各衙门的关键职责，交由满官担任，便是由他控制着整个衙门，对统辖的汉族大臣、官员即起到制约和监督作用。

对于清朝所实行的“首崇满洲”政策，清朝皇帝自己也并不讳言。世祖就曾公开说：“若以理言，首崇满洲，固所宜也。”这就将满人安排在各个机构的首要位置，成为决定国家命运的中坚力量。

顺治十六年（1659）十月，世祖就各部掌印官员选用问题下发谕旨：“以后各部尚书、侍郎及院寺堂官，受事在先者，即著掌印，不必分别满、汉。”此项规定表明，清政府在某些时候也希望满、汉平等，在权力方面争取一视同仁。但从实际情况看，以满洲贵族为核心的统治者，不可能真正做到两者兼顾，只能在有限的范围内来调和满、汉关系。

因此，在嘉、道以前很长时间里，清朝中央机构的实际权力，都掌握在满洲贵族手中。在各部、院之中，最重要的是掌印、主稿两职。主稿只起草文件，并无多大实权。掌印则多为满员，在光绪三十二年（1906）官制改革以前，“汉人终身无佩印钥者”。至于像理藩院这样牵涉边疆民族问题的敏感机构，干脆没有汉人的位置。这样的做法，尽管保证了满人的特权，但也使满、汉之间的某种民族隔阂始终无法消除，也会不时引起一些矛盾。

除了任官之外，在官员的提拔、晋级以及奖惩等诸多方面，清朝统治者也始终采取“重满抑汉”的政策，对满洲出身者多予优遇，对汉族出身者则常予歧视。如清朝按定制对官员考核时，吏部每届京察对满族官员评优者都要多于汉官，通常是“一等六员，而汉人居其二”，满与汉的评优比例是四比二，满族人明显受到优待。

为使地方大权不致旁落，在全国各地行省机构，清廷任命总督、抚巡多数为满洲、汉军和蒙古旗人，自1644年到1735年，全国除陕西、山西、甘肃外，累计各省总督为185人次，其中旗人（满洲、蒙古、汉军在旗者）为160人次，其他汉族人仅为25人次；巡抚共515人次，其中旗人为300人次，汉族人为215人次。这种任命使满族贵族牢牢掌握着各地行政职权，汉族人只能担任其下级属官。

在宫廷任官制度中，清朝为候补官员专门制定有“宗室缺”，规定：满洲京堂官以上缺，宗室、汉军得以互补；外官蒙古可以补满缺，满洲、蒙古、包衣可以补汉缺，但汉人却不得补满缺和其他八旗官缺。所以在有清一朝，社会上一直流传“宗室无外任，满洲、蒙古无微员”的说法。

再由满、汉两族官员的入仕途径看，汉族官员绝大多数只能通过科举一条道路，另有少数汉人可以通过承荫、保举、题补或捐纳步入仕途，但其人数毕竟是少数，而且像捐纳等官并不为主流官制所认可，也很少能出任重要官职。满人步入仕途则大为不同，他们大多由宫廷侍卫、护军或八旗武职转入官场，因而起步较为容易，踏上高等职位的机遇也相对较多，经常被皇帝特简而担任某个要职，并不受法律条例限制。

此外，满人步入仕途还有另外一个重要途径，即是在各个衙门中担任所谓的“笔帖式”，即文书官、书记官。按照清朝规定，其中央机构各衙门中，均大量设有笔帖式之职，其官职地位虽然低微，但人数却非常多，官品最高不过六七品，低则七八品，绝大多数由满人充任。这些文书官吏在各级机构供职时，有委署主事、掌稿、缮折、牌子等名称，专管笔札、收发等事宜。满人笔帖式在职时升官很快，几年之内即可升任员外郎或主事官，掌握官印。有的笔帖式虽不甚通文墨，却能上下疏通关系，很快飞黄腾达，甚至最终外升为总督、巡抚，内任尚书、侍郎。所以，笔帖式一职实际成为满人入仕为官的一种捷径，也是清朝统治者对本族人的一大优惠。

清朝官制中有一项特殊的武职官员设置，即八旗军队军事职官建置。它与中央国家机构和各地方行政机构各不相属，独立组成自己的等级序列，而且全部由满人选拔组成。

八旗军制与汉人组成的绿营兵制不同，它完全以满洲八旗、蒙古八旗、汉军八旗为建置基础，自上而下分别设置有固山额真、梅勒额真、甲喇额真、牛录额真等几级序列，入关后按照汉语，依次定名为都统、副都统、参领、佐领等官职。八旗军制下的所有官员均由满洲、蒙古、汉军旗人构成，其他汉族人均不能进入到八旗军队中担任职务。八旗官员出自旗人，统领旗人，各旗统帅皆由皇帝直接掌管，因而受到朝廷的特殊恩遇。这种将军队组织结构、职官任命民族化的做法，反映了清朝统治者在职官政策上狭隘的民族性，也体现了清朝官制中重满轻汉、“首崇满洲”的特性。

推行弊政　危害严重

清朝入关前后，出于保护满族贵族利益的需要，曾推行“剃发易服”“圈地”“投充”“逃人法”等民族歧视政策，被后世学者归纳为“四大弊政”。这项些策的实施，决定了关外、关内乃至全中国众多汉族人的生死存亡。

其一，剃发易服。

由于女真人长期生活于东北地区的深山野外，靠打猎采集为生，服饰、发式等生活习俗一直为本民族所独有。后金攻入辽东地区之后，特别是清朝入关后，女真（满）族人为保持自己的民族习性，也为了巩固满洲贵族的统治地位，即将发式和服饰等作为本民族的固定传统，不仅要求本族人认真遵守奉行，不忘祖制，另外还要求所有归顺的异族成员，也必须"剃发易服"。这样，女真（满）族传统的民族习俗，便由满族风俗演变为一种政治工具，成为决定汉族人生死的一个标准。

女真（满）族人在征服辽东、关外以及京畿、中原、江南、西北、西南等大片土地时，"剃发易服"均遭到广大汉族民众的强烈反抗。在汉民族千百年的传统习俗中，"身体、发肤"均为父母所给，必须珍惜，完好保存。故当时有许多人宁可被杀或自尽，而不肯剃发投降，或者直接抗拒剃发易服规定，使得清朝的相关政策受到极大挑战。

清朝入关之初，虽然因军政形势所迫，曾一度延缓剃发易服令的实施，但不久又继续奉行这一政策，在京畿、中原乃至江南各省，坚持推行所谓"留发不留头，留头不留发"的残暴政策。正因为如此，在八旗铁骑占领中原、江南地区之时，遭遇了各地汉人的强烈反抗。

其二，圈地、投充。

所谓"圈地"和"投充"，是指清入关后，在直隶和京畿地区所推行的一项民族压迫政策。其做法是由诸王贝勒各率属下，在京畿地区大量圈占无主荒地，直至公然圈占农民土地，以供养满族贵族和八旗将士。与此同时，许多失去土地的汉人，因生活无着，不得不投身到王公贵族或八旗将士之家为奴，被称为"投充"。如果他们因不堪忍受奴役，从"主人家"中逃离，一旦被抓就会受到极为严厉的惩处。正是在这一时期，清政府制定了所谓"逃人法"，用以惩治逃跑的汉人。

清朝入关之初采取民族压迫政策，与当时的社会背景也有一定关联。清军攻占北京后不久，满族皇帝、诸王大臣、文武百官、八旗兵丁以及家属，从盛京迁往北京，举族“从龙入关”。当时，朝廷亟需解决这些入关人口的生存问题，以多尔衮为首的清朝政府便下达了所谓圈占令，以保证“东来人”各项生活需要。

顺治元年（1644）十二月，多尔衮正式颁布“圈地令”。翌年正月，户部上奏圈拨土地事宜，提出具体实施办法。多尔衮以世祖名义正式批准实施，强调：“凡圈占地方，应令满、汉分处。至于故明赏赉勋戚庄地，及民间无主荒田，悉令输官，酌行分拨。”这个批示，一是要求满、汉分处，即将汉人赶出故土，原有土地留给满洲旗人；二是明确宣布将故明勋戚庄地与民间无主荒田收归官有，再分配给“东来之人”。多尔衮对户部圈拨土地的批示，标志着满族圈地运动的正式开始，并且持续长达20余年。

满人圈地并非只是圈占近京的无主荒地，从一开始，他们就将有主、无主土地一概分拨和圈占从而使大批汉族地主失去了土地所有权。从顺治二年初到顺治四年（1645—1647），为圈地的第一次高潮，围绕京师的绝大多数土地都被皇室、王公贵族及八旗将士圈占殆尽。大规模圈占土地带来了极其严重的后果：一方面是满族贵族占有很多土地，“广连阡陌”，生活富裕；另一方面则是无数汉族农民失去土地，被强制迁出世代居住的家园，辗转流离。更有一些农户生活无着，被迫投入旗人家中，受其奴役。这就使满、汉民族矛盾日益尖锐起来。

清朝统治者深知圈地造成了汉人强烈不满，唯恐引发社会动乱，遂连续出台补救性政策，以安抚汉人，如将失去土地的农民迁往未被圈地的州县，另行拨补土地耕种等等，但这些政策并未完全落实，无地农民的生活变得日益艰难。

随着关外一批批八旗兵民进驻京畿，被圈占的土地不断扩大，京畿地区原有之地已不够使用，满族人遂将圈地活动向东扩大到山东济南府、德州、沧州、徐州，向西扩大到山西潞安府、平阳府、蒲州等处。

圈地活动造成了严重的社会问题，许多农民背井离乡，“妇子流离，哭声满路”。但是，满族贵族及八旗将吏却常将额外多圈的土地用以“畋猎、放鹰，往来下营之所”。顺治八年（1651）二月，世祖发现了这个问题，便召见户部官员，斥责八旗贵族强夺农民耕耨之区，“断其衣食之路，民生何以得遂”？当即指令户部马上行文地方官，“将前圈地土尽数退还原主，令其乘时耕地”。然而，这一谕令根本无法落实，只有满族贵族及八旗兵丁逐步得到安置，圈地才趋于低落，最后到康熙初年，圈地之举才完全停止。

“投充”制度与满族传统习俗有较大关系。按照满族旧制，八旗将帅及兵丁均不事农耕，主要靠驱使奴仆去生产。清人关中原后，满族贵族、八旗将吏被分派到各地驻防，很多驻防地没有旗地，八旗官兵靠国家的钱粮（或俸银）生活。他们仍然不事农耕，只由奴仆为其服役。

以多尔衮为首的统治集团为解决这一问题，曾制定了所谓“投充”政策，号召没有土地的贫困汉族农民或失业者，投身到“满洲之家”为奴，称为“投充资生”，实质是变相将这部分汉人掠为奴隶。顺治二年（1645）三月，朝廷传旨：在战争中被俘获的汉人，有“情愿人满洲家”者，可赴户部申请批准。另外，对于无衣无食的贫民，有愿意“投入满洲家为奴者”，由其主报告户部，即准“投充”。但“力能自给者，不准。”如系罪犯隐瞒罪行而投充者，一经查出，仍治罪不赦。而汉人投充满族家庭后，不得逃离主家。其逃跑者，称为“逃人”，将按律严惩，其窝藏者亦以同罪处罚。

其后不久，多尔衮又下令旨，解释民人投充“原非逼勒为奴”，目的是“为贫民衣食开生路”，防其因贫而为盗，危及社会安定。所谓“投充者”，正如世祖所言，为“奴隶也”。贫民一经“投充”，身份就变成奴仆，失去人身自由，其命运完全掌握在主人之手。清朝官方对汉人投允为奴也直言不讳：“投充人，即系奴仆，本主愿卖者听。”他们可以被主人随意买卖，这与古代社会的奴隶几无区别，其真实处境已可想而知。

当时，满族贵族为更多获得投充奴仆，以便为自己创造财富，经常用威逼方式恐吓汉人，使其投入到自己家中。为防止投充扩大化，多尔衮不得不颁发法令："凡恐吓民人，逼胁投充为奴者"，许本人到户部告状，或到五城御史及顺天府衙门控诉。在外地，如发生逼迫事件，则要由当地道府、州县官审理。其后，朝廷又规定了满人之家可以接纳投充人的名额。从实际情况看，满族王公贵族凭借特权，并没有停止招纳投充者。多尔衮死后，清廷在清查其所属投充人数时，竟然发现其子多尔博名下有投充者800人，其庄园亦"滥令投充"，达到680余人。

其三，逃人法。

清廷的民族压迫，自然造成投充汉人的强烈反抗。他们纷纷逃离主家，力图另谋生路。顺治三年（1646）五月，"投充令"刚刚颁行一年多，"逃人已达数万。至顺治十一年（1654）九月，仍是"逃人甚多，捕获甚少"，构成了清初时期一个严重的社会问题。

为保护满族人的利益，清政府从太祖努尔哈赤时期，即开始针对"投充者"制定了"逃人法"。规定：凡汉人奴仆逃离满族主家，即行追捕，抓到后一律处死。法令相当严厉。太宗皇太极时，曾经放宽"逃人法"，使民族矛盾得以缓和。当时，还制定了"离主条例"，使表现好的奴仆可获得自由离去的权力。入关后，多尔衮继续推行"逃人法"，其严厉程度与太祖时期不相上下。该法首先要惩治逃人，但对隐匿逃人者也予以重罪，以期用严法堵住藏匿的缺口，从而杜绝投充者大量逃亡。

顺治三年（1646）五月，朝廷更定逃人法律，对逃人、隐匿者及邻家、甲长、乡约等都分别做了细密的规定。七月，多尔衮以处罚太重，不利于社会安定为由，又改为：逃人自归，窝藏之人及左右两邻居处以流放，其甲长与另7家邻居各鞭50，其余条例不变。

顺治八年（1651）正月，世祖亲政，虽颁诏大赦天下，但“隐匿满洲逃人”者，罪不在赦例，以后甚至将隐匿逃人者打入“十恶不赦”之内，可见朝廷对逃人及窝藏者痛恨之深。顺治十一年（1654），朝廷再次更定“逃人法”，其中要点是：窝藏者处死，逃人连逃3次者处以死刑。

“逃人法”虽然严酷，但仍无法制止汉人奴仆逃亡和他人的窝藏。顺治十三年（1456）三月，世祖面对兵部官员慨叹：“逃亡日众，十不获一！”语气中透出无奈。他针对汉官往往徇庇汉人或者暗地宽纵逃人提出：“如说法严，则汉人苦；但法不严，窝藏者无忌，逃人更多，满洲人驱使何人？生活何赖？”他要求满人、汉人应当相互体谅，并要想出更好的办法来解决这一问题。面对逃人不止的现象，世祖告诫满族贵族和八旗各牛录，要他们善待自家的汉人奴仆，使之平日衣食饱暖，不过度地劳役，不任意凌辱，不用刑拷打，以此减少他们的逃亡之举。

顺治十六年（1459），朝廷又制定了“逃人事例”，具体规定处置逃人的细则，经世祖批准后，颁行全国。

顺治一朝，清政府推行的圈地、投充、逃人法曾有较大影响，尤其是逃人法更为严厉。这三项政策的制定实施，既有客观原因，也有人为因素，结果都极大损害了汉人的切身利益。清朝统治集团力图维护自身民族利益，多方面给予优惠政策，另一方面却加重对汉族农民利益的损害。因此，这些政策是建立在维护满族利益的基础上，也必然会激起汉人的强烈不满与反抗。

五

平定南明

弘光建元　权臣乱政

福王称帝　明朝延续

顺治元年（崇祯十七年，1644）三月李自成攻下北京时，长江以南的广大疆域，仍是明朝的天下，以陪都南京为中心的各省及各地府、州、县，依然在各地官府的控制之下，对北方的动荡似乎浑然不觉。迟至三月二十九日，南京方面始闻京师危急，开始实施戒严。

四月一日，以南京兵部尚书史可法、户部尚书高弘图、工部尚书程注、都察院右都御史张慎言、兵部右侍郎吕大器等为首的大臣认识到事态危急，国家处于危亡之势，必须奋起图存。于是，他们联合陪都诸大臣，如翰林院掌院詹事兼侍读学士姜曰广、太仆寺寺丞姚思孝、吏科给事中李沾、户科给事中罗万象、河南道御史郭维经、山东道御史陈良弼、广东道御史周元泰、山西道御史米寿图、陕西道御史加升一级王孙蕃、四川道御史朱国昌等近20人，共同集议，“誓告天地”，发布公告，“号召天下臣民起义勤王”，各捐资财，以佐助朝廷讨伐农民军。这篇布告虽然引经据典，却多为空泛之词，也无法真正掀起社会的实际行动，而且根本没有认识到远在关外的清政权才是自己更危险的敌人。四月十二日，北京城内的一名内官逃至南京，陪都大臣官员始知京师陷落，皇帝早已殉国，这让大小官员大惊失色，恐慌不已。他们想到国家不可一日无君，必须赶快拥立新帝，才能保持局势稳定。

当时，思宗（崇祯皇帝）诸子或落于李自成农民军手中，生死未卜，或逃亡隐匿，下落不明，在其诸子中选择继承人已不可能，只能转由明宗室中物色其他人选。北京陷落之后，各地宗室诸王纷纷逃离藩地，其中福王朱由崧、潞王朱常涝流亡淮安（今江苏淮安）避难，受到淮扬巡抚路振飞保护。南京诸臣商议后，决定在这两王中拥戴一王继承帝位。

福王朱由崧是明神宗的孙子、福恭王朱常洵的长子。朱常洵为神宗第三子，其母郑贵妃深得皇帝宠爱，也惠及其身，册封他为福恭王，享尽各种优待。按照明制，受封诸王应离京别居，至自己的封地生活。在群臣屡次催促下，神宗被迫执行规定，于万历四十二年（1614）命朱常洵离京，赴河南府（今河南洛阳）封地安居。神宗先是赐其良田四万顷，后因群臣反对，只好减半，另赏钱财、金银、珠宝等物，其后赏赐也远高于他人。

据说，福恭王本人十分贪婪，时人评论道："耗天下以肥王，洛阳富于大内。"但好景不长，至崇祯十四年（1641）正月，李自成率农民军攻陷洛阳，福恭王被俘获处死，其子朱由崧则逃脱，跑到怀庆（河南沁阳）暂时栖身。崇祯十六年（1643）七月，朝廷传旨，命由朱由崧袭封福王。次年，京师失陷，朱由崧与潞王朱常涝为躲避农民军，一起逃到了淮安。

潞王朱常涝是明穆宗（隆庆皇帝）之孙、潞简王朱翊镠之子、明神宗之侄。万历四十六年（1618），嗣潞王爵位，封地为卫辉（今河南汲县）。

南京诸臣在议立新君时，明宗室虽还有其他诸王尚在，但因兵荒马乱，不知他们流落在何处，只能就近寻找宗室王。福王朱由崧、潞王朱常涝恰好到达离南京最近的淮安，因此成了拥立新君最合适的人选。论血缘关系，潞王朱常淓是福王朱由崧的长辈，但福王与思宗朱由检系同辈，又属近支，同为光宗朱常洛的子侄，略占优势。若论品德和才能，诸臣大多看好朱常淓，认为他“贤明当立”。大臣们将此意见上报给史可法，史可法也认为不该立福王为君王。他说：此当危难之秋，“非英主不足以定乱”！

但众人的意志，最终却被一人所改变。此人便是兵部侍郎兼右佥都御史马士英。马士英当时督师庐州（今安徽合肥）、凤阳（今安徽凤阳）两地，手握重兵，权重朝野，是南京方面最具实力的人物。马士英不顾群臣意见，执意拥立福王，欲乘此立君机会，夺居拥戴之功，以便自己日后把持朝政。

马士英知道多数大臣欲立潞王，便暗中与太常侍少卿阮大铖密谋，开始迎立福王。随后，马士英抢先派人去淮安，向福王朱由崧表明拥戴之意，并授意淮抚路振飞为朱由崧准备舟船，急速赶往南京。同时，马士英又给史可法等人写信，明确表示应立福王，反对立潞王。随后，马士英暗中内联操江诚意伯刘孔昭，令其发兵护送朱由崧至仪征（今江苏仪征），以既成事实逼迫诸臣支持福王。

支持拥立福王和潞王的两派朝臣经过激辩，史可法等人最后被迫承认马士英等人的提议。四月二十七日，南京方面派出礼部官员，代表百官前往仪征，迎接福王朱由崧赴南京。四月三十日，福王朱由崧一行至龙江关。文武百官均到此恭迎。福王身穿“素袍角带”，一副逃难的狼狈相。他一见到诸臣，不禁内心感伤，大放悲声。百官行以王礼，并拥其为帝。朱由崧考虑到自己毕竟不是思宗儿子，且在逃难途中竟受拥戴，不敢贸然登坐帝位，还是以监国的名义，暂时代理国政为好。百官再次朝见朱由崧，当面劝进，但福王仍坚辞不允。遂于五月三日，于南京正式出任监国之职。

福王出任监国后，第一件事便是给大行皇帝思宗发丧，“告谕天下”，实行大赦。其颁布的新政、新策共有30条之多，主要是关于减轻税赋、制定刑罚的内容。为宣示新君恩惠，还特别规定一条：“恩诏到日，各抚按官星速颁行，各郡县务令榜桂通知，仍刊刻成册，里甲人给一本”，否则必予重处。至此，作为明朝延续的政权正式开始运作，史称“南明政权”。

令人想不到的是，此后仅仅过了10余天，五月十五日，福王朱由崧竟以诸臣“累笺劝进，拒辞弗获”为名，放弃监国称谓，于南京武英殿登上皇帝位，下诏以明年为弘光元年。以福王朱由崧为首的弘光朝廷，可以说是南明的第一个政权。当时，清军尚未大规模渡江南下，江南地区基本掌握在南明和各地官僚、地主集团势力手中，社会秩序、生产经济仍保持正常。弘光朝廷所控制的军队达50万人之多，与农民军和清军形成强大的对抗势力。

福王即帝位后，便以皇帝的名义颁发恩诏，总计24条，内容与任监国时颁发的恩诏大体相同，并对“在京文武各官，俱照原官加升一级”，对朝廷重臣则给予重赏，如史可法、马士英被授为兵部尚书，张慎言为吏部尚书、高弘图为礼部尚书，黄得功晋为靖南侯，左良玉晋为宁南侯，高杰晋为兴平伯，刘泽清晋为东平伯，刘良佐晋为广昌伯等等。特别是马士英，以拥戴之功格外受到重用，“着加太子太保，荫一子锦衣卫指挥佥事世袭”。

史可法虽然在南京政权中担任要职，在诸臣中也有较高威信，但从一开始，他就受到马士英及其同伙的排挤。马士英为把持朝政，极力想把史可法挤出南京。他以加强军事防御为名，鼓动史可法到扬州督师。史可法明知他的心事，也想避开他，便表明态度，说：“居者守，行者御，莫能偏废，敢辞难乎！”随后，史可法即向朱由崧申请赴扬州督师，被加封太子太保衔后，领兵离京而去。

君臣无德　政权灭亡

朱由崧即位之初，处事谨慎，待人平和，施政中亦能选贤任能，听从各方面建议，颇有一番维新气象。但这只是表面现象，不久后他便渐露原形，在朝理政懒惰敷衍，追求声色，不图雪耻，甚至过上奢靡生活。朝野重开党争，诸臣争权夺利，结党伐异，使明末朝政腐败局面在弘光小朝廷再度重演，最终使其迅速走向衰亡。

朱由崧即位伊始，就忙着“选淑女”。大学士马士英首先提议：“皇子未生，即敕慎选淑女。”国难当头，大敌当前，弘光君臣却将选妃作为国中大事，兴师动众，扰害社会。朱由崧甚至等不到依例选娶，而是派出中使，“四处搜巷，凡有女之家，黄纸贴额，持之而去，闾井骚然”。在有些地方，部分官员甚至利用选妃之举，勾结市井恶棍进行公然抢掠：“有北城士民呈称：历选宫嫔，必巡司、州县限名定年，地方开报。今未见官示，忽有棍徒哨凶，擅入人家，不拘长幼，概云抬去，但云大者选侍宫帏，小者教习戏曲。街坊缄口，不敢一诘。”[①]

这种强抢民女入宫的行为对百姓造成严重伤害，使许多家庭妻离女散，走死逃亡，不仅对社会造成极大危害，引起百姓义愤，也直接败坏了弘光朝廷纲纪，使其很快失去民心。

除广纳宫女，朱由崧不顾国家财力不足，在宫廷中依然追求奢华，随意挥霍，滥用金钱。他即位不久，失散的母亲被人从河南找到并迎至南京。为了尽显“孝道”，朱由崧拟为其母打造龙凤床塌，盖宫殿，造金玉器皿，大概需用数十万金。工部官员苦于财政不足，力劝其节省，但朱由崧根本不听，最后为其母改建一座宫殿，取名慈禧殿。

弘光二年（1645）五月十日，朱由崧挑选淑女未定，清军已经兵临城下。当晚，荒淫失德的朱由崧仅带几个侍臣，乘乱逃出南京城，弘光政权也随之灭亡。弘光政权之所以短命，与朝中大臣马士英、阮大铖等人结党营私，党同伐异，纵容朱由崧耽于声色有着直接关系，最终是弘光君臣一起，

① 《明季南略》卷52，《诏选淑女》，第92页。

联手合葬了本属自己的大好江山。

独擅朝政的马士英最初以拥戴之功，窃取了朝廷实权。福王监国前后，史可法、高弘图、姜曰广、王铎等为众臣所推，封为东阁大学士。马士英虽也入阁，兼兵部尚书、右都御史，但因其“总督凤阳如故”，仍然驻于当地。因此，他心里十分敌视以史可法为首的一批正直而勤政的掌权大臣。

马士英本是贵州人，原为崇祯四年（1631）进士。弘光政权成立后，他采用内外勾结的办法，对外勾结黄得功、高杰、刘泽清、刘良佐等军阀为后盾；对内则凭借拥戴福王登极之功，取得皇帝宠信，以便由自己主政。随后，野心勃勃的马士英又借设置江北“四镇”之机，逼迫史可法前往扬州为督师。这样，他自己便留于南京，以辅佐皇帝之名擅政揽权。

江北四镇，本是弘光政权在长江以北建立的一道坚固屏障。史可法任督师后，名义上是他节制四镇，但实际上是马士英操纵朝廷大权。马士英与四镇首领黄得功、高杰、刘泽清、刘良佐等人相互勾结，故四镇均不听史可法节制，“尊贵自恣，渐不可制”。不久之后，四镇彼此攻杀，为害地方，兵民互斗，进一步加剧了政局的动荡。

在朝廷内部，马士英将史可法排挤出南京后，又将阮大铖等拉入朝廷。阮大铖曾在明天启朝官至太常少卿，因投靠阉党魏忠贤，而在崇祯初年被牵连定罪，废为庶民，永不叙用。

此次史可法被排挤出南京后，操持朝权的马士英便向朱由崧推荐阮大铖，吹嘘他知兵善策，应该赦免前朝“逆案”罪过，由其补兵部右侍郎的空缺。马士英甚至谎称当初拥立福王，是由阮大铖最先提出来的。朱由崧信以为真，命阮大铖“冠带陛见”。这一举动，在朝廷内引起一场轩然大波，大学士高弘图、姜曰广，侍郎吕大器，太仆寺少卿万元吉等官员纷纷愤起反对，一致认为阮大铖是“逆案”巨魁，必不可用。

马士英以大权在握，不甘示弱。他对外扬言：“我要操朝权，必先自用大铖始。”他继续为阮大铖辩护，并指名攻击高弘图、姜曰广、吕大器等人。由于反对者过多，朱由崧还是不敢起用阮大铖。但仅仅过了一个多月，在马士英的操纵下，阮大铖还是登上了政治舞台，从兵部右侍郎转左侍郎。第二年二月，又晋升兵部尚书兼右副都御史，巡阅江防。阮大铖一复出，即与马士英相勾结，狼狈为奸，很快在朝中形成了马、阮权力体系。

在马、阮二人的合作下，公然否定了崇祯朝给魏忠贤等阉党所定的“逆案”结论，为诸多逆臣恢复了名誉。阉党势力在弘光朝已经占据主导，党争遂成为不可避免之事，使大批朝臣遭到迫害。如吏部左侍郎吕大器，因揭露马士英为“逆案”翻案，而被削籍，交由法司逮治；礼部尚书兼东阁大学士姜曰广为人正直，为官廉洁，受到马士英排挤，被迫乞休归乡；刘宗周曾与魏忠贤阉党做过斗争，屡遭迫害，崇祯时因揭发时弊，触及皇威，被革去左都御史之职，回乡为民。弘光朝，刘宗周恢复原官，但他坚决反对马士英专权，因而受到马的痛恨，动员刘泽清、高杰、刘良佐等军阀上疏弹劾。及至阮大铖被起用，他又痛斥阮之劣迹，疾呼：“大铖进退，系江左兴亡”。最终，刘宗周见朝廷无望，遂告退回乡，比姜曰广告归仅晚了一天。另外还有一位廉洁无私之士徐石麟，早年为魏忠贤迫害，崇祯时官至刑部尚书等职。弘光朝，徐石麟任吏部尚书，经常对马、阮营私予以揭露和阻止，受到多方挤压和打击，最终也被迫辞职归家。

大批正直而具有才干的朝臣被排斥出宫，归乡隐居，是弘光政权不可弥补的损失。马、阮二人自以为得意，在内更加为所欲为，满朝几乎皆为其同党和依附者，再无人敢于反对他们。即使如此，他们还继续进行政治陷害，必欲将异己者一网打尽。

在此期间，马、阮制造了所谓“顺案”，借追究曾经降“大顺”的官员责任之机报复，内中凡曾依附过东林党的人，一个也不能幸免。不仅如此，马、阮还屡兴大狱，专门迫害不依附自己或有分歧者，制造了所谓“大悲案”“五十三参案”“七十二菩萨案”“伪太子案”“童妃案”等。

马士英、阮大铖在排挤、打击异己的同时，大量起用自己的亲信、家属，将他们安排在朝廷要害部门。如马士英任命他的妹夫赵其杰为河南巡抚；阮大铖把他的外甥张秉贞从四川按察副使升为浙江巡抚；马士英的儿子马锡，由阮大铖推荐，从一介白丁，一下擢升为都督佥事，充任总兵官，掌管京营。这些庸碌之人并无德才，却被安排在重要岗位，贻误国事。

马士英、阮大铖的可恶之处，还在于两人竟然公开卖官鬻爵，贪污受贿。湖广巡按黄澍曾揭露马士英祸国之罪，其中之一即是说他“减剋兵粮，家肥兵瘦。”

弘光元年（1645）八月五日，吏部尚书徐石麒推举原明总督王永吉、朱大典出任新职。马士英因未得二人贿赂，严词拒绝：“永吉身任督师，致北部（北京）沦陷。朱大典赃私狼藉，先帝（崇祯）严追未给，何得朦胧推举？”王永吉、朱大典明白马士英用意，马上送上重金，使其笑逐颜开，下令立即擢用。

马士英利用掌权的便利，大肆收受贿赂，从童生应试，到选官任命，都要搜刮一定数额的银两。如免州县童生应试，规定上户纳银六两，中户纳银四两，下户纳银三两，“竟送学院收考”。又如，武英殿中书纳银九百两，文华殿中书一千五百两，内阁中书两千两，推知衔两千两，监纪、职方万千不等。甚至“输纳富人授翰林、待诏等官”。据《明季南略》记载：“是时，士英卖官鬻爵，乡邑哄传。予在书斋，今日闻某挟赀赴京做官矣，明日又闻某鬻产买官矣，一时卖菜儿莫不腰缠走白下，或云把总衔矣。”

马士英等人的丑恶行径，在社会上广为人知，被百姓编成许多民谣、歌谣，对权臣的腐败和弘光政权的黑暗予以暴露和抨击，以表达内心的不满。

隆武鲁监两厢覆亡

弘光小朝廷灭亡后，南明并没有完全从历史上消失。相反，假借明朝旗号而自立为帝者却多了起来。于是，在清军占领南京后，在中国东南部地区先后冒出数个新的南明政权，清朝则派军与之同时作战，直到最终将其歼灭。在这些与清相持的南明政权中，持续时间较长且较有影响的，是隆武（或称唐王）政权。

隆武小朝廷的元首人物，名叫朱聿键，封爵唐王，小字长寿。论宗室亲疏，他本是远支藩王，其祖先唐定王朱柽，为明太祖朱元璋第23子，封地在南阳（今河南南阳）。朱聿键生不逢时，命运多舛。因其目光短浅，不识大局，在明清鼎革的乱世中根本无力争称豪杰。建立政权后在对清军作战中，他往往言行不一，无所作为，最后成为时代的牺牲品。

崇祯五年（1623），朱聿键继承唐王爵位。两年后，河南爆发农民大起义，朱聿键蠲钱修筑南阳城。他援引潞王朱常淓的例子，请朝廷增兵3000人，但未被批准。崇祯九年八月，清军入关袭扰，攻至北京近畿，致使京师戒严。他“倡义勤王”，率领护军行至豫州，朝廷闻讯，严令制止。他的这一举动，违反了藩王未奉皇帝旨意不得擅离封地的规定，因而受到指责。事后，他被定为谋叛罪，废为庶人，发配到安徽凤阳，被囚禁于高墙内，其唐王爵位转由其弟朱聿镆继承。崇祯十七年（顺治元年，1644）五月初，福王朱由崧在南京称帝，已被禁锢8年的朱聿键获释。此时继其王爵的朱聿镆虽在李自成攻陷南阳时已被杀害，但朱聿键并没有恢复旧爵，而是被封为南阳王，册封藩地在广西平乐府（今广西平乐）。

顺治二年（1645）五月，南京弘光政权垮台，尚未赴藩地的朱聿键便逃到了杭州。在这里，他遇到从前线败退下来的镇江总兵郑鸿逵、户部郎中苏观生等人。郑鸿逵见朱聿键是可以利用的人物，即派副将江美鳌等将其护送到福建。不久杭州被清军攻占，郑鸿逵便率全部兵马转移到福建，与南安伯郑芝龙、巡抚都御史张肯堂、礼部尚书黄道周等一批原明将吏商议，决定拥戴朱聿键为监国。

是年闰六月七日，朱聿键在福州正式出任监国，修建行宫、太庙、社稷等设施，并像朱由崧一样“三让其位”，在众人拥戴下而即位。朱聿键任监国不久，手握兵权的郑鸿逵、郑彩等人为谋私利，便积极鼓动他早即帝位。

当月二十七日，朱聿键行祭告天地祖宗之礼，正式登上皇帝位，建元隆武，改福州为天兴府，以福建为福京，将当地布政司改为临时行殿。

朱聿键登极后大封百官，特别对郑氏家族成员多予赐封，如晋封南安伯郑芝龙、定虏伯郑鸿逵为侯爵；封郑芝豹为澄济伯，封郑彩为永胜伯；郑芝龙的儿子郑森，受到朱聿键赏识，更名为“成功”，即大名鼎鼎的郑成功。郑氏族人甚至被赐封“朱”姓。对于其他官员也有所恩封，如封黄道周为吏部尚书、武英殿大学士，苏观生为吏部右侍郎兼东阁大学士，张肯堂为兵部尚书，何楷为户部尚书，周应期为刑部尚书，郑瑄为工部尚书，曹学佺为礼部尚书兼兰台馆学士，其他阁臣多至20余人，由原任大学士何吾驺为首辅。

朱聿键与福王朱由崧有所不同，他时时以恢复故明为己任，勤奋好学，饱读诗书。通过广揽人才，将崇祯旧朝和福王朝廷的大臣均吸纳过来。他甚至亲撰登极、分封、亲征等“三诏”，以激励自己和朝臣共图复兴大业。然而理想终究不能代替现实，朱聿键复明的美梦很快便被清军铁骑所击碎。

清军取得南京、杭州等地后，不久即向福建逼近。此时，在沪宁杭地区已形成拒不降清的“江右义师”，他们由原明文臣武将和当地民众自发组成，在江阴、嘉定以及昆山、松江、太湖等地与清军展开激战。可惜这些武装力量分布广、支派多，无法形成合力，也未得到隆武政权的支持和援助，最终被清军逐一击破。

隆武政权内部也陷入派别和权力争夺的泥潭。原来，朱聿键在福州监国时，流散浙东的明臣诸将又捧出一个鲁王朱以海，由他在绍兴监国，形成了另外一个独立政权。按照辈分，朱聿键为叔辈，朱以海为侄辈。若两人以大局为重，两人应该同舟共济，共同携手抗击清军。但事实却截然相反，他们叔侄两人相互敌视，形同水火，甚至为争夺名分和帝位而兵戎相见。

当时，朱聿键为统辖朱以海的鲁监国政权，曾以叔辈和皇帝的名义，亲撰《与鲁监国书》，派兵科给事中刘中藻送到绍兴。鲁王朱以海闻讯很不高兴，“下令欲返台州”，闹得人心惶惶。其属下张国维、熊汝霖力劝，同时以“有功者王”为理由，严词拒绝了朱聿键的手令。后来，朱聿键又给鲁监国写信，称：“朕无子，王为皇太侄，你我应同心勠力，共拜孝陵。朕有天下，终至于王。”语气颇为缓和。但实际上，朱聿键许愿将来把皇位传给鲁王，不过是空头承诺。鲁王及其将吏岂能相信，他们仍然坚持监国名号，自行其是，根本不买隆武政权的账，致使双方交恶，“浙、闽成水火矣”。

顺治三年（隆武二年，1646），鲁监国朱以海派遣都督陈谦赴闽，但陈心知两者不和，“趑趄不敢入”，便询问旧交郑芝龙可否入闽。郑芝龙因陈谦有恩于己，即回复说保证无事。陈谦便来到福州，向朱聿键递上鲁监国的信，结果却因信中称谓等缘故，引起朱聿键不满，而遭到监禁和杀害。等郑芝龙闻讯赶来急救时，陈谦已死。郑芝龙伏尸大哭，出资厚葬，亲写祭文痛悼，内有："我虽不杀伯仁（陈谦），伯仁为我而死"之句。至此，郑芝龙对隆武帝"益怀异志"，而鲁监国也因此对朱聿键满怀深仇，留下了昏聩滥杀的恶名。

朱聿键虽然与同宗鲁监国无法相容，但在对待奸臣马士英、收抚农民军余部和重用郑氏族人方面，却做了较好的选择。弘光政权灭亡前，权臣马士英率先逃跑。当他听说朱聿键在福州称帝后，便心存侥幸，欲混入其政权。隆武帝闻听消息，听从诸臣意见，对其断然拒绝，下令各处守关将领"毋得放逆辅马士英入关"，以防止奸臣对朝纲的祸乱。

在对待明朝的仇敌——李自成大顺军余部问题上，朱聿键采取了宽大接纳的态度，从而增强了自己的抗清实力。李自成农民军被清军击破后，尚有30余万众流散在江南地区。弘光政权因其有灭国弑君之仇，两者不共戴天，也从未想过招抚。隆武政权建立后，虽有大臣坚决反对招抚农民军，但朱聿键听从湖广总督何腾蛟、巡抚堵胤锡的主张，力排众议，终于招安大顺军余部，化敌为友，壮大了自己的军事实力。

朱聿键最初由杭州逃到福建，并坐上皇帝宝座，均是依靠郑鸿逵、苏观生等人拥戴。因此在他即位后，便极力笼络郑氏家族成员，希望其协助自己坐稳江山。

郑鸿逵与其兄郑芝龙皆为行伍出身，为福建南安石井人。两人因拥戴朱聿键称帝，受到隆武帝厚爱，不仅兄弟多受封爵，其"族戚部将封侯伯者十余人，其挂印腰金侍御卿样，盈满朝内"，朝廷内外大权，尽归郑芝龙所属。次年，朱聿键即位的第二年七月，以皇子诞生大喜，特晋郑芝龙为"太师平国公"，郑鸿逵为"大将军定国公"，使兄弟俩人的权势鼎极一时。

郑芝龙兄弟虽倍受皇帝恩宠，但实际上，他们与朱氏家族并非同心同德，而是只想捞得个人权势、地位和财富，至于隆武政权兴亡与否，对他们来说并不重要。郑芝龙本是海盗出身，即使在受明招抚后，仍在海上留有他的利益集团，仍然在做着各种生意，也必然会全力保护他在闽海的特殊利益。

隆武政权成立之后，掌握军权的郑氏成员不愿出战抗清，但为形势与皇帝督促所迫，不得不召集群臣讨论战守之策。是年八月初，廷臣开会讨论战守方略，郑芝龙提出集兵20万，并以要朝廷提供粮饷为由，以要挟隆武君臣，其目的是为了搜刮民财。他提出“助饷”之策：一是向百姓征收两税正供赋税，应预借一年，两税内每粮一石，则预借银一两；二是令群臣捐出俸禄，再劝绅士助饷，之外征求“大户”捐助；另外凡府县历年积谷银两未上缴者，“悉催赴行在”。在助饷之外，可广开钱路，“大鬻官爵”，其所定卖官价格为：部司一级官，卖银300两，后减至百两；武劄仅数十两或数两。于是，“倡优厮隶，尽列衣冠，然无俸、无衙门，空衔而已”。

征饷命令一下，百姓乃至士绅皆受其苦。“官吏督促，闾里骚然，民不乐从。”朱聿键命王兆熊为吏部主事兼御史，负责征收“义饷”即捐助之银。由此造成官绅大户人家极为不满，“东南鼎沸”，许多人开始厌弃隆武政权，各地府州县也相继爆发规模不等的武装暴动或民众起义。“识者已知其必败也。”

朱聿键即位后不断发出伐清誓言，他的“中兴”理想虽不为郑氏兄弟所动，却引发了老臣黄道周的愤然而起。黄道周是福建漳浦人，明天启时进士。他才学高深，为人仗义敢言，因此得罪崇祯皇帝，被贬官远徙。明亡后，他归家“坚卧不出”。隆武政权成立，朱聿键请他出山，授为武英殿大学士，礼遇甚高，一度位居首辅。黄道周目睹郑氏成员恃宠观望，不肯为复兴明朝而战，遂自告奋勇前往江西募兵督师，以期“灭奴（清）复仇”。朱聿键很快批准他的请求，并指示郑芝龙给予支持，但也遭到郑的拒绝。

顺治二年（隆武元年，1645）七月，黄道周只获得朱聿键给他的“空札百函”，便匆匆出发了。黄道周大人为此感叹说：“安有将在内，相在外，而能成厥事者乎？”身为文臣的黄道周此时已经62岁，却被派往外地募兵打仗，而真正的将帅却龟缩在朝廷内，实在是隆武政权的可悲之处。

黄道周凭其威望与忠义，所到之处，远近尽皆响应，征得义旅9000余人。九月，他领兵行至江西广信府（今江西上饶），出衢州，十二月进至婺源。他本想占据徽州（今安徽歙县），但此城已被清军占领，只好转向他处。不久，黄道周率部与清军提督、降将张天禄军相遇。由于黄道周所带官兵未经过严格训练，稍一接战即被打败，黄道周也不幸被俘。张天禄劝其投降，被他断然拒绝。清军又将他押至南京，反复劝诱，甚至连洪承畴也派人来劝，但终究无济于事。清将无可奈何，乃于翌年（顺治三年，1646）三月，将黄道周杀害。

隆武政权在江西开辟战场，主要是由吏部右侍郎杨廷麟、国子祭酒刘同升等在江西赣州发动的。清军占领江西后，只有赣州仍在南明控制之下。顺治二年九月，他们打败清军，接连收复了吉安、临川。朱聿键即提升杨廷麟为兵部尚书兼东阁大学士。十二月，刘同升故去，总督万元吉兼任江西巡抚，与杨廷麟协力规划。第二年，他们招降张安所率领的峒兵4万人，称为“隆武新军”。从五月至八月，杨廷麟在万元吉、尚书郭维经、云南援将赵印选、胡一青及大学士苏观生、两广总督丁魁楚等人配合下，收集了大量部队，加上水军，实力大增，在赣州与清军激战4个多月。由于隆武政权只给他们官衔，却无任何实际支援，最后，各路军队相继战败，全军士气不振。十月四日，天降雪雾，清军以向导乘夜袭城。杨廷麟督率乡勇奋力巷战，至天明城破，杨廷麟投水而死。隆武政权在江西的军事活动即告失败。

隆武政权最重大的抗清军事行动，是朱聿键以皇帝之尊御驾亲征。朱聿键即位之初，就下达了亲征招书，随后选定八月十八日亲统六师出征。但在其刚出芋江不久，有“父老遮道恳留”。不得已，朱聿键只好乘舆返回。原来，是郑芝龙不想随驾出征，便暗中布置从人，指使当地父老出面拦阻，果然拦回了出征人马。

顺治二年（1645）九月，在朱聿键再三督促下，郑芝龙才勉强制订征伐计划，命郑鸿逵为御营左先锋出浙东，郑彩为御营右先锋出江西。朱聿键亲自为他们举行盛大的出征仪式，以壮军威。十二月六日，朱聿键也从福州登舟出发，几天后到达建宁（今福建建瓯县）。这时，郑鸿逵驻兵仙霞关外，不肯进兵。朱聿键闻讯，下诏切责，郑鸿逵不得已继续进兵。至翌年正月，他派出的几路军或被清军击败，或进兵受阻，郑鸿逵退守仙霞关，下令各路军队撤回。朱聿键闻知大怒，郑鸿逵只好上疏向皇帝谢罪。

郑彩率部出江西，也无战绩可言，长久不肯进兵，后在朱聿键下诏催促下，才出屯广信（今江西上饶）。其部下监军张家玉曾率三营官兵进至江西金溪境的许湾，与清军展开激战，大败近万人的清军步骑兵，却因孤军作战难以再胜。坚持至第二年正月，此路兵马终于被清军击败。

进入隆武二年后，南明政权形势日趋恶化，在湖北、江西、安徽、浙江等省连连受挫，失去不少城池。朱聿键看到郑氏家族不足凭恃，另有湖广总督何腾蛟奏请朱聿键前往湖南，他便离开福州转到建宁。不久，形势再次发生转变，出赣计划受阻，朱聿键遂于三月移驻延平（今福建南平）。

顺治三年（1646）二月，摄政王多尔衮命多罗贝勒博洛为“征南大将军”，同固山额真公图赖，率师往征江西、福建、浙江。至七月，清军进展顺利，在江西连下吉安、抚州，直逼赣州；在浙江方面，清军对隆武、鲁王监国两个政权一起发起进攻，连克绍兴、义乌、金华、温州、台州诸城。八月，清军捷报飞传京师：“攻克金华、衢州二府，擒斩伪蜀王朱盛浓、乐安王朱谊石及伪伯吴凯、总兵项鸣斯等。全浙底定。”至此，清朝铲除福建隆武政权的时机已经成熟。

此后，征南大将军多罗贝勒博洛“随分兵由衢州（今浙江衢区）、广信（今江西境内）两路，进师福建”。固山额真公图赖等自衢州出师，直趋仙霞关。此时，隆武将领郑鸿逵率兵驻于仙霞关外，当他听说清军已经逼近，便连鞋子也未穿上而惊惶出逃。三天后，郑鸿逵逃到浦城，而郑芝龙刚刚知道清兵即将入闽。面对清军的强大攻势，郑芝龙萌生了降清的念头，腐败的隆武小朝廷对他而言已失去意义。他随即上书朱聿键，提出返家镇压海盗："海寇狎至，三关饷取之臣，臣取之海，无海则无家，非往征不可。"之后不待朱聿键批准，便已率兵出发。朱聿键接奏传谕："先生稍迟，朕与先生同行。"但当此份圣旨送达时，郑芝龙已经率部属乘船驶离延平，逃往自己的家乡。

朱聿键明知福建不保，大势已去，但仍在去留问题上犹豫不决。他在接到湖广总督张先壁与赦永忠（原农民军将领）等人"迎驾"去湖南的奏报后，仍对固守福建抱有幻想，对是否迁移举棋不定，以致错过了逃亡的时机。

清将固山额真图赖率部抵达仙霞关前，曾担心攻关不易，做好了打大仗的准备。但出人意料的是，当清军进抵仙霞关时，关口之上却是一片寂静，待前哨官兵侦察后，确认"关口无一守兵"。原来，郑鸿逵已自动放弃抵抗，下令撤出各关守兵，使清军不费吹灰之力进入福建。随后，清兵长驱直入，很快攻克浦城。守将御史郑为虹、科臣黄大鹏等被俘后拒不投降，被清兵处死。随后，图赖又派护军统领杜尔德、前锋参领拜尹岱等人，率兵进攻建宁。八月十一日，清军攻陷该城。

建宁城破后，消息传到南面的延平（今福建南平）。朱聿键面对败局，只好选择由延平迁往江西。在逃亡途中，朱聿键仓促奔命，慌不择路地逃往闽赣交界的汀州（今福建长汀）。清护军统领杜尔德不久即率官兵赶到延平，奉命留守的延平知府王士和面对来势汹汹的清军，自知难以守城，遂投缳自缢而亡。

朱聿键平日酷爱读书，此次逃亡时仍不忘携书而跑。由于书籍太多，整整装了10辆车子，故耽误了逃走时机。八月二十四日，朱聿键抵达顺昌，清军将领阿济格、尼堪、杜尔德及明降将总兵李成栋等，即率军从延平向汀州方向追来。闻听清军将至，朱聿键这才策马狂奔。二十七日，他刚刚到达汀州，清军已随后赶来，发起攻城战役，汀州城遂克，朱聿键与其皇后曾氏双双束手被擒，被斩杀于汀州府大堂上。与朱聿键帝后同被处死的，还有一批朱氏宗室子弟。他们是：阳曲王朱盛渡、西河王朱盛洤、松滋王朱演汉、西城王朱通简等人。另外还有一些被俘的大臣，亦被一同杀害。明总兵姜正希闻讯，率2万军队前来救援，但也被击败。另一位总兵官周之藩在汀州城内率部与清军巷战，身中数矢后亡于沙场。

由赣入闽的清军由固山额真宗室韩岱统领，自分水关入闽。此关处于闽赣交界，居于江西铅山与福建崇安之间，是由赣入闽的重要通道之一。由于明守关官兵不足，清军迅速突破该关，击败总兵师福的军队，顺利攻克崇安县，擒斩巡抚杨文忠等人。随后，清军占领兴化（今福建莆田）、泉州、漳州三府。另外，梅勒章京赵布泰等攻克福州，占据了隆武政权的大本营。清军统帅在给朝廷的奏报中，总结了入闽战况："前后连破贼兵二十余阵，降其伪总兵20员、副将41员、参游72员、马步兵68500余名。福建悉平。获伪玺9颗，马骡、辎重无算。"

朱聿键既死，福州、延平、汀州等重镇悉数平定，隆武政权在存世仅一年零一个多月后，便彻底退出了历史舞台，其统辖的将吏士卒或死或逃，或被迫投降，福建即被纳入清朝统辖版图。

郑芝龙等南明将吏目睹隆武政权覆亡，很快便抛弃了它，投入到新主子的怀抱。是年十一月，郑芝龙从家乡来到福州，向清平南大将军博洛投降。3天后，郑芝龙被押往北京，从此再未归还。

两 绍武永历代破灭

绍武建立 迅速覆亡

南明先期建立的弘光政权、隆武政权，以及随后建立的鲁王政权，都历时一年左右，最终均被清军灭亡，其存在时间可谓短暂。但实际上，还有另外一个存世更短的南明绍武政权，也曾经与清军对抗作战。只是由于它存在时间过于短促，仅仅为一个半月左右，因而创造了南明政权最短的历史。

朱聿键改元隆武后，其“唐王”头衔传于四弟朱聿𨮁。朱聿键命将原都察院改为唐王府第，在自己亲征之时，就把朝政转交给弟弟，由其担任监国。顺治三年（1646）八月，隆武政权暂存地福州被清军攻下，朱聿键外逃，监国朱聿𨮁也被迫逃离。他匆忙搭乘船只，从海路南逃到广州。

朱聿𨮁逃到广州后，即被原明朝旧臣推上皇位，成立了唐王政权，他也从一个一无所有的难民一举登上皇帝宝座。朱聿𨮁的即位颇具戏剧性，因为在他登极前，在广东肇庆已经成立了桂王政权，只是因大臣苏观生与丁魁楚等人争权矛盾，这才导致了唐王新政权的产生。

苏观生为广东东莞人，崇祯时由知县提升为户部主事。他为官清廉，一尘不染，堪称难能可贵。在弘光政权，他出任户部郎中。弘光覆亡，他转入闽地，拥戴朱聿键即位，被提升为吏部侍郎兼东阁大学士。隆武二年，又加吏、兵二部尚书，太子太保，武英殿大学士。清军南下后，他被隆武帝朱聿键派到赣州，经略江西、湖广，随后驻守南安（今江西大余）。当朱聿键遇难，朱聿𨮁逃至广州时，苏观生也撤退到广州。

此时，原明两广总督丁魁楚等人正准备议立桂王朱由榔监国，苏观生闻讯也想参加，但却遇到丁魁楚的拒绝。因为丁氏一向看不起苏观生，而且若有苏观生参与拥戴，会因原官较高而位居其上，丁氏就无法掌持朝政。另有一些明臣嫌苏观生非进士出身，因而拒绝其加入组建新朝廷。

于是，在广东桂王监国政权成立后，满怀热诚的苏观生因士大夫个人恶习恩怨，而被排斥在朝廷之外。他的内心充满屈辱和愤怒，拒绝前往肇庆拜见朱由榔，以此表示自己不合作的心态。恰在此时，他听说朱聿𨮁与大学士何吾驺已从福建来到广州，便产生了拥立之念。十月二十九日，苏观生拜见了新到广州的唐王，提出自己的预想。他又约来广州地面的诸多头面人物，如广东南海人关捷先、番禺人梁朝钟和大学士何吾驺，布政司顾元镜，侍郎王应华、曾道唯等人，共同劝说朱聿𨮁接受议立方案。

十一月二日，在苏观生等人主持下，唐王朱聿𨮁在广州举行了即位典礼，改元绍武，将都司署改为行宫。新君即位同时，按惯例大封百官。首封苏观生为建明伯、东阁大学士，掌兵部事；何吾驺等人晋级；关捷先为吏部尚书，继而与顾元镜、王应华、曾道唯等并拜东阁大学士，分掌诸部事务。

绍武政权是仓促间临时拼凑起来的小朝廷，从酝酿到成立仅用了4天时间，来不及充分准备，诸如宫室、服御、卤簿等均草草而治，内外官员也不及细选，甚至招来海上的郑、石、马、徐四姓盗贼，即授其总兵官之职，以壮声势。官员的服饰也来不及制作，皆借之于演戏的优伶，可见其匆忙草率。更为重要的是，绍武政权成立，与桂王朱由榔的小朝廷形成政权分立状况，在广东肇庆、广州近距离形成了两股敌视政权，从而极大分裂了抗清力量，也使得明宗室无法联合一体，共举中兴大业。

朱聿𨮁在广州建元称帝的消息很快传到肇庆，已成立永历政权的桂王朱由榔十分震怒。他和手下大臣丁魁楚、瞿式耜等都认为朱聿𨮁所建政权为非法，故坚决反对。为慎重起见，他们决定先礼后兵，先遣使臣前往，如对方拒不从命，再发兵征讨。

随后，朱由榔即派遣兵科给事中彭耀、主事陈嘉谋为使臣，前往广州传达谕旨。但因言辞激烈，深深刺痛了绍武帝和苏观生等人。苏观生当即下令将彭、陈两人斩杀，并于当日发布命令："向肇庆发兵！"

肇庆方面很快得知两使被杀和绍武起兵的消息，举朝震惊，一片愤怒。于是永历君臣也不再犹豫，立即出兵征讨"逆贼"。

顺治三年（1646）十一月，永历政权派总督林佳鼎为帅，统军出征广州。二十四日，绍武和永历两军相遇于三水（广州与肇庆之间），双方立刻厮杀起来，结果绍武军队战败，损失800余人，林佳鼎随后驱兵杀向广州。在海口附近的三山口，苏观生以广州总兵林察为大将，招募数万海盗迎战永历官兵，以水战、火攻等方式重创其军，林佳鼎及副手都督佥事夏四敷皆"赴水死"，仅有武靖伯李明忠等数十骑幸免逃脱。此战使绍武、永历两政权均有损伤，为保持实力各自退守辖区内，无意向外拓展，更无法联手抗清，这为清军最后将其一一击破提供了可能。

广州乃是广东地区的政治、经济中心，是清军南下最主要的战略目标之一。当浙江、福建、江西等省平定后，清军便将广东视为进攻对象，时刻等待进兵契机。广东潮州人辜朝荐自愿献计夺城，为清军占领广州城创造了契机。

辜朝荐与大学士何吾驺本是明崇祯朝同僚，致仕归乡后，因地方权益等事与何吾驺发生矛盾，受其多方压制，以致怀恨在心。绍武政权成立后，何吾驺因拥戴之功而受重用，辜朝荐备受冷落，心中更加愤愤不平，遂打定主意投靠清朝。他亲自赶到福州，向清将李成栋献计。李成栋向朝廷奏报后，便与佟养甲领兵赴粤，连下漳州、惠州两府。随后，李成栋又听取辜朝荐建议，利用漳、惠两府印文移送广州，“报无警”，使广州方面既不派兵迎敌，也不加以防备，丧失了抵抗良机。

十二月十五日，朱聿𨮁以皇帝之尊，驾幸国子监视学，百官咸集，正举行隆重参拜之礼时，突然有人奏报清军已经逼近，君臣不禁大惊。苏观生斥责说：“潮州昨日有报，何以来得如此之急？有敢妄言惑众者斩！”竟将报信人推出斩首。如此连报了三次，清军已经攻进广州城东门。

原来，清军进入广州城采用了化装突袭方式。入城前一天，即十二月二十四日，清军统帅提督李成栋挑选300精骑，自惠州出发，连夜进兵，经过增城县，于次日潜入广州城北的花山。随后，由10余名骑兵用青白布裹头，装扮成洋舡舵工模样，顺利混入城门。他们行至布政司前紫薇牌坊下，突然掀掉青白布，露出头上的发辫，同时抽刀砍杀，大叫清兵已到。街上的行人、商贩被吓得魂飞魄散，哭喊着四处逃奔，全城顿时陷入混乱之中。

随后，大队清兵蜂涌入城，苏观生这才召集守军迎战。可此时精兵已经离城，去西边防御永历军队，城内余兵并不多。当全城百姓大乱时，守军根本不知道到底有多少清兵杀来，心慌意乱之中纷纷放弃抵抗，四散逃命去了。苏观生等朝臣面临困境无计可施，遂以死尽节。

再说绍武帝朱聿𨮁，他也顾不上皇帝尊严，慌忙脱下龙袍穿上便装，而后爬过围墙，想躲到大学士王应华家中藏匿起来。而王应华怕连累自家，拒不敢留。朱聿𨮁只好转头逃向城外，结果被清军追获，看押在按察院内。清将杜永和派人前往送饭，朱氏加以拒绝，说：“吾若饮汝一勺水，何以见先帝于地下！”最后投缳自缢身死。

当时在广州城内尚有较多故明藩王，如周王、益王、辽王等总计24位，他们被一一擒获，并被处死于布政司门前。大学士何吾驺、王应华等人降清，梁朝钟等朝臣自尽而死；广州百姓多数剃发归顺，广州城遂为清朝所有。

短命的绍武政权从建立到覆亡，仅仅用了一个半月的时间。在这期间，它没有同清军打过一次仗，却同自己的同宗同族大动干戈，两次开战，显见他们自封为帝的目的只是为了一己之私，绝没有所谓“抗清”“中兴”的大义。广州城破后，清军很快将视线对准了肇庆的永历政权。

永历苦撑　终被平定

永历朝廷是南明诸政权中延续时间最久的一个，它在极其艰难的情况下苦苦挣扎，到处迁徙流亡，直到顺治十八年（1661）才在缅甸被铲除。

永历皇帝名朱由榔，是桂王朱常瀛（明神宗第八子）第四子。他生于明天启三年（1623），5岁时随父由北京迁居藩地湖南衡阳。朱由榔11岁时被封为永明王，19岁时成婚，但不幸和灾难却从此降临。崇祯十五年（1642）年底，张献忠率领农民军攻入湖南，翌年占据衡州，朱由榔与其三兄安仁王朱由樱跟随父亲朱常瀛逃出衡州，其长兄及二兄则被农民军俘获处死。张献忠遣将追至石期（今湖南东安），其父与三兄逃到桂林，朱由榔则被俘获，监押在永州（今湖南零陵）城内。幸运的是，明广西征蛮将军杨国威率兵进攻永州，击败农民军，朱由榔因此得救，被送往广西。崇祯十七年（1644）三月，朱由榔到达广西桂林与父兄团聚。由于此地为靖江王封地，两王不便同居一城，经朝廷定议，朱由榔又随父兄迁到广西梧州。

当朱由榔与父兄落籍梧州时，传来福王朱由崧在南京即位的消息，他们这才知道北京已被李自成攻陷，思宗殉国。不久，朱常瀛在颠沛流离、国破家亡的哀痛中死去，隆武政权下诏，由朱由榔三兄朱由樱承袭桂王爵位。

此后各地动荡，先是弘光政权垮台，唐王朱聿键在福州即帝位，随后桂林靖江王朱亨嘉反叛隆武政权，自立为监国，遭到隆武政权出兵征讨，最后平息了靖江王争位之乱。顺治三年（隆武元年，1646）五月，清军攻入江西，围攻赣州，日益逼近广西。此时，朱由榔三兄朱由楥也因病去世，其兄弟6人中，只剩下他一人。桂王朱由楥故去后，隆武帝朱聿键命朱由榔以永明王袭封桂王。他对诸臣说：“此永明（朱由榔）之天下也。永明，神宗嫡孙，正统所系。朕无子，后当属诸永明。”在他给朱由榔下达的诏书中，也写明：“天下，王之天下。”希望由朱由榔承接后世帝位。

顺治三年（1646）八月，隆武帝朱聿键在汀州被杀，明臣开始讨论由谁即位问题。广西巡抚瞿式耜倡议：永明（朱由榔）“贤明仁孝，为神宗嫡孙，以贤以亲，宜正大位”。此议得到宗室朱容藩、原任检讨方以智、户部郎中周鼎瀚、肇庆知府朱治憪等人支持，并得到许多手握兵权的当地大臣的赞同。当时，朱由榔在故明所封诸王中，是唯一的神宗嫡孙，所处地位无人可比，而且他年纪较轻，仅24岁，又外表奇伟，酷似神宗，因此成为最合适的即位人选。

不料，诸臣推举却遭到朱由榔母亲太妃的坚决反对。她说：“吾子仁柔，其才不足以拨乱，诸君子宜更择诸亲属有雄才大略、英明仁智者，何患乎无君？”[①]作为母亲，她又劝导儿子不应接受诸臣举荐，说：“儿非治世才，何苦以一朝虚号，涂炭生民？南中、闽中可鉴也。”[②]可以说知子莫如母，太妃因对儿子较为了解，知其“性恶繁重”，天性“仁柔”，而认定他不能胜任皇位，无法恢复大明祖业，因此予以拒绝。但此时诸臣找不到比朱由榔更合适的藩王为帝，便坚持由朱由榔即位，太妃在无可奈何又无力阻止的情况下，只得同意众人所请。

① 《明季南略》卷9，《粤中立永历》，第334页。
② 温睿临，李瑶：《南疆逸史》，《摭遗》卷1，“桂太妃王氏”。

顺治三年（1646）十月十四日，汇集在广东的故明诸臣拥戴朱由榔在肇庆举行监国即位大典。当日，向楚、滇、黔、蜀四省颁发诏书，通告新政权成立。同时，朝廷按例任命本朝官职：以两广总督、戎政尚书丁魁楚兼东阁大学士，为首辅；吕大器为东阁大学士兼兵部尚书；瞿式耜为东阁大学士兼吏部右侍郎，其余新旧大臣分别授予各级官职。至此，又一个南明政权建立起来，延续着与清朝的艰难对抗。

朱由榔政权建立伊始，因人事安排又引发了内部矛盾。吕大器为崇祯朝旧臣，曾在南京任职，弘光政权成立后，参与议立大事，隆武朝又得重用。但朱由榔监国后，却将首辅要职授予丁魁楚，并确定由丁掌兵部，由瞿式耜掌吏部，虽然诸臣议请由他担任“戎政”，但他在气愤之中已对新朝失去兴趣，竟不辞而行前往四川，脱离了永历政权。其后又有数官离职。永历政权自成立之初即已人心不稳。

朱由榔身居监国时期，发生了唐王朱聿𨮁在广州抢先即位之事，引起永历君臣极大义愤。丁魁楚、瞿式耜等人经商议，定于十一月十八日，在肇庆拥立朱由榔即皇帝位，以明年为永历元年；尊隆武帝为思文皇帝，尊太妃马氏为皇太后，册立朱由榔之妃王氏为皇后；对手下大臣也做了相应调整。

永历政权成立之时，清军已经南下平定了数省和大顺、大西农民军余部。面对实力强大的清军，永历政权在无力抵抗的前提下，只能一味逃跑和转移，一有风吹草动，朱由榔便带头逃亡，形成永历政权的常态。

永历帝第一次出逃，是在其刚任监国不久。当时，明军失守赣州，举朝惊慌，司礼太监王坤力主迁往梧州，以避清军锋芒。大臣瞿式耜则苦苦相劝，力阻其迁离肇庆，永历帝不听，于十月二十日慌忙迁往梧州。

永历君臣抵达梧州后，发现清军并未进攻，便又从梧州返回肇庆。不久，清军真的打入广州，杀死了绍武帝，并于十二月二十三日分兵两路，一路攻打南韶，一路攻打肇庆。二十五日，消息传到肇庆，瞿式耜恳请永历帝誓师，号召官兵迎战。司礼太监王坤则再次请求永历帝西避。永历帝便登上小艇西逃，于顺治四年（1647）元旦到达梧州。他在船上接受百官朝贺后，并未停留，而是继续向西逃亡，经平乐，于正月二十二日到达桂林。

永历君臣逃跑后，清军统帅李成栋率兵紧追不舍。正月十六日，清军攻克肇庆，南明总兵李承志、水师参将易知及府县诸官俱降。在永历皇帝西逃过程中，首辅丁魁楚放弃了追随，自率部属转向岑溪，不久被李成栋率军追上，尽获其众。丁魁楚剃发请降，却被李成栋斩杀，丁家子侄及所有男子不分老幼均被杀戮。正月二十九日，李成栋率部追至梧州，南明广西巡抚曹煜于城南门捧印跪迎，得到宽释。随后，清军又攻克平乐，桂林已近在眼前。

此时，王坤又劝永历皇帝逃往湖南，瞿式耜则上疏阻拦，但永历帝仍是充耳不闻，拒绝其建议。瞿式耜苦劝进言，甚至跪下挽留，还是无法说服永历帝。最后，瞿式耜提出两个条件：一是让自己留在桂林守卫，二是请永历帝暂驻全州。永历皇帝此次听取了瞿式耜的苦谏，特赐其尚方宝剑，兼文渊阁大学士，便宜行事，各路官兵悉听其节制，此举为此后数年南明政权利用桂林与清军周旋，开展争夺之战，创造了一定条件。

清军从平乐直扑桂林之际，城内官兵、居民闻讯纷纷逃亡，全城“虚无甲兵”。瞿式耜急发数道命令，催下属参将焦琏火速救援。焦琏接信后，即率300骑急速赶来，不料遇上山洪泛滥，拖延到三月十日傍晚才赶到桂林城。

三月十一日，数万清军忽然出现在城外，并有数十骑突入文昌门，登上城东楼，居高临下向城内乱射，引得明兵大乱。瞿式耜沉着应战，令焦琏出击。焦琏光着上身，背弓提刀出战。他用弓箭射倒数人，大涨明军气势。此时城门已闭，入城的清兵无法出城，遂被一一斩杀。焦琏随后率300骑从城内杀出，直捣清军大营，使连战皆胜的清军大吃一惊。混乱之中，焦琏率部左冲右突，前后搏杀，将毫无准备的清军截为三段，瞿式耜也指挥其他明军击鼓助阵，协助焦琏，最终清军阵营被明兵击溃，纷纷败逃而去。南明方面赢得了以少胜多的大捷，可以说也取得了明朝南渡以来的“第一武功”。

桂林激战之时，永历君臣已经到达全州。为加强防御，瞿式耜请安国公刘承胤率部入援，不料却引狼入室。当时，驻守武冈（今湖南武冈）的刘承胤一面派数千兵救援桂林，一面却自己带兵进入全州，以保护永历皇帝为名，逼走太监王坤，胁迫永历君臣于四月十五日举行郊祀礼，将驻跸地迁至武冈，改武冈为“奉天府”，从而控制整个朝政。

瞿式耜闻讯后虽立即上疏反对，但他因留守桂林无法干预，永历帝很快便被迁往武冈。至于刘承胤派到桂林的官兵，也给守城带来很大麻烦。当这支援军抵达桂林时，清军已经退去，根本没有发挥作用。而他们驻于城内却经常与焦琏所部不和。五月十四日，刘部官兵哗变，与焦部官兵大打出手，焦琏出面制止竟被打伤。不仅如此，刘部官兵还大肆抢劫，而后撤离了桂林城。焦琏及部属受到如此打击，也于次日退出城去，返回黄沙镇。

永历内部出现的矛盾与争斗，为清军进攻桂林创造了条件。清军侦知桂林城内发生兵变，便乘城内空虚大举进兵，开始了第二次桂林争夺战。此次由清将恭顺王孔有德率部进攻桂林。早在一年前即顺治三年（1646）五月，清廷已命孔有德入京师，任命他为“平南大将军”，命他与怀顺王耿仲明、智顺王尚可喜及续顺公沈志祥、右翼固山额真金砺、左翼梅勒额真屯泰等人挥师南征。其后，孔有德等即领兵攻入湖南，直下江西、赣南，而后转入广东、广西各地，直至夺取距桂林仅几百里的全州。

顺治四年（1647）五月二十五日，孔有德侦知桂林城内兵变，且“积雨城坏”，便集中平乐、阳朔等地清军和当地少数民族土兵，向桂林大举攻来。明将焦琏闻讯，急忙带兵返回桂林，与瞿式耜等人全力部署，以火炮扼守各门，数次打败攻城清军。此时南明大学士陈子壮、陈邦彦等率军进攻广州，清军主力被迫东还，孔有德等人首战失利。

明军取得桂林大捷后乘势出击，焦琏收复了阳朔、平乐；广西御史鲁可藻收复贺县、富川，征虏将军陈邦傅恢复梧州。八月，全粤粗定，瞿式耜上疏永历帝，请他重返桂林，永历帝答应择吉日启程。

永历皇帝身在武冈，受制于权臣刘承胤，无法摆脱其控制。此时，恰逢清兵由宝庆直趋武冈，八月二十五日，清军突至武冈城外，刘承胤家中“子女玉帛过多”，唯恐自己有所损失，遂向清恭顺王孔有德投降。

永历帝预先知道刘承胤将要降清，便于夜里携带皇后、皇太后仓皇出逃，只有锦衣卫马吉翔等人随从，从间道抵达靖州界（今湖南靖县）。途中百官散尽，恰遇大雨，道路泥泞，皇帝的乘舆、服饰等均在逃跑途中散失，宫婢、太监狼藉雨中，饥困不堪，样子十分狼狈。刘承胤虽然开城降清，但也未得善终。数月后，清将招其欢饮，在席间乘机将他杀死。

永历君臣在逃亡中经靖州至柳州，之后再至象州（广西境，今仍名），至十一月，才重新返归桂林城。在永历帝返回桂林前后，明军发动了全州保卫战。此役由归降南明的何腾蛟为首，率领焦琏、郝永忠、卢鼎、赵印选、胡一青等五将领兵防御，以全力保证桂林的安全。十一月初，清军自湖南大举进攻，何腾蛟率诸将连营并进，首尾相连达300里，展示了强大的军容，打得清军大败而逃，清军统帅怀顺王耿仲明“仅以身免”。何腾蛟因守城之功，与焦琏共同晋升为侯爵。

顺治五年（永历二年，1648）二月，永历帝因感到桂林不安全，又想迁往柳州。瞿式耜上疏陈述利害，力劝其留守桂林。但永历帝根本不听，却反咬一口斥说：“卿不过欲朕死社稷耳！”此话一出，瞿式耜无话而说，“泪下且沾襟”。二十二日后永历帝乘舆离开桂林。

永历君臣撤出后，李自成部将郝永忠纵兵入城，“搜括牛马”，连瞿式耜的衙署也遭洗劫，其“冠服束带、箱笼图书咸被劫”。城中百姓奋起抵抗，“俱为杀伤”。瞿式耜躲离桂林，发檄文召集部属入城维持秩序，焦琏、周金汤、熊兆佐、何腾蛟等先后统兵而至，桂林城内军威大振。

永历帝一行到达柳州后，只住了半个多月，于三月初十日又迁往南宁。与此同时，在桂林又爆发了一场新的保卫大战。三月二十二日，清军误以为桂林城已经空虚，以数万之众前来，大军直抵城北门。瞿式耜便坐镇北门，“慰劳军士，勉以忠义”。何腾蛟作总指挥，分军三路，胡一清部出文昌门，周金汤、熊兆佐部出榕树门，何腾蛟与焦琏部出北门，三路大军齐头并进，向清军发动强大攻势，很快冲垮了清军阵营。明军又追杀而出，取得了桂林保卫战的全面大捷。史称此战为南明有史以来最大的胜利。

在永历政权于广西各地接连取得大捷的同时，顺治五年初，在江西和广东又先后发生了两次汉将叛清的事件：其一，是正月二十七日，清江西总兵金声桓与其部将王得仁在南昌起兵，叛清回归南明，金声桓自封为豫国公，王得仁称建武侯；其二，是同年三月十七日，清广东提督李成栋挟总督佟养甲于广州起兵，割辫易为汉装，用永历年号，正式叛清归明。仅半个月，广东10郡底定，李成栋的15万官兵统归永历朝。永历帝大喜，诏封李成栋为惠国公，后又加太傅，总管七省兵马，给予其特殊权益。

金声桓、李成栋先后叛清，给清朝带来极大震撼，也为南明政权带来极大鼓舞。乘此大好时机，瞿式耜传檄诸镇再次进攻全州，巡抚鲁可藻收复梧州，清军被迫从湖南退却。五月，何腾蛟全面收复全州，又邀集诸将攻取永州，经过百日围城，大小36战，于九月获取该城。不久，宝庆（今湖南邵阳）、衡州、常德等重要城镇先后被收复，“两粤俱称全土”。凭借李成栋的全面胜利，永历君臣自南宁迁至梧州，之后再迁回到广东肇庆。

自金声桓等叛清后，清朝方面迅速做出反应，于顺治五年三月命固山额真谭泰为“征南大将军”，会同固山额真何洛会统率各路将士前往江西征讨。南明方面则派出金声桓、王得仁、李成栋等率军迎敌。双方在南昌、赣州两地大战，最后李成栋所率20余万南明军被清军击败，损失惨重。第二年李成栋再伐赣州时又遭失败，并于渡江时溺水而亡。

此后，金声桓、王得仁率军被围困于南昌城内，清军掘壕严困，明军在外无援军的情况下，在城内坐以待毙。半年后城被攻破，金声桓、王得仁双双战死，清军重新夺回了江西。

何腾蛟攻克全州、永州后，准备进攻湖南长沙。他邀集其他将领共同作战，但因诸将之间多有矛盾，而未得配合，何腾蛟只得退守湘潭。顺治六年（永历三年，1649）正月二十一日，清军统帅郑亲王济尔哈朗所属多罗顺承郡王勒克德浑、固山额真阿济格尼堪统领前哨军抵达湘潭，并迅速攻入城内，俘获何腾蛟。他屡经劝降而不从，绝食7天后被杀。

自金声桓、李成栋、何腾蛟一一败亡后，永历政权也转入衰败。永历君臣重新调整人事，在军事上亦做出新的部署：以杜永和代替李成栋，出任两广总督；堵胤锡与胡一青守衡州；瞿式耜以留守督师兼统江楚各省兵马。虽然如此，永历政权已无法阻止清军的进行，此时清朝已派出济尔哈朗为“定远大将军”，率大军南下湖广地区，兵分三路：一路由刘之源率军攻宝庆，一路由佟图赖率兵攻衡州，济尔哈朗自率一路攻辰州。三路大军攻势强劲，从顺治六年三月至七月，湖南大部基本平定，清军前哨已占领贵州黎平和广西全州；十一月，清军占领永州，永历政权的大好局面几乎丧失殆尽。

另一方面，清廷又派出老将孔有德、耿仲明、尚可喜“三顺王”领兵南下。同年五月，改封孔有德为定南王、耿仲明为靖南王、尚可喜为平南王。“三南王”之南征，标志着清军征讨永历政权的新战略。

在清军全面取胜的巨大压力下，永历皇帝惊恐不已。他不听诸臣劝告，决定离开已定居一年的肇庆，乘船西江去梧州。瞿式耜上疏奏言：“今乃朝闻警而夕登舟，不知将退至何地？”永历帝充耳不闻，只顾自己保命。随着永历君臣放弃肇庆，南明的大好局势也被葬送掉。此后，永历皇帝即在颠沛流离中度过剩余的岁月，直至最终被驱逐出国，而后束手就擒。

六

顺治亲政

SHUDU QINGSHI
DINGDING BEIJING

福临亲政 朝安民

一

世祖掌权 抚民治吏

顺治七年（1650）十二月，皇父摄政王多尔衮因突发“风疾”，病逝于古北口外的喀喇城（今河北喀喇和屯），时年39岁。权倾朝野的摄政王多尔衮的病逝，使得少年天子福临终于得掌皇权，开始展示他的政治才华与执政能力。

顺治八年（1651）正月，14岁的世祖皇帝正式亲政。他继承多尔衮摄政时期的各项政策，首重吏治，关注民生，从重惩治贪污腐败，提倡廉明，力图建立一代全新的政治统治。

是年正月十二日，在紫禁城中举行了盛大的亲政典礼。世祖御太和殿，诸王群臣上表行庆贺礼。同日，颁诏大赦天下：

> 朕今躬亲大政，总理万几（机），深思天地祖宗，付托甚重，海内臣庶，望治方殷。自惟凉德，夙夜祗惧，天下至大，政

务至繁，非朕躬所能独理。分猷宣力，内赖诸王、贝勒、大臣、内三院、六部、都察院、理藩院、卿寺等衙站；外赖诸藩王、贝勒等及各大臣，并督、抚、司、道、府、州、县、卫所等衙站，提督、镇守将领等官，一应满汉内外文武大小官员，皆有政事兵民之责，务各殚忠尽职，洁己爱人，任怨任劳，不得推避；天下利弊，必以上闻；朝廷恩意，期于下究。庶政举民安，早臻平治。凡我民人，宣仰体朕心，务本兴行，乐业安生，共享泰宁之庆，合行恩赦事宜，条列于后……[①]

世祖亲政伊始，首先是调整统治集团内部人选，将忠于自己或遭到打击多尔衮的一些大臣选为议政王大臣，提升其爵位，以加强皇帝威信。如将久受压制的两黄旗大臣鳌拜、巴哈等选为议政大臣；两红旗的满达海、瓦克达均为礼亲王代善之子，分别被改封为巽亲王和谦郡王，代善的孙子杰书被封为康郡王，另一孙罗可被封为平郡王；属于两白旗的官员，如苏克萨哈、詹拜等人，因迅速转投到世祖阵营，而被封为议政大臣。其他如公伊图、巩阿岱等人，也被列入议政大臣之列。经过一番整顿，世祖政治集团势力空前强化，多尔衮势力被迅速削弱。

此后，世祖又通过大臣揭发等形式，掀起讨伐多尔衮的一轮又一轮风暴。最后以其“欺君逆谋”使“人神共愤”等罪，下令毁掉多尔衮的陵墓，“暴尸示众”。对那些受到排挤排击的大臣，则给予平反昭雪，重新启用。

自多尔衮去世后一年多的时间，朝廷对多尔衮党羽进行了彻底清理，但这只限于上层骨干分子，并没有引起整个政局的动荡，皇权得到了加强，诸臣也不再受人压制。多尔衮之后，济尔哈朗成为百官之首，实处辅政地位，

① 《清世祖实录》卷52，顺治八年正月庚申。

成为世祖朝重要的宗亲支柱。为表彰他的功绩，世祖于顺治九年（1652）二月十八日，加封济尔哈朗为“叔和硕郑亲王”，颁赐册文，载记功绩，将其推居诸王贝勒之首。

在处理多尔衮事件过程中，世祖将民生之事视为要务。在他亲政不久，即下令停建多尔衮在口外修筑的避暑工程。二月十三日，他向户部发出指示：“边外筑城避暑，甚属无用，且加派钱粮，民尤苦累。此工程著即停止。其因筑城加派钱粮，朕本欲将已征者发还百姓，未征者即行停征。但恐奸污官吏并催征钱粮人等，不体朕意，欺罔小民，将已征者尽入私囊；未征者仍行催比。”[①]他提出的解决办法是，仍照原来下派的数额征完，再于顺治八年正额钱粮中扣除。如地方官不将已征完的钱粮纳入正额，允许他人赴各管总督、巡抚处告理，督、抚即应据实题参，从重治罪；如督、抚不去查办，即可来京至户部告发。

世祖在国家初建、财政困难的情况下，断然下令停建避暑新城，实在是明智之举。在善后事宜中，他又考虑到如何为民减税，免受污官欺压，均反映了他虑事周详、为民着想的优点。

二月二十八日，世祖又对户部发出新指令，他说：“田野小民，全赖地土养生。朕闻各处圈占民地，以备畋猎放鹰，往来下营之所。夫畋猎原为讲习武事，古人不废，然恐妨民事，必于农隙。今乃夺其耕耨之区，断其衣食之路，民生何以得遂？朕心大为不忍。尔部作速行文地方官，将前圈地土，尽数退还原主，令其乘时耕种。”[②]

这两件事相隔很短，均在世祖亲政不足两月内，体现了他对有关民生问题的重视。

① 《清世祖实录》卷53，顺治八年闰二月辛卯。

② 《清世祖实录》卷53，顺治八年闰二月丙午。

数论吏治　整顿思想

世祖还特别关注吏治问题，试图从思想上整顿吏治。闰二月七日，他对吏部官员说："迩来有司贪污成习，皆因总督、巡抚不能倡率，日甚一日。国家纪纲，首重廉吏，若任意妄为，不思爱养百姓，致令失所，殊违朕心。总督、巡抚任大责重，全在举劾得当，使有司知所劝惩……大贪大恶，每多徇纵，何裨民生，何补吏治！"他要求吏部要秉公详细调查，向他奏报，如有这类恶习，一定要"从重治罪不贷"。他指出：各部、院官员，是各司的榜样，尤当正身洁操，殚心尽职，不辜负他"惓惓用人求治之意"①。

这一席话，应是世祖首论吏治，强调吏治关系国家纲纪，不容忽视。他指明，督抚一级官员是地方官员的表率，责任重大。而各院首脑官员不仅是下属各司的榜样，其本身廉洁否，亦关乎吏风好坏。吏部责任，就是要做好调查，将真实情况上报；再就是选择人要有"才望"，不必论资排辈。

两天之后，闰二月九日，世祖又向吏部官员谈到吏治。他说：近来吏治存在一个问题：一些品德低下、才能庸劣的官员，"刻剥民财，营求升转，不顾地方荒残，民生徉苦"，甚至连自爱、爱民的道理都不懂。因上级官员举荐不公，很多官吏的操守也随之改变。至于"不识文义"之人，更不胜任职责，凡往来文书、奏报，全凭"幕友代笔"，自己却不能写，"转换上下，与吏役通同作弊，贻害百姓"。他要求督抚对所属地方官员要"严加甄别"：对于有德有才，兼通"文义"者，要保奏；对于不识文字，听信吏役害民，不堪为官者，要立行参劾，"不得姑留地方害民"。他概括吏治问题，就是"优者选用，劣者除名。澄清吏治，大端在此"。他指示吏部，要

① 《清世祖实录》卷54，顺治八年闰二月甲寅。

把他的话传达给内外官员，“实力举行”。同一天，他指示吏部，要注意漕运中的吏治败坏，以防止沿途“交兑之处”，“收粮官吏”勒索运粮的漕丁和官吏，造成漕粮不能按时到达北京。他责成吏部和漕运总督查明回奏。

数日后，世祖对都察院官员谈及吏治问题：“朝廷治国安民，首在严惩贪官。欲严惩贪官，必在审实论罪。”显见，世祖十分痛恨贪官污吏，把严惩贪官看作“治国安民”的首要任务。世祖提出为官标准是要坚持“公忠”，但“近见各部院诸臣，因仍前弊，习为固然”，将他关于吏治的要求抛置一边。因此他命吏部将各部院堂官一一开列，他要亲自点名进行处理。

世祖首先点名大学士冯铨，先经御史吴达揭发，他曾私受叛逆大臣姜瓖的贿赂，完全丧失朝廷要臣的身份，应该自行引退。但他并无自知之明，“乃隐忍居官”，七年以来“毫无建白”，现在只好让他解任。工部尚书谢启光，“七年钱粮全无销算”，造成“挂欠漕粮三百余万石”的严重后果。朝廷收缴关税中，原有定额，但谢启光滥差税吏，“加倍需索，不顾商民贫苦”。“至于一差之出，不循次序，任意徇私”，以至“秽声盈耳，大玷官箴”。世祖当即决定：将谢启光革职为民，永不叙用。

接着，世祖又点名批评了一些朝廷要员，如礼部尚书李若琳，都察院左都御史卓罗，副都御史罗璧、巴朗，启心郎朱拉察，都察院之官徐起元，吏部启心郎宁古里以及赵京仕、熊奋渭等人，分别给予适当惩处。最后，世祖强调：“朕所亲定留任者，著尽心供职，不得虚应故事，苟且塞责；年老致仕者，仍着有司相待以礼；其调用者，须淬砺更新，惩改前非，以不负朕因才器使之意。”要求内外大小官员，亦应各遵指示，“自惟何等官职，便应尽何等事业”。并鼓励官员在各自岗位上尽责，警告说：“若仍前上下交欺，不求实效，法必不贷！”他命吏部将其所言传谕各级官员。

次日，世祖又召见各部官员，针对兵部所辖驿递之职责，再次谈到要反贪防腐，体谅民意。世祖亲政才两个月，除了大量任免、调换官员，完善机构及人员配置，处理多尔衮摄政时遗留的问题，主要是向各部发出指令，出台新政策和新举措，以整顿吏治，揭露各级官吏的种种不法之事。

顺治八年（1651）闰二月三十日，世祖做出惩贪反贪新规定："凡贪婪官员一挂弹章，必非完璧，或降调闲散，或勒令休致，皆不得仍还原职。从前参问贪官，姑照恩赦月日，免罪追赃。自今颁谕之后，大贪官员问罪至应死者，遇赦不宥。在内该部院，在外督、抚、巡按，刊刻告示，晓谕各司、道、府、州、县，实力遵行。"①

多尔衮摄政时，初期曾对贪官处理甚严，规定"贪官必诛，何必论赃多少"，同时规定遇大赦皆不得赦免，明确宣布把贪官打入"十恶不赦"之列。其后政策有所松动，遇大赦日，可以享受大赦恩诏，"免罪追赃"。此次修订相关规定，改为：犯死罪的"大贪官"属于重犯，不在大赦之内。另外，对于被弹劾的贪婪官员以及降职、调离、闲散，或被勒令退休的官员，均不再是良吏，绝不可重用和官复原职。此项规定可防止那些素质差、品行浅、能力弱的官员东山再起，使他们从此退出官场，不再败坏吏风。

三月十日，由都察院制定的"条议巡方事宜"出台，对巡按监察御史赴外地出差以及巡视地方，朝廷做出政策性规定，实则是对这一类监察官员约法三章，以保证其自身廉洁，办事公正。规定细则明确，具有可操作性，世祖下谕"从之"。

三月十六日，世祖就都察院刚制定的"条议巡方事宜"，对各巡按御史发表讲话，阐明"巡方"的职责，重申对任职官员的法治要求。他说："朝廷遣御史巡方等差，原为察吏安民。向来所差御史，受贿赂，徇嘱托，身已贪污，何能察吏？不能察吏，何以安民！"反映了世祖对整顿吏治与安抚民心的重视。他要求各巡按御史官都要严格遵守"条议巡方事宜"所列的禁

① 《清世祖实录》卷54，顺治八年闰二月丁丑。

约，“自然公生明、廉生威，地方利弊和民生疾苦，必能上闻；大小官吏，必能肃清”。他进一步强调，巡按官员要亲自察访，不能专听府厅官员提供的情况；切勿庇护“大贪大恶”，而只“纠参老弱”。如总督、巡抚、总兵一级高官，胆敢不公不法，纵兵害民，纵贼害良等，允许“即行纠举”；如御史有违上述禁约，则允许总督、巡抚“即行纠举”。最后，他要求各巡按御史到巡察地区，“入境三日内”，将他的上述讲话誊清刊刻，每一司道发10张，每一府州县各发10张，“遍示在城在乡绅士人民等”，要让每人知道敕谕的内容。如不刊刻，不遍发，经都察院察纠，即以“违旨论处”。

关于吏治问题，世祖已发下多道谕旨，做出一系列规定，但实际情况仍不容乐观，贪污、行贿、受贿等案件并不见少。世祖为此经常思考：朝廷屡禁贪吏，而贪污为何如此众多？顺治十年（1653）正月，他到内院视察，便向资深的大学士范文程等人提出这一问题：“贪吏何其多也。此辈平时侵犯小民，当兹大察之年，亦应戒慎。”范文程回答说：这些人“平居未仕时，亦知贪吏不可为。一登仕籍，则见利智昏矣。”世祖马上接话说：“此由平素不能正心之故也。苟识见既明，持守有定，安能为货利摇夺！”范文程等大臣无不顿首称善。

顺治十二年（1655），是世祖亲政第五年。正月十三日，他召集诸王大臣，对自己亲政五年做了一次长篇总结，并对诸王大臣进行了批评。他提出：诸臣都认为“奉命议事，祇宜将顺而行，否则缄口容身，可保富贵”，但你们想想，天下未定，富贵能长保吗？以后，举凡国家之事，应当“居则深思，进则敷奏，各抒忠荩，以慰朕怀。”他尖锐地指出，“内外大小各官，专为身谋，罔念官守，容容充位，望缺希迁”，盼望得肥缺，希求升官，唯营求利禄，“恩怨不化”，可惜，“真心为国，殆鲜其人”！他引述前御史吴达说过的一句话：“满朝大小各官尽皆臃肿。”并指出：“朕当时以为出言太过，由今观之，似不诬矣！”他希望各级官员“开诚切谕，务痛加省改”[1]。

世祖的这篇长谕，是对自己亲政五年来的简要总结，概括当时的国情，毫不隐诲地指出所存在的问题，直率地批评高层官员没有“真心为国”，揭示了问题的本质。应当说，这是世祖对诸王大臣的一次深刻思想教育，耳提面命，灌输清廉为官的思想。其用心良苦，于此可见一斑。

顺治十二年十一月七日，世祖再次对刑部官员说：“贪官蠹国害民，最为可恨！”他认为，向来对贪官的处理“法度太轻，虽经革职拟罪，犹得享用赃资，以致贪风不息。”他决定：此后内外大小官员，“凡受赃至十两（银）以上者，除依律定罪外，不分枉法不枉法，俱籍其家产入官。著为例”[2]。此项新规定，加大了打击贪官的力度，除了依法惩治，还在经济上加以重罚，没收其全部家产，让贪官人财两空，从此对犯罪心存畏惧。

亲审要案　抑制贪腐

世祖对于大案要案往往亲自过问、亲自审理。如此前的顺治八年（1651）十月，江南巡抚秦世祯揭发江宁巡抚土国宝“徇庇贪污诸不法事”。世祖亲自批准，按法律程序，先将土国宝革职，然后严讯，最后定罪处理。土国宝因犯下一系列不法之事，自知罪重难逃一死，便在接到世祖“革职严讯”谕旨的第二天，畏罪自缢而亡。

引起更大震动的一件大案，是顺治十二年发生的顺天巡按顾仁受贿案。十月十九日，吏部书吏章冕“刎颈叩阍”，冒死告发顾仁“悖旨婪赃，陷害无辜”。开始，世祖并不相信所告事实。但事关重大，世祖下令提取顾仁等

---

① 《清世祖实录》卷88，顺治十二年正月戊戌。

② 《清世祖实录》卷95，顺治十二年十一月丁亥。

涉案人员，由他亲自当面审讯。

原来，顾仁以刑部主事的身份，亲受皇帝点派，出任顺天巡按，派往地方，主要任务是“察访地方疾苦，纠劾贪墨官吏”，将其调查的实情向他报告。顾仁出发之前，世祖先后在太和殿、左翼门两次接见他，对其千叮咛万嘱咐，反复说明事情的重要性，告诫他要保持清廉，拒不收贿，甚至提出如有不轨，“定行正法，决不宽贷”！世祖以为，以皇帝之尊，两次召见面授机宜，嘱以重托，而且发出警告，顾仁必不负君命。

可出乎世祖及诸王大臣意料的是，顾仁一出京城，即将皇上的嘱托和自己的职责忘得一干二净，肆意妄为起来。按照规定，巡方御史巡视时，不许使用旧时“蠹役”。他却明知故犯，收用旧役6人，为自己差遣，更为严重的是勒索受贿。当时，有王士琦、章冕二人欲谋取巡按书办的差使，便托顾仁的熟人刑部司官贺绳烈向他求情，又各送白银200两。章冕本来答应要送给顾仁200两银，也由贺绳烈从中作保。但顾仁不遂己欲，便陷害章冕，将其逮捕。本应将章押送到顺天府进行审问，又唯恐受贿之事败露，便远发到真定府（今河北正定），企图将章冕害死灭口。顾仁还“违例”，将衙门供事承差“私遣至家”。

此案由世祖审讯，经他面鞫完全属实。十一月九日，世祖召集满汉文武大臣，将他审问顾仁、贺绳烈等人的罪行公布于众。随后，他怒气冲冲地痛斥顾仁等人的卑劣行为，说：“顾仁面承敕谕，再四谆切，辄敢背旨坏法，收蠹纳贿，深可痛恨！”又提出：“顾仁不但坏法受贿，且背朕两次面谕，为日无几，藐若罔闻，即置之极刑，未足蔽辜！”至于另一个获罪者贺绳烈，“身为职官，寡廉鲜耻，倚恃不法巡按，居间行贿，即行正法，亦不为枉”。世祖将此案交给诸王大臣，“自加详审”后再向他报告。

顾仁一案，称得上是一件大案。虽受贿银两不算多，但性质恶劣，影响严重，况且顾仁是世祖钦派大臣，又曾当面嘱托交代，结果他还是置若罔闻，受贿犯罪，甚至企图枉害人命，其畴可谓严重。当日，内大臣、内三院议政大臣，九卿詹事科道等官，具按旨参加会议共审，最终议定顾仁应凌迟处死，妻子、儿子及家产没收入官。贺绳烈应立斩。世祖闻报批示：顾仁从宽，免凌迟处死，改为立即处斩；贺绳烈亦从宽，改为立即绞死，其余不变，维持原判。

再过几天，世祖追究顾仁何以入朝为官，是由哪个衙门推荐的？哪个衙门、哪个考官准许他参加科举？又是由谁录取的？内大臣鳌拜奉命“严行确察”，很快查清：推荐顾仁者，是刑部尚书刘昌、刑部侍郎王尔禄；准其考选者，是吏部尚书王永吉、原任都察院左都御史今降八级的龚鼎孳、布政使曹溶；推荐其考卷的是王尔禄，录取的是龚鼎孳。世祖给予他们以轻重不同的降级处分。

据初步统计，自顺治八年至十七年，在9年时间里，世祖亲自批准处理的重要贪污案为45件。其他规模较小的贪污、不法案件则难以统计。被处理的贪官，轻者革职，永远不再起用；重者处死，直至以凌迟重刑处罚。如江南按察使卢慎言以贪赃银数万两，被世祖定为“奇贪异酷之人”，于顺治十五年（1658）十一月将其凌迟处死。

世祖从亲政到去世，共计10年。他始终坚持“安民之本，首在征贪”的方针，同吏治中的腐败现象展开了坚决的斗争，不间断地严厉打击贪官污吏，上自朝廷大员及地方封疆大吏，如大学士、尚书、巡抚、按察等，下至州县官、吏员直至市井巨恶、大奸等，均在惩治之列，一经发现，不论是谁，皆严惩不贷。与此同时，他还下令狠刹送礼、宴请、行贿的歪风，并大力倡导节俭、去奢的新风。世祖率先垂范，表彰廉吏，启用贤人，从而抑制了清初的贪污风气，使明末延续至清初的吏治败坏局面有所改观，促进了清朝的发展。

统上三旗　立十三衙

独掌三旗　设内务府

八旗制度，是清朝最具特色的统治体制，它集政治权力、军事管理及旗人生产、生活方式等内容为一体，在清朝建国、发展大业中贡献尤多。

八旗制创立于清太祖努尔哈赤时期，其突出特点是以八旗贝勒（旗主）来分掌国家政治、军事权力，体现军事民主的原则。万历二十九年（1601），努尔哈赤参照金朝猛安谋克制度，正式创建四旗制，即以黄、白、红、蓝四种颜色的旗帜，标识四支部队，每支部队各举一旗，合为四旗，从而将其统治人丁归辖于四旗制之下。

万历四十三年（1615），努尔哈赤在原有四旗基础上，创立了八旗制，他以“每三百人立一牛录额真，五牛录立一甲喇额真，五甲喇立一固山额真，固山额真左右立梅勒额真。原旗有黄、白、蓝、红四色，将此四色镶之为八色，成八固山”[1]。此后，所有旗人“出则为兵，入则为民”，形成了巨大的战斗力。

四旗制和八旗制先后采用期间，按照汗王（皇帝）与诸贝勒共掌国政的旧制，努尔哈赤和皇太极曾经分掌不同的旗属，如努尔哈赤曾经掌管两黄旗；皇太极为四大贝勒时，因作战有功，曾经统领正白、镶白两旗。皇太极即位后，调整两白旗与两黄旗旗帜，将所属正白镶的两旗与多铎、多尔衮所领正黄、镶黄两旗互换旗纛，德格类死后，自己又夺得了正蓝旗。因此在入关前，已形成皇帝独掌两黄旗和正蓝旗三个旗属的局面。

世祖皇帝即位后，摄政王多尔衮以管理侍卫需要为名，将正蓝旗抓到自己手里，实际减弱了皇帝权力。不仅如此，清入关后，皇帝权力实际上面临着更巨大的威胁。当时，年幼的世祖皇帝无法执掌朝权，国家统治权实际是掌控于摄政王多尔衮手中。

清兵入关之初，多尔衮借福临迁入北京，清王朝实现“君临天下”梦想的机会，而大力封赏带兵掌权的诸王贝勒。顺治元年（1644）十月，清廷颁布“即位恩诏”，其第一条、第二条都是优待宗室王公的内容：封赏两辅政大臣，尤以多尔衮为重，将原来一批郡王晋封为亲王，贝勒晋封为郡王，贝子晋封为贝勒，辅国公晋封为固山贝子，另外还对亲王、郡王的子孙、弟侄等各予加官晋爵，甚至对努尔哈赤、皇太极两人执政时期惩处削爵的宗室贵族也予平反和起用。

此后，多尔衮等不断提高宗室王公及其子弟的权益，对他们多予封爵和晋级，使亲王、郡王数达到18个，多罗贝勒达到13个，固山贝子18个，加上镇国公、辅国公等，封爵王公人数达到96人，远远超过了入关前王公数字。

多尔衮划走正蓝旗以及加封诸王贝勒的做法，极大提高了诸王贝勒的政

① 《清太祖武皇帝实录》卷2。

治地位和权力，缩小和压制了皇权。当时，世祖皇帝年龄尚小，其母后孝庄皇太后迫于多尔衮的强权，只能逐步退守，让皇帝大权旁落，使君权蒙尘。

顺治七年（1650）年末，大权独揽的摄政王多尔衮病死，少年皇帝福临亲政。不久，他即发动朝臣追究多尔衮“谋篡大位”之罪，对多尔衮及其追随者进行严厉处罚，罢免其所有封爵赐号，黜出宗室，直至籍没财产、家人入官，狠狠打击了诸王势力。

此外，在八旗旗属方面，世祖皇帝利用除去多尔衮的机会，将其掌握的正白旗收归己有，使皇帝自辖旗属在原有的正黄、镶黄两旗基础上，加入了实力雄厚的正白旗。从此，正黄、镶黄、正白三旗因由皇帝自领，故统称为“上三旗”，而诸王贝勒统辖的镶白、正红、镶红、正蓝、镶蓝五旗，则另称为“下五旗”。八旗中这种等级的区别从此成为定制。上三旗体制高贵，下五旗的旗主改由皇帝任命，不再由诸王贝勒共议，它们无论在体制上还是实力上，都无法再像关外时那样与汗王（皇帝）抗衡。世祖皇帝对八旗归属的改革，使八旗各旗的最高指挥官，完全掌握在皇帝手中，为皇权进一步加强提供了足够的保障。

世祖时期设立了上三旗制度，不仅使皇帝独掌了正黄、镶黄、正白三旗军队的统领权，还使三旗大批原旗主的家丁、仆役正式归于皇帝所有，形成了所谓的“上三旗包衣”。顺治朝，清廷在上三旗包衣的基础上，设立了内务府，作为管理上三旗包衣和宫内事务的专门机构，由满族大臣担任内务府总管大臣。从此，内务府成为管理清朝宫廷和皇家事务一个重要的机构。

启用太监　设十三衙

内务府建立之后，并没有一直沿用下去，它在世祖亲政后不久，即被撤销，而在宫内设立了所谓“十三衙门”。

明朝末年，李自成带领农民军攻入北京，大批明朝太监纷纷逃至宫外。清军入关后，随着年幼的世祖与皇太后带领随员迁入紫禁城，许多故明太监陆续回到宫中，被清廷所招用。当时，摄政王多尔衮为避免发生太监干政弊端，下令宫中太监只充任洒扫之类的杂役，不允许其加入朝参，亦不必排班伺候，使得宫中太监再也无法像在明朝那样趾高气扬。但这一规定在世祖亲政之后，却发生了一些改变。

摄政王多尔衮把持朝政时期，身居内宫的少年天子从小得到一些太监的照顾，因而与他们建立了一定联系。世祖皇帝亲政后，极力修改多尔衮所定的各项政策，甚至放宽了对太监的控制，使得太监地位发生了较大变化。根据当时在宫中任职的德国传教士汤若望记载，“顺治自这个时期起，愈久愈入太监之影响中。这是一种下贱的人民，在朝代更替的时期，俱被驱逐出宫，成千成百地到处漂泊，然而这时却渐渐又一批一批收入宫中，照旧供职……竟有数千之多”[①]。

在太监的影响之下，世祖皇帝决定按照明朝旧制，恢复宫中太监衙门——十三衙门，即十三个由太监任职管理的衙门机构。顺治十年，世祖提出“满洲近臣与寺人（太监）兼用”的想法。六月，他即颁布上谕：“宫禁役使，此辈势难尽革。朕酌古因时，量为设置：首为乾清宫执事官，次为司礼监、御用监、内官监、司设监、尚膳监、尚衣监、尚宝监、御马监、惜薪司、钟鼓司、直殿局、兵杖局。”由这些太监衙门负责管理宫中各项事务。

由于担心朝臣上疏反对重立太监衙门的做法，世祖皇帝在同一上谕中强调：“寺人不过四品，凡系内员，非逢差遣，不许擅出皇城，职司之外，不许干涉一事，不许招引外人，不许交结外官，不许使弟侄亲戚暗相交结，不许假弟侄等人名色置买田屋”，“其在外官员，亦不许与内官互相交

① ［德］魏特：《汤若望传》，杨丙辰译，第312页。

结”[1]。

尽管如此，许多大臣仍然对启用太监衙门惴惴不安，都察院左都御史图赖等人上疏提出反对意见。世祖皇帝即将准备好的驳斥理由公布出来，他提出：“今总管内事，乃勋旧大臣，忠诚为国，朕自无虑。万一有如冷僧机（多尔衮死党）其人者，专权作弊，何以防察？因分设衙门，使各司其事，庶无专擅欺蒙之患。（太监）衙门虽设，悉属满洲近臣掌管，事权不在寺人。且所定职掌，一切政事，毫无干预，与历代迥不相同，著仍遵前旨行。”[2]

第二年，世祖以宫中事务过多为由，又传谕命增设十四衙门。他传旨礼部说：“内务府事务殷繁，须各司分理。乃止设十三衙门。其原设之尚方司，未曾议及。此司系太宗时设立，职掌甚要，断不可少。著仍旧设立，共为十四衙门。”至此，十四衙门全部取代了内务府的职责，恢复了明朝宫廷的太监制度。

顺治十二年六月，世祖皇帝由于自己的做法招致大臣反对，他也感到设立太监衙门与满族旧俗不符，而他又不忍心将太监衙门废除，于是便仿照明初太祖朱元璋在宫门立碑的做法，也命人铸出一块铁牌，放立于交泰殿，以防止太监干预政事。此块铁牌仍然保存于故宫博物院，其所铸铭文为：

> 中宫之设，虽自古不废，然任使失宜，遂贻祸乱。近如明朝王振、汪直、曹吉祥、刘瑾、魏忠贤等，专擅威权，干预朝政，开厂缉事，枉杀无辜，出镇典兵，流毒边境，甚至谋为不轨，陷害忠良，煽引党类，称颂功德，以致国事日非。覆败相寻，足为

① 《清世祖实录》卷76，顺治十年六月癸亥。

② 《清世祖实录》卷77，顺治十年七月丁酉。

鉴戒。朕今裁定内官衙门及员数职掌，法制甚明。以后但有犯法干政，窃权纳贿，嘱托内外衙门，交结满汉官员，越分擅奏外事，上言官吏贤否者，即行凌迟处死，定不姑贷。特立铁牌，世世遵守。

世祖皇帝竖立铁牌，虽是为抑制太监干政，但由于太监衙门设立后逐渐参与宫中事务管理，权力开始增大，特别是一些皇上身边的主管太监，因受到天子宠幸，便对宫中限令熟视无睹，弄权欲望增强，直至发生勾结当朝大臣、作弊纳贿的事件。

顺治十五年三月，宫中太监吴良辅与弘文院大学士陈之遴，恭顺侯吴惟华及大臣陈维新、胡名远、王回子等人相互勾结、行贿受贿，几位大臣向吴良辅投寄名帖书柬，馈送金银布帛。事情败露后，陈之遴等人受到弹劾。吏部为严惩相关官员，提出这些大臣是“交结犯监，大干法纪”，应当来回追究，罢官正法。世祖皇帝则传旨：“若俱按迹穷究，犯罪株连甚多”，因此免除陈之遴等人死罪，只是将他们革职罢官，籍没家产，携带父母妻子等流徙盛京宁古塔。对于此案的罪魁祸首吴良辅，世祖皇帝更是百般庇护，将其一直留在宫中。直到顺治十八年正月三日，自知不起的世祖才将吴良辅送到悯忠寺，由其落发为僧，以防止其日后被大臣诛杀。

世祖皇帝启用太监衙门之举，直到康熙初年才被改正。顺治十八年二月，圣祖玄烨即位伊始，即以父亲遗诏中称“设立十三衙门”是罪责之一的为由，宣布裁撤十三衙门，而恢复建立内务府机构，由此重新确定了内务府在清朝宫廷中的特殊地位和重要作用，直到清末再未发生改变。

顺治五式 减免贡税

铸造货币 形成顺治五式

财政货币，关乎民生，也是治理国家最重要的大事之一。清入关后，因为连年战争、军饷沉重、贵族俸禄等问题，国库很快陷于入不敷出的状态。特别是世祖皇帝亲政时，朝廷因持续征剿各地抗清斗争，需要增支将领兵弁行粮、马匹饲料和军装、武器、弹药等费用，而招抚各地降兵降将，又使兵额大幅增加，兵饷开支急剧上升，从而使国家财政面临着巨大的困难。顺治时期，朝廷不断调整政策，如铸造发行新式货币、减免贡税、颁行《赋役全书》等，革除弊端，以利民生。最终较为平稳地渡过难关，使国家避免了因财政危机而导致的崩溃。

“顺治五式”，为顺治年间所铸造、发行和使用的五种币制样式。通过这些不同样式的货币，亦可窥见顺治朝对财政的干预和治理，以及国家由弱转强逐渐走向大统的总趋势。

从顺治初年开始，为了稳定国民经济及百姓生活，朝廷曾前后五次进行货币改制，最终取得成功，确立了较为稳定的清朝货币体系。随着这五次币制改革，在社会上同时形成了五种形式的“顺治通宝”铜钱，史称“顺治五式”。至今，它们仍然被许多博物馆和民间收藏家所珍爱。

发行货币，是每一个新生政权的头等大事。随着旧政权被推翻，前朝铸造的货币亦即废止，尽快铸造本朝自己的货币，可确保当朝财政顺利进入正常发展的轨道。清朝入关的第一年，即顺治元年（1644），朝廷便开始铸造铜泉货币“顺治通宝”，以货币建立大清一统天下的信心与信誉。

在铸币过程中，清廷实行官铸官销制，严厉惩处私铸私销。中央及各地方所设铸局，其设炉数、铸钱数和获息数等，都必须按年按季造册报部。在户、工二部，设立有管理钱币事务的专门机构“钱法堂”，堂下各设有一个铸钱局，其中属于户部的称为“宝泉局”，所铸钱币主要供全国流通使用；属于工部的称为“宝源局”，所铸之钱主要供工部所管各项工程使用。当时，在各省也设有铸钱局，置监铸官管理局务，并要按照户部颁定的统一法式，认真铸造钱币，使其在社会上流通使用。

清朝的铸币制度并非一成不变，而是随着时代发展、币制需要，始终处于调整之中。顺治二年（1645），清廷确定铸币定例，规定：凡铸钱，务照定式，每文重一钱二分，每七文准银一分；四年，更定每钱十文准银一分；十四年，下令各省一概停止铸局，仅由户部的“宝泉局”和工部的“宝源局”两个机构负责铸币，并规定每文钱重一钱四分，钱币正面铸有阳文汉字“顺治通宝”，钱币背面铸有阳文满字“宝泉”或“宝源”字样。

从“顺治通宝”钱币的具体特征来看，“五式”——五种钱币的外部铸字样式，还是有着较大差别的。其通俗名称及钱币铸字分别为：

顺治一式，又名“顺治仿古式”（仿明钱样式），为“光背”形式。钱币正面各铸“顺治通宝”四字，钱背面则不铸铭文。此类钱币是顺治五式中最早出现的一类，始铸于顺治元年（1644），至顺治四年停止铸造。

清军占据北京之后，在铸造货币时大量采用明朝遗留的旧机构、旧工匠以及钱币制作工艺。因此这一时期铸造的“顺治通宝”钱，在很大程度上保留了明朝铸币的风格，且集中由中央的工部和户部主持造币。此时的地方铸币，还基本处于停滞状态，所以没有出现明朝钱币那样的“背文计地钱”。

顺治二式，又名“顺治单字记局式”。此类钱币始铸于顺治二年（1645），停铸于九年。

钱币正面各铸“顺治通宝”四字，在每一个钱币背面，则分别铸造一个单一的汉字（有穿上、穿右及穿左三类）。据记载，顺治时期全国先后有23个（一说有22个）钱局，以分别铸造属地不同的钱币。从传世的实物看，目前仅发现有“工、户、蓟、宣、云、延、原、同、阳、河、临、东、浙、宁、昌、福、荆、襄、新”等19局铸文。而古籍所载陕西省局的“陕”字，江西省局的“江”字，广东省局的“广”字以及郧阳府、常德府等局铸造的顺治钱，至今仍未见到实物。

顺治三式，又名“顺治一厘”式。此类钱币始铸于顺治十年（1653）七月，停铸于十七年（1660）。

钱币正面各铸“顺治通宝”四字，钱背面穿右侧分别铸有户、工二部及全国17个省、镇铸币局单字名称，穿左侧铸真书（楷书）“一厘”二字，意即一钱值银一厘（一千厘准银一两），可直接与官银兑换，故称其为计银“一厘”式。每文重一钱二分五厘。全国共有19局开铸此类钱币，分别为：“户一厘、工一厘、蓟一厘、宣一厘、云一厘（密云局）、东一厘、临一厘、原一厘、阳一厘、陕一厘、同一厘、河一厘、浙一厘、宁一厘、昌一厘、江一厘、福一厘、云一厘（云南省局）、荆一厘”。从传世实物看，仅有“荆一厘”和“云一厘（密云局）”未见实物外，其余各局铸币均不难见到。各局铸钱的版式基本固定，变化不大，除“原一厘”“浙一厘”“宁一厘”“昌一厘”“江一厘”“福一厘”“云一厘”等南方各局使用较为特殊的书体外，其余各局多数采用户部铸币的标准字体。这说明清朝铸币体系至顺治晚期已趋于完善和统一，同时也说明到了顺治中、后期，清政府对全国的统一大业已基本完成。

顺治四式，又名“顺治满文”式，顺治十四年（1657）中央责令各省、镇钱局停铸各类顺治旧钱，由户部“宝泉局”和工部“宝源局”开铸新钱，即“顺治通宝”背铸满文“宝泉”“宝源”钱。

钱币正面各铸“顺治通宝”四字，钱背面穿左侧、右侧分铸两个满文字，或铸成“宝泉”，或铸成“宝源”，即系户部、工部分别铸成的钱币。此类钱币每文增至一钱四分，且铜质金黄，币径大而精美，俗称“大制钱”。此次改制，完全脱离了明朝体系而确立了清朝制钱风格，完成了型制上真正意义的设计与铸造，在中国钱币史上也具有划时代的意义。“顺治满文”式钱虽然只有户部、工部二局铸造，但铸造数量非常大。所需铜料主要来自明朝及顺治朝旧式钱回炉改铸，所以在存世的顺治钱中，背铸“宝泉”“宝源”的钱币为最多。

顺治五式，又名“顺治满汉文”式，顺治十七年（1660）户部提准全国12个地方局，按照“顺治四式”的规格重新开铸新钱。钱币正面各铸“顺治通宝”四字，钱币背文由本省满文局称和汉文局称组成，故名“满汉文”式。所铸文字分别有满汉文：“同、福、宁、东、江、宣、原、蓟、昌、河、临、浙、陕、密”诸字，其中福建省的“福”字和密云局的“密”字未见实物钱。钱背面穿左侧铸造满文，穿右侧铸造汉文，均标明所属铸造之局，即为户、工二部及全国陕、临、河等14个省局铸币局之名。

“顺治五式”定制后，以后各代铸造年号钱币时，均参照此种货币形式为范式，使得清朝铸币形式始终较为标准和规范，从而保证了市场流通的便利，以及中央政府对全国经济的控制。

积极举措　缓解财政危机

顺治一朝，特别是世祖皇帝亲政后，在财政问题上，国家曾面临巨大的困难。经过开源节流、减少兵饷、制定减免赋税等一系列措施，最终才缓解了财政矛盾，化解了经济危机。

顺治八年（1651），少年天子福临亲政，但此时的大清国面临着一贫如洗的财政窘境。三月，世祖皇帝与户部尚书巴哈纳等人有一番谈话，可从一个侧面反映此时国家财政的艰难状况。初六日，世祖与诸臣议事，他问：各官俸银，用需几何？应于何月支给，大库所存，尚有若干？巴哈纳回奏：俸银于四月支给，共需六十万两。今大库所存仅有二十万两。世祖指出："大库之银，已为睿王用尽，今当取内库银按时速给。夫各官所以养赡者，赖有俸禄耳，若朕虽贫，亦复何损？"①

朝廷因国库空虚，不得已由宫中内库拨出银两，用于给文武百官发放俸禄，可见其财政拮据的状况。解决财政困难最简单、最正确的办法，不外是"开源节流"四个字。所谓"开源"往往是扩大财源，在黎民百姓身上做文章，用尽一切办法榨取财富。所谓"节流"，是在自己身上多做节省，从而减少各项开支。

世祖皇帝及其朝臣以明末万历、崇祯朝加派"三饷"，最终导致明朝覆亡的史实为借鉴，对向地方加派捐饷深恶痛绝，因此力阻向民间摊派赋税，而是实行扩大辖区，增加赋收，以及开垦荒地的办法，使得正额田赋盐课和关税有所提高。此外，世祖还更加注意"节流"，力求减少军费开支，裁减冗员，减少无用兵丁，以达到减少军饷的目的。

① 《清世祖实录》卷55，顺治八年三月癸未。

顺治九年（1652）四月，户部遵旨会议钱粮不敷之事，之后上疏称：应裁登莱巡抚、宣府巡抚；江宁、杭州、西安、汉中驻防满洲汉军兵丁，除草料口粮照例支给外，每年多支米石应裁；户部、礼部、工部制造等库内监三百九十余名，应留数员，余尽裁革；总督、巡抚家人口粮应裁；州县修理察院、铺陈、家伙等项银两及州县备各上司朔望行香纸烛银两应裁；在外各衙门书吏人役，每月一人给从备办者仍解本色外，其余应尽折银；工部钱粮，除紧急营建外，其余不急工程及修理寺庙等项工程，俱应停罢；在外当铺，每年收税银五两，在京当铺及各店铺，仍酌量征税。世祖批准其议奏。

一些大臣遵照皇帝的意见，也上奏和实施一些理财之法。顺治九年（1652）八月，礼科给事中刘余谟奏："国家钱粮，每岁大半皆措兵饷"，今"湖南、四川、两广初定，地方荒土极多"，乞谕统兵诸将及地方官，命择降寇流兵中老弱者屯垦荒田。得到朝廷批准。

顺治十年（1653）二月，陕西总督孟乔芳奏请裁兵12000名，每岁兵饷可省去31万两。世祖下谕褒奖其议。

经过多方努力以及当时的战事已经减少，国家财政困窘之态已经有所改善。顺治十一年（1654）六月，户部将全国收入支出情况及建议向皇上呈奏，一些方面即已呈现出较好的趋势。如财政总体收入较前有所增加，国库"剩银"积累开始出现结余，但此时财政收入仍然不多，兵饷依然占有较大比重，仍是国家最沉重的包袱。因而继续增收减负成为世祖执政期间重要的任务。

早在顺治八年（1651）二月，已被尊为昭圣慈寿皇太后的孝庄曾给少年皇帝下达一道诰谕，以传授为君、理政、治天下的道理。其诏书全文为：

昭圣慈寿皇太后诰谕皇帝曰：为天子者，处于至尊，诚为不易，上承祖宗功德，益廓鸿图，下能兢兢业业，经国理民，斯可为天下主。民者，国之本。治民必简任贤才，治国必亲忠远佞，用人必出于灼见真知，莅政必加以详审刚断，赏罚必得其平，服用必合乎则，毋作奢靡，务图远大，勤学好问，惩忿戒嬉，倘专事佚豫，则大业繇兹替矣。凡几务至前，必综理勿倦。诚守此言，岂惟福泽及于万世，亦大孝之本也。[①]

孝庄皇太后此番意味深长的话，纲要性地为少年天子指明了成为一代明君的必要条件和必由之路。世祖在亲政之后，在以民为本、擢用贤臣、勤学好问、务图远大诸方面，均是按此方向努力，取得了较好的结果。

在以民为本方面，世祖亲政后除了针对摄政王多尔衮，下令停筑边外避暑之城，以减去因建城而对民间加派的钱粮负担，使得直隶、山西、浙江、山东、河南、湖广、江西、陕西、江南九省免受此项赋税之苦，他还采取措施，蠲免一些地方的特殊贡品，以节省冗费，减少民间苦劳。

顺治八年（1651）正月，户部呈进陕西汉中府额贡柑子。他降谕命免，说：陕西进贡柑子，虽属岁额，但地方官员采办定有苦累小民之处。且汉中离京甚远，沿途动用人夫转送，更累驿递，“是以口腹之微，而骚扰吾民也，朕心殊为不忍”。他提出：目前陕西需饷正殷，著留此买运柑子钱粮，以养兵民。并命令部传谕该督抚，以后永远停止汉中额贡柑子，以表明其体恤百姓之意。江南所进橘子、河南所进石榴，也永行停止。

两天后，即正月初十日，世祖又谕户部：各处织造，供朝廷服御赏赉之用，吊不可废，但江宁、苏州、杭州三处织造，既已专设官员管理，又差满官及乌林人役催督，不但往来靡费钱粮，而且骚扰驿递，嗣后著停止差催。陕西一向织造绒褐妆蟒，朕思陕西用饷甚多，本省钱粮不敷，每拨他省

① 《清世祖实录》卷53，顺治八年二月己丑。

协济，此织造绒褐妆蟒，殊属无用，亦著停止。至于陕西买办皮张，亦属烦扰，著一并停止，以节省冗费，以完兵饷。尔部速行传谕，“以昭朕恤兵爱民至意”。

仅仅过了两天，世祖皇帝又问户部尚书觉罗巴哈纳：“外间钱粮，有无益之费否？”马哈纳回奏：京师营建所用之砖，因临清土质坚细，遣官一员前往烧造，分派漕船装运至通州，再由五闸拨运至京，给予脚价。世祖传谕：营建宫殿，京师烧造之砖尽可应用，若于临清烧造，“苦累小民，又费钱粮拨运，甚属无益”，且又使漕船增加苦累，“朕心甚为不忍”。命将临清烧造城砖永行停止，原差之官立即撤回。

举行亲政大典之后的第三天，即顺治八年（1651）正月十四日，世祖因江西进贡额造龙碗，降旨停革说：“朕方思节用，与民休息”，烧造龙碗，自江西解京，动用人夫，苦累驿递，造此何益，以后永行停止。

同年八月，他又谕户部：“朕轸念百姓疾苦，凡事有不便于民者，悉令罢之。”提出：四川进贡扇柄，湖广进贡鱼鲊，道经水陆，去京甚远，夫马船只，动支钱粮，苦累小民，朕甚悯之，以后永免，著为令。他传令户部衙门即行榜示，“务使小民休息，咸沾德意”。

顺治十一年（1654）正月，因江南连年灾害，民生困苦，他传谕工部：“江宁、苏杭等处地方，连年水旱，小民困苦已极。议赈，则势难周；屡蠲，又恐国用不足，朕用是恻然于中。”由于考虑到织造衙门系供服御赏赉之用，此前未能遽罢，但是“近闻甚为民累。夫民既苦赋税，又恐织役，何由得安？民既不安，朕岂忍被服美丽不为之所乎。”最后世祖传谕：嗣后织造，除祝帛诰敕等项，著巡抚布政使织造解运外，其余暂停二年。并命工部即行传旨，其应撤官役并应解钱粮事宜，作速议奏。

山西在明朝时，向宫中的年贡晋绸为三百匹。入清以后，宫廷需要大量增加，“每年额造一千四百七十余匹”。工部为此上奏，建议仍照明朝旧制生产，即每岁仅止派三百匹，所余银两，解部使用。世祖允其所请。

世祖皇帝倡导减免贡赋的这些做法，在某种程度上缓解了百姓负担和劳作辛苦，受到上下的赞颂和支持。除此之外，他还利用宫中册封典礼、地方灾害救济等重要时日，对天下实行大赦，部分蠲免各地的正额钱粮和贡赋等项，以缓和兵民的困苦之情。顺治十一年（1654）冬季，经过数年察核拟定，正式编成和进览《赋役全书》，并很快向全国各省颁布，使国家征收赋税丁徭有了准绳，不再有加征加派的发生，轻徭薄赋，与民休息，为社会生产的恢复与发展，提供了较好条件。

七

统一边疆

SHUDU QINGSHI
DINGDING BEIJING

九 漠北臣服 白年贡

清朝从建国之初，以满洲、蒙古、汉军八旗为核心开创国家，又以武力入主中原，统据了整个中国。在这一过程中，清朝统治者得到漠南蒙古诸部及黑龙江流域各少数民族的支持，所以对东北地区各少数民族特别是北方的蒙古族，一直采取优遇政策，保持着亲密的隶属与合作关系。

清朝入关后，东北地区成为它的大后方，在内部管理上始终较为稳定。但这种稳定却受到沙俄殖民主义势力的威胁，俄国军队公然入侵，使清政府不得不调整政策，加强与北方蒙古各部和其他少数民族的联盟，以确保边疆地区的稳固。

长城以北的广大地区，相当于今天的内蒙古自治区和蒙古国，几个世纪以来都是蒙古各部的舞台。明清之际，蒙古人按照游牧区域划分为三大部分，以瀚海（戈壁沙漠）为界，其南部称为漠南蒙古，北部称漠北蒙古或喀尔喀蒙古，瀚海以西则称漠西蒙古或厄鲁特蒙古。三个地区的蒙古部族内部，又划分为若干小部落，它们彼此各不相属，甚至还兵戎相见，长期处于动荡之中。清太祖、太宗时期，后金（清）朝通过联姻和战争等手段，已基本统一了漠南蒙古诸部，并吸引部分漠北蒙古向清朝称臣纳贡。

顺治时期，无论是多尔衮摄政还是世祖亲政之后，清政府对蒙古诸部都以安抚和怀柔政策为主，待之以礼，赏赐优厚，只有遇到它们发动叛乱之时，才派兵进行严厉打击。

清入关之初，虽然全国统一战争仍在继续，但摄政王多尔衮丝毫没有放松朝廷与蒙古诸部的友好联系。以顺治二年（1645）为例，这一年从正月初一日至十二月中旬，清政府与蒙古诸部有30余次交往，内容包括蒙古各部向清廷朝贡、奉表致贺、奉命袭爵等，清廷则按惯例对其进行宴赏、分赐礼物、下嫁公主等。

在清朝与蒙古诸部的交往活动中，以漠南蒙古科尔沁部与清廷最为密切。双方往来频繁，不仅亲王来朝，他们的王妃、儿子甚至祖母都要来北京朝见皇帝，与清朝宫廷保持着多代姻亲联盟。多尔衮十分信任科尔沁部，将其视为自家人，遇有重大使命，常交予科尔沁部首领去办，即使是高度机密的要事，也让该部首领参与。如顺治二年（1645）五月二十六日，科尔沁部亲王巴达礼朝见后欲离京，多尔衮遣大学士刚林、宁完我向巴达礼秘密传达指令："天下大业已定，正黎庶休养之时，然恐蒙古造衅，缓则密奏候旨，其有急不及奏者，尔即便宜行之。吾惟尔是恃。"巴达礼感激地说："臣昔蒙太宗皇帝宠眷，今又沐王殊恩，敢不誓死以报！"①

在蒙古诸部中，确实存在一些不稳定因素，即有部分蒙古贵族一直梦想重建一个"大蒙古国"，这与清政府的治国方针形成极大矛盾，因此也受到朝廷的坚决打击。顺治三年（1646）四月，漠南蒙古苏尼特部忽然背离清朝，逃往北疆的喀尔喀蒙古地区。

原来，苏尼特部驻牧在张家口外，距离北京只有一千里。该部原属察哈

① 《清世祖实录》卷16，顺治二年五月丁未。

尔部林丹汗，因不满其暴虐而北徙，依附于喀尔喀部。崇德四年（1639），其部长腾机思与叟塞自喀尔喀率部归清，受到清太宗皇太极优礼款待，将多罗郡主阿达礼三妹嫁给腾机思，封为额驸、多罗墨尔根郡王；叟塞则封为多罗杜稜郡王。腾机思也给予回报，将自己的女儿嫁给清皇室固山贝子博罗为福晋。双方通过联姻加深关系，此后腾机思不断派贡使按例朝贡，朝廷则对其给予更多的赏赐。

多尔衮在闻知苏尼特部无故背叛后，马上意识到事态的严重性。他知道对此事应立即派军严惩，以防止连锁反应，避免其他蒙古部族效仿。顺治三年（1646）五月，多尔衮任命自己的弟弟多铎为“扬威大将军”，以多罗承信郡王硕塞为副帅，统率满洲八旗和征调的其他漠南蒙古军队，一同征讨苏尼特部首领腾机思等人。

多铎出征两个月后，捷报传到北京。据报称：清军至英噶尔察克山（今蒙古国境内），侦知腾机思等屯驻于滚噶鲁台地方。多铎即命蒙古固山额真库鲁克、达尔汉、阿赖等率部绕到其驻地后侧，“扼据险要”，多铎自己则亲率大军发起攻击。腾机思自知不敌，便闻风逃遁。多铎命外藩蒙古巴图鲁郡王满朱习礼与梅勒章京明安达礼等“乘夜进追”，次日追至欧特克山，与苏尼特部军队相遇，将其击败，斩其台吉毛塞，将下嫁给腾机思的皇室格格迎接回来。接着，清军渡过土喇河（即土拉河，位于蒙古国乌兰巴托以西），派遣镇国将军瓦克达等率兵追击，阵斩腾机特之子多尔济、巴图舍津及腾机思之孙噶尔马、特木德克博音图，缴获其家口辎重。第二天，清军进至博儿哈都山，再遣军追剿，斩杀千余人，生擒800余人，获驼、马、羊等无数。多尔衮获得捷报后，命“榜谕外藩蒙古”，以宣示天朝威力。

同年八月，多铎又派人送来捷报，上奏说：清军自土喇河西于七月十三日至查济布喇克地方，与喀尔喀部土谢图汗两子所率2万兵相遇，双方展开大战，清军一举将其击溃，追逐30余里。次日，喀尔喀部硕雷汗之四子本霸巴图鲁台吉等率兵3万前来迎战，清军奋击，又大获全胜，追逐20余里，“斩杀甚众”，获其部分驼马。硕雷率家口和部众逃到塞冷格地方。清军因兵马疲乏不便再追，遂于七月十六日班师。

顺治三年（1646）九月，清廷向喀尔喀土谢图汗发出警告：在草青以前，将腾机思兄弟擒献，否则再遣使来，必羁留不放。顺治四年（1647）四月，喀尔喀部嘛哈撒马谛塞臣汗等，“各遣使表，请通好”，并贡方物。多尔衮再次发出警告，要他们擒获腾机思等人进献朝廷，以显示双方通好的诚意。

此后，喀尔喀部土谢图汗等又率本部人马抢掠巴林部人畜，进而加剧了蒙古诸部的矛盾。多尔衮传谕予以谴责，命其将所掠巴林人畜“照数赔补，见存者尽行送还，以驼百头、马千匹，前来谢罪。倘能遵旨，及此未雨雪之前，即遣使全送，如不遵旨，可毋遣使”。

迟至顺治五年（1648）八月，喀尔喀部土谢图汗、硕雷汗等人，为侵夺巴林部人畜事向清廷谢罪，“贡马千匹，驼百只”。数日后，腾机思重新归入清朝，多尔衮仍予接纳，照例赐宴。是年九月，腾机思去世，朝廷命其弟腾机特袭郡王爵。至此，腾机思兄弟叛逃喀尔喀之事基本解决。

因苏尼特部叛逃及侵夺巴林人畜而引起的北疆动荡，在清军的及时制止下很快归于平静，减少了蒙古内部离心势力的滋长。此后，喀尔喀各部频繁向朝廷进贡，其态度变得较为恭顺。顺治七年（1650）十月，喀尔喀诺门汗诸贝子奏言：今派遣四贝勒为首及大臣前来北京，“坚盟和好”，一切皆照朝廷规定行事。十一月，该部额尔德尼诺木齐等至京朝贡。世祖派遣使臣前往喀尔喀各部，向他们宣布朝廷各项规定：每年各按旗属进贡一次，每旗贝子进驼1只、马8匹，派大臣朝见；朝廷也按定例予以赏赐。此外，双方遣使贸易，各从其便。清朝要求与喀尔喀各部“誓告天地”，正式定盟，并执行上述规定，但喀尔喀没有答复，对清朝所定贡物也未表态。不过，双方往来还在继续。顺治八年（1651）三月，该部硕雷之子噶尔马撒望与储护尔二台吉来京朝见，世祖在太和殿接见了他们。同年八月，土谢图汗遣使达884人，人数之多，超过了其他各部；同月，土谢图汗再次遣使，与车臣汗的贡使，共309人到京朝见。

漠北蒙古喀尔喀与清朝的关系，随着清朝对全国统治的稳定而不断升温，双方遣使频繁，关系密切，直接带动了漠西蒙古厄鲁特诸部的归附。顺治七年（1650）十一月，厄鲁特巴图鲁贝勒等到京贡驼马，朝廷“宴赉如例”。同月，厄鲁特部噶木布朗土克图等贡驼马、貂皮等物。不久，厄鲁特部贡使卫征囊苏等320人来朝。同时，还有外藩蒙古27部听事头目率从人齐聚于礼部接受筵宴，反映了蒙古诸部已日益向清。

清朝对北疆蒙古的政策，除了对叛变者施以军事打击，其主要政策还是千方百计地怀柔，用物质、金钱、爵位以至联姻等手段极力笼络，以增强其向心力。对于蒙古诸部的内部纷争，如争夺牧场、侵夺人畜等事，清朝则往往以仲裁者的身份进行干预，调解多方矛盾，务使当事双方或多方和平了结。

顺治十二年（1655）四月，喀尔喀部额尔德尼诺穆齐、门章墨尔根楚虎尔、伊世希布额尔德尼、额尔克戴青各台吉，以此前曾经侵夺巴林部人畜，一直未向清朝请罪，“遵旨服罪来朝，并进岁贡马驼”。世祖十分高兴，给予来朝者优赏。说明喀尔喀部与清廷关系更进一步。

顺治十二年（1655）五月，世祖派遣使臣前往喀尔喀部传达谕旨，对数日前额尔德尼诺穆齐等四台吉前来北京“诚心引罪”给予肯定，表示对其“不咎既往”，应归还被掠巴林部的人畜“悉从宽免”。世祖要求喀尔喀部与他派去的使臣举行盟誓，双方永远修好，每年“照常额进贡，交通贸易，朕亦不靳赏赉”。盟誓之后，蒙古逃人内地的属民朝廷不会收纳，一定照数送还。如果双方不盟誓，即使蒙古进贡朝廷也不收纳，其逃人至此朝廷则予以恩养。

同月，世祖针对喀尔喀部对盟誓游移不定的表现，再发一道敕谕，阐明、告诫双方盟誓的重要性和必要性，要求喀尔喀部“宜早决断，毋得犹豫”。他最后强调说：“朕累示宽容，虽尔等屡违谕旨，仍纳汝使者，给以恩赏”，你们为首的贝勒、台吉应认罪来朝，如此，“则和事可成，往来通好，朕亦赏赉不绝”。

是年十月，喀尔喀部土谢图汗、丹津喇嘛、车臣汗、墨尔根诺颜等终于向世祖表态，希望和清朝“以和好约誓”。喀尔喀部之所以迟迟不与清朝誓盟，主要是怕自己失去独立性，但在清朝强大的军事、政策优势面前，喀尔喀部已别无出路，只有臣服清王朝这一条路更好。十一月，喀尔喀部始按顺治七年所定年贡规定，向朝廷正式进献“九白年贡”，即白驼一匹、白马八匹，以这些白色牲畜象征自己的诚意。

顺治十二年（1655）十二月二十六日，喀尔喀部俄齐赖土谢图汗、那门额真车臣汗、岱青台吉等遣使至京，世祖命多罗安郡王岳乐与其使臣在宗人府“酹酒约誓”。喀尔喀与清朝的臣属关系正式建立。此后，喀尔喀蒙古部划分为八个札萨克，即：土谢图汗、车臣汗、丹津喇嘛、墨尔根诺颜、毕席勒尔图汗、鲁卜藏诺颜、车臣济农、坤都伦陀音，八札萨克之下各分左右翼设置。

漠北喀尔喀部蒙古遣使朝贡始于清太宗时期，经多尔衮摄政时代继续推动，至世祖亲政几经周折，终使强悍的喀尔喀蒙古完全臣服。此后，它即同漠南蒙古一样，成为清朝统治下的一部分，大清的版图由此又进一步向北部拓展。

首赴北京 达赖朝贡

西藏与中原地区很早就有密切的联系，同样，它与清朝建立交往的时间也较早，崇德七年（1642），漠西蒙古和硕特部顾实汗从西北地区进入西藏，成为青海、康定、西藏地区的最高统治者。同年十月，西藏宗教领袖达赖五世罗卜藏木错，派遣伊拉古克三呼图克图与厄鲁特蒙古戴青绰尔济等，万里迢迢前往盛京（沈阳），向清朝通好，成为西藏与清廷交往之始。藏使在盛京城内居住半年之久，于崇德八年（1643）五月离开，清太宗皇太极派察干、格隆等为特使，随同藏使一同赴藏。一年后，清军长驱入关，西藏方面因路程遥远，消息闭塞，对此一无所知。数年后，才始知中原巨变，江山已经易主。

顺治朝，清政府出于统治全国的需要，与西藏政界、宗教界加强联系，双方相互遣使往还，最后西藏宗教领袖达赖亲自远赴京师，与清朝皇帝朝觐通好，明确了西藏对中央政府的隶属关系。

清朝入关之初，其全部精力用于平定农民军和南明势力，无暇他顾，与西藏也没有什么联系。顺治二年（1645）三月，清军平定陕西，多尔衮以世祖名义颁发恩诏，其中谈到如何联络西藏的问题，规定：乌斯藏番僧应从陕西入贡者，由当地布政司察明，如携有印信、番本咨文，准予照明朝旧例进京朝贡。

西藏距离北京路途遥远，途中多为荒无人烟之地，山高水险，困难重重，走完京藏全程一般需要半年以上的时间。清太宗皇太极派遣的察干、格隆等人直至顺治三年（1646）八月才返回到北京，往返历时3年有余。

由于西藏宗教领袖此前已知悉清朝入主中原，故当察干等由西藏返回时，达赖喇嘛、厄鲁特顾实汗等西藏政教领袖又派遣班第达喇嘛、达尔汗喇嘛等，随清使一同赴京，向大清皇帝“上表请安”，贡献金佛、念珠、普鲁绒、甲胄、马匹等物。摄政王多尔衮接其贡物，则以甲胄、弓矢、撒袋、大刀、鞍辔、银器、缎匹、皮张等物回赠，既有赏赐之意，也有答谢和笼络的目的。西藏使者进京后，除转呈达赖等人的贡表，班禅呼图克图、巴哈呼图克图、鲁克巴呼图克图、伊尔扎尔萨布呼图土克图、萨思夏喇嘛、额尔齐东呼图克图、伊思达格隆呼图克图、诺门汗等西藏宗教领袖亦“各上书请安，并献方物”。

顺治四年（1647）二月，多尔衮派遣喇嘛侍卫格隆等赴藏，向他们表示慰问，各赐给金玉器皿、缎匹、雕鞍、甲胄等物。清藏两地相互慰问，互赠礼物，遣使往来，这一系列活动促进了双方关系，西藏遣使朝贡变得日益频繁。

顺治六年（1649）八月，达赖遣使至京贡献“方物”，并上表说：他将于壬辰年（顺治九年，1652）夏月，入京朝见皇帝。达赖主动提出赴京觐见，显见是对清朝充满向往，对加强与中央政府的关系十分积极。同年十一月，达赖遣噶布初西喇布，厄鲁特部顾实汗遣墨尔根和硕齐等，一起来京朝贡。朝廷对他们予以厚赏：赐达赖银器、雕鞍、文革；赐顾实汗甲胄、腰刀、雕鞍、银器、彩币、文革、玛瑙、尊爵；赏给两位使者甲胄、弓矢、刀鞍、银器、纻丝等物。

顺治七年（1650）七月，达赖遣使入京，贡献舍利子等佛家宝物。八年（1651）正月，正值传统佳节，达赖、班禅及顾实汗等各遣使“上表问安”。三月初一日，世祖刚刚亲政，即登临太和殿接见达赖所派使臣。几天后，世祖决定派使臣携带谕旨和礼物前往西藏，正式邀请达赖来京会面。同月，达赖、顾实汗“各遣使贡方物”。四月初一日，多卜藏古西等人受命赴藏，执行世祖邀请达赖进京的使命。

至顺治九年（1652），达赖如约赴京。是年八月，达赖遣使先至京城，提出约定觐见之地，或在归化城（今内蒙古呼和浩特），或在代噶地方（此地不详，约在长城以北某地），请皇帝裁定。世祖答复：近因西南用兵，军国重务系身，不便出边相见，特遣亲王大臣前往迎接，以便在边内近地会面。

达赖在送出约见请求之时，已率3000人出发上路。他接到世祖谕旨后，又请示说：边内多疾疫，应在边外相见为好。世祖当即同意，选定在代噶地方等候达赖一行。世祖提出亲自出边迎接达赖后，经大学士洪承畴等人一再劝说，才改变主意，改派和硕承德亲王硕塞与内大臣等人代其往迎。

顺治九年（1652）十二月十五日，西藏宗教领袖达赖喇嘛历经长途跋涉，终于到达北京。这是自崇德七年双方建立联系后，历经10年之久才实现的西藏领袖与清朝皇帝具有历史意义的会见，标志着西藏重新纳入新的中央政权统辖之下。为迎接达赖一行到来，世祖亲至南苑举行隆重的欢迎礼仪，宾主皆大欢喜。次年二月，达赖喇嘛因水土不服，上疏要求归藏。世祖批准后命济尔哈朗在清河为达赖饯行，仍派承德亲王硕塞送至代噶地方，一路由八旗官兵护送。

顺治十年（1653）四月，世祖向达赖喇嘛颁发封号、金册、金印，命礼部尚书觉罗郎球、理藩院侍郎席达礼等人前往代噶，面赠达赖。当时，所封达赖的称号是“西天大善自在佛所领天下释教普通瓦赤怛喇达赖喇嘛”。所颁金册之文，用满、汉、藏三种文字书写。

在重视达赖喇嘛的同时，朝廷也没有忘记恩封西藏当地的其他执政者，如提前册封厄鲁特顾实汗为“遵行文义敏慧顾实汗”。

清朝对达赖和顾实汗等人的册封，明确了他们对清政府的隶属关系，这使得青海、西藏地区明确成为清朝政府不可分割的组成部分。除此之外，青藏地方领袖的归顺和觐见，还直接影响到新疆地区，使吐鲁番等各部也开始遣使贡献驼马和其他方物，为其纳入清朝版图奠定了基础。

活捉永历 海内归一

南明势衰　平定在即

清朝自入关以后，用了较短时间即平定了全国大部分地区，唯独在东南沿海之地，一直有永历政权的南明势力与清对抗，永历小朝廷坚持时间久，势力范围广，成为清朝的心腹之患。

自顺治九年（1652）开始，因李定国指挥南明军队进攻广西桂林取胜，使清定南王孔有德遇害，清王朝便将战争焦点集中于湖南、广西、广东、贵州诸省，派出大量军队征剿，最后将永历政权铲除，这一过程除了有诸多满族将领作统帅，另外贡献最大的，当属大学士洪承畴与平西王吴三桂。

顺治九年（1652）李定国攻陷桂林后，南明军队继续北上，攻城复地，占据了湖南多处城镇和要塞。七月，清廷任命和硕敬谨亲王尼堪为“定远大将军”，统率清军往征湖南、贵州。同年十一月，清军到达湖南衡州。李定国在衡州西北之蒸水两岸布阵迎战，并设伏诱敌，击杀了清军统帅尼堪。尼堪死时年仅43岁。

永历政权虽然在广西、湖南各地连续取得大捷，但这种优势并未能保持下去，而是很快由攻势转入守势。究其原因，一方面是清朝不断向湖南、贵州、广西各地增兵救援，另一方面是南明政权内部再次出现矛盾，统治集团发生内讧，孙可望操纵权力，不断破坏李定国的军事计划，导致南明的军事局势转向低落。

顺治十年（1653）二月，清“定远大将军”吞齐率军至湖南永州（今湖南零陵），李定国、马进忠率马步兵4万迎战，因布局失利而战败。孙可望自率部队至靖州，再进至宝庆，冯双礼率兵至武冈州，以迎战清军。清军自永州向宝庆进发，于三月十七日在周家坡与孙可望、冯双礼所率10万部队交锋，双方展开激战，南明军被击败，孙可望逃回贵州。此后，清军很快收复武冈、靖州、沅州、黎平等地。

李定国率部败退后，经广西与湖南交界处的龙虎关进入广西境内。之后他东进广东，与尚可喜军相遇，双方展开战斗。李定国先败于广东肇庆，再败于已被清军收复的广西桂林，但他又攻取了广东高州、雷州、廉州所属府州县。

顺治十一年（1654）四月，李定国军攻下广东罗定、新兴、石城、电白、阳江、阳春等城。十一月，清援军不断进入广东，李定国迫于兵力不足，被迫撤往广西。第二年二月，李定国在广西兴业、横州等处连遭失败，率部退守南宁，此时其军队已所剩无几。南明军队从顺治九年（1652）全面出击、士气高昂，到十二年（1655）损兵折将、逐渐退缩，最终转入云贵两省，已无力再向外部扩展。

顺治十三年（1656）四月，都察院左副都御史魏裔介上疏：“天下民生所以不安者，以云贵孙可望、海上郑成功也。”永历政权占据着云贵地区，郑成功占据着东南沿海地区，它们是威胁清朝稳定的力量，也是朝廷必须解决的问题。

早在顺治十年（1653）六月，清政府即采取一项重大措施，任命大学士洪承畴为湖广、广东、广西、云南、贵州五省经略，“总督军务兼理粮饷”。正如世祖所说：“遍察廷臣，惟尔克当斯任。前招抚江南，奏有成效，必能肃将朕命，绥靖南方。”从这番话看出，洪承畴所受到的宠信无以复加，朝廷给他的权力也达到了极限。最后，世祖表示：“功成之日，优加爵赏，地方既定，详筹善后，即命还朝，慰朕眷怀。”[①]清朝任命洪承畴为五省经略兼总督，为下一步任命吴三桂进征云贵做好了准备。

吴三桂在完成出征陕西、四川战役后，驻防在汉中地区。他时刻关注着南方战事，并向朝廷提出“进取滇、黔皆有基，而接济亦可资一臂之力”，表示他已做好准备，可随时听命率军南下攻打南明。

孙李内讧　秦王归降

顺治十四年（1657）九月，南明永历政权的重要人物——秦王孙可望携妻子奔赴长沙，向五省经略兼总督洪承畴投降。孙可望降清，为清朝铲除永历政权提供了一个难得的机会，创造了必要的条件。世祖抓住这一有利机遇，迅速采取行动，委派吴三桂远征云贵。

孙可望降清，是他与义兄李定国火并、永历政权内部严重腐败的结果。孙、李两人构隙缘起于孙可望一意尊大并处心积虑地谋取权力。李定国与孙可望同属张献忠义子，地位同等，只是从年龄上论孙可望为长；但李定国个性倔强，对孙可望的行事风格和专权行为颇为不服，孙可望则对其百般压制，尤其嫉妒李定国的能力与威望，唯恐其战功超过自己，这样两人之间的矛盾日积月累，嫌隙日深。早在李定国取得桂林大捷后，孙可望便十分眼

① 《清世祖实录》卷76，顺治十年六月戊辰。

红，而李定国也以此为资本，不再接受孙的约束，这使孙可望无法容忍，最后动了杀机，定计约李定国至沅州（今湖南芷江）会面，准备在宴会上将其除掉。不料此消息意外泄露，李定国长叹：“本欲共图恢复，今忌恨如此，安能成功！”随即率部出走广西。孙可望施计不成更为恼怒，他探知李定国驻兵柳州，便派部将冯双礼率3万人马前往攻袭。李定国焚烧粮草而走，并回师击败追兵。

李定国、孙可望两人因政治目的不同，对待永历皇帝的态度也存在差异，并因此造成两人彻底决裂。李定国忠君效力，诚心拥戴永历皇帝；孙可望则有野心，企图利用自己掌握军事实权来操纵朝政，将永历皇帝置于傀儡地位。永历政权建立之初，尚有一批地方军阀和将领参与朝政，但随着几年的战争消耗，这些人已经所剩无几。孙可望加入南明时，带来5万多精壮军队，使永历政权得以起死回生，他也因此成为朝中举足轻重的首臣，小朝廷中的文官不敢与其相抗，武将亦听命于他，这使得孙可望更为跋扈，在朝中公然结党营私，一度欲逼永历帝“禅让”。此谋不成，他便陷害忠良，为所欲为，自设内阁，自铸大印。永历皇帝受到孙可望逼迫，日夜忧惧，便把希望寄托在李定国身上。

顺治十一年（永历八年，1654）三月，永历帝密传旨诣，命李定国统兵入内“勤王”。消息泄露后，孙可望大怒，即以皇帝名义下诏严惩参与其事者，大学士吴贞毓等为首18人遭到逮捕，并全部被处死。

顺治十三年（1656）三月，永历帝在安隆密诏李定国迎驾，孙可望则欲迁往贵阳。永历帝故意放慢行进速度，以便与李定国会合。当时，李定国进攻广东新会刚刚失败，他带领所剩6000兵卒赶赴安隆，保护永历帝撤离，向西经安南（今贵州晴隆）、普安进入云南境内，再经曲靖直达昆明。此后，永历小朝廷即以孙可望原居为宫室，以昆明为“滇都”。为表彰李定国等人的护驾之功，永历皇帝册封李定国为晋王，封刘文秀为蜀王，其他有功人员亦皆得封赏。

孙可望得知永历帝已被李定国迁往昆明，内心十分痛恨。他想发兵征讨，却因家眷皆在昆明而无法下手。永历帝还是希望孙可望与李定国和好，便派巩国公白文选前往贵阳安抚孙可望，但被孙拒绝。八月，李定国奏请永历皇帝，将孙可望留在昆明的家眷送往贵阳，使之团聚，以此表达自己的善意。孙可望对永历帝及李定国的善意并不领情，他以家眷送还再无后顾之忧，于顺治十四年（永历十一年，1657）八月悍然起兵，率6万兵马挥军直趋昆明，以征讨永历君臣。九月初，李定国率3万余兵在曲靖大败孙可望军，孙侥幸逃脱，随剩者仅二、三百骑。逃回贵阳后，左右皆叛，孙可望到了山穷水尽的地步，只剩下投降归清一条路。

十一月五日，孙可望携妻子及属官百余人及数千官兵，至保庆（今湖南邵阳）向清军投降，受到当地将吏的优礼相待。之后，孙可望被清军护送到长沙，总督洪承畴予以接见，正式接受孙可望归降。十二月十日，孙可望在长沙剃发归清。世祖接到孙可望投降的奏报，十分惊喜。他于十二月六日颁发敕谕，封孙可望为“义王”，并写了许多赞赏与鼓励的话。孙可望对此感激万分，当即写下感恩奏折，表达恭顺朝廷的意愿。

二十八日，世祖为孙可望颁发义王册印，特遣内翰林弘文院学士麻勒吉为正使，礼部尚书胡兆龙、礼部右侍郎祁彻白两人为副使，前往长沙敕送册印。孙可望的总兵官程万里因参与联络，属首降之功，也受到特别嘉奖。

孙可望接受册封后，马上被宣召进京。他为报答清朝厚恩，献上滇、黔地图，力陈攻取云南战略。此前他在宝庆降清时，已先呈上一份奏疏，建议清军发兵云南，一是为他雪耻，二是收复云、贵、川之地，使之“尽入于皇上之版图”。他特别提醒世祖要早做决策，以防“李逆（定国）收聚望（指他自己）兵，踞占望土，则整顿既妥，动摇必难，他日皇上西顾之忧正未有艾”。他请求要抓住这难得时机出兵，使“皇上一统之业永固”[①]。

时机成熟　数路并发

孙可望降清与建议出兵云南，为吴三桂南征永历政权提供了条件。果然，吴三桂呼应孙可望的建议，上疏朝廷，提出：“孙、李治兵相攻，今可望投诚归化，变化之际人心未定，大兵宜速进贵州。此卞庄刺虎之时也。”[②]

世祖综合判断，意识到剿灭南明政权的时机已经成熟。他不再犹豫，于顺治十四年（1657）十二月中旬，连续颁布进军云贵的命令。他首先颁诏给吴三桂和李国翰，“特命王（吴三桂）为平西大将军，同固山额真侯墨尔根侍卫李国翰统兵进讨。尔等统领所属官兵及汉中、四川各官兵，由四川前往贵州，相机进取”。诏书还对军队攻伐防守，对永历将吏政策以及军队纪律等做以规定，以体现“定乱救民”的方略。世祖希望吴三桂、李国翰受此重任，能够“殚尽心力”，“务期收取贵州，剿荡逆寇”，早日凯旋。

与此同时，世祖给固山额真赵布泰颁发敕谕，授其为“征南将军”，会同提督线国安所属官兵及湖南调发官兵为一路，“由广西前往贵州，相机进取”；任命固山额真宗室罗托为“宁南靖寇大将军”，会同固山额真济席哈及洪承畴调去的官兵为一路军，“由湖南前往贵州，相机进取”。

以上三路大军的进军目标是攻取贵州，之后再由贵州南下，“即宜乘机进取云南”。洪承畴身兼五省经略之要职，世祖指示他可与罗托大军同行，或随大军之后而行，总管一切事务。

① 参见朱诚如主编（李治亭分卷主编）：《清朝通史·顺治朝分卷》第563～546页。

② 《庭闻录》卷3，《收滇入缅》。

同时，世祖又派遣一军直接进取云南。顺治十五年（1658）正月初九日，世祖任命多罗信郡王多尼为“安远靖寇大将军”，会同多罗平郡王罗可铎，多罗贝勒尚善、杜兰，固山额真伊尔德、阿尔津、巴思汗、卓罗等将士“进取云南”，这表明世祖想趁永历政权内乱之机，尽力剿灭南明势力的必胜决心。

顺治十五年（1658）二月二十五日，各路大军按照计划，开始出征前的各项准备。五省经略洪承畴奏报：截至二月初九日，湖南方面军已准备就绪，除留下部分官兵分守各要隘地方，“总计湖南原有提督、总兵各镇官兵俱已全发，进取贵州。”另有一支3000人部队，“精练火器，素称强壮”，由总兵张国柱率领，先赴广西，等线国安、赵布泰部队到达，再一起进征。他又上书报告：赵布泰部已于二月初一日自武昌出发，预计初十日可达长沙，与他会面后再去衡州，二十日赴广西。世祖指示，孙可望下属投诚各官，有熟悉贵州、云南地形之人，可随军为向导。洪承畴与孙可望商量，选出19人，他从中挑选4人，交与罗托军前效力，另拨出5人给赵布泰，其余10人留在自己身边，以听候调用。

清朝此次出兵贵州，出征的将领多为皇室贵胄，如信郡王多尼是多铎之子、太祖之孙，以23岁受命为“安远靖寇大将军”，年轻有为；受命为“宁南靖寇大将军”的罗托是郑亲王济尔哈朗之兄，久经战阵，屡建功勋；赵布泰是卫齐之子、名臣费英东之后，英勇善战。至于洪承畴、吴三桂、李国翰等一批汉将，他们文武兼备，善于用兵。世祖点派各路将领，组成强有力的指挥集团，其目的就是为了保证战争的顺利进行。

吴三桂与李国翰率西路军自汉中起兵，经四川，挺进贵州。他们率军抵达四川重庆之时，永历将领杜子香据守该地，却不战而逃让出重庆。吴三桂命永宁总兵官严自明留守。清军渡过綦江后，经四川与贵州交界的东溪驿（今四川东溪）、安稳寨（今四川境内）进入贵州省境，所经之地的南明诸将纷纷归降，在占领遵义时又获得当地储备的3万石军粮，使吴军得到充足的给养。

此时，中路由湖南出兵的清军也进展顺利。该路清军由镇远（今贵州镇远）进入贵州，击败驻守贵阳的南明守军，明将马进忠逃回云南，巡抚冷孟钰被俘，他拒不投降，被处死。而由广西进入贵州的东路军，在赵布泰统率下也呈上捷报，其所过地方，“俱来就抚”。

攻下云贵　缅甸俘敌

五月二十一日，吴三桂率军进入贵阳，与宁南靖寇大将军罗托所部会师。清军自进入贵州以来，声势浩大，影响强烈，南明军队纷纷放弃抵抗向清投降。吴三桂占领贵阳后，又有一批明将率部属及家口前来投诚。但在七月二十八日，清军将领李国翰病逝于遵义。

清军进入贵州后，因军队粮饷供应困难，三路大军分别驻扎：吴三桂军驻于遵义，赵布泰军守独山州（今贵州独山），罗托军守贵阳。他们一方面休整待命，一方面为下一步进攻云南做准备。很快，世祖下达进兵云南的命令：“如云南有机可乘，大兵马匹行得，即乘势进取，不必候旨。如大兵马匹疲弱，候安远大将军（多尼）到日，三路进取云南。宁南靖寇大将军（罗托）驻贵州，俟开服云南，回荆州。”[①]

为集中统一指挥，世祖特命身份显赫的多尼为各路军总指挥。顺治十五年（1658）九月，多尼率军自荆州南下，到达平越（今贵州福泉）。他立即召集吴三桂、洪承畴等各路将帅赶到平越附近的杨老堡召开军事会议。吴三桂闻讯自遵义南驰300公里，及时赶到平越。会议于十月五日在多尼主持和

① 《爝火录》卷28，秋七月二十八日。

众人商议下制订出进攻云南方略，大军仍分为三路：以吴三桂为北路军，自遵义出兵，取道水西（今贵州黔西），攻取七星关，至昆明，计行程750余公里；以赵布泰为南路，自都匀出师，沿广西、贵州边界，经平浪、永顺（今广西板岭东），出安隆所，直趋黄草坝（今贵州兴义）、罗平州至昆明，计行程900余公里；多尼自为中路，由贵阳出兵，经关岭、铁索桥，进云南至昆明，行程500余公里。三路大军约定：于十二月会师昆明。会议还决定：贝子罗托同洪承畴留守贵阳，以督理大军粮饷。

清军准备进攻云南的消息传到永历小朝廷，永历帝慌忙命李定国部署迎战。自孙可望降清后，李定国已成为南明政权的唯一支柱。当此危难之机，李定国承担起救亡图存的重任，他指挥诸将迎敌：以大将冯双礼扼守鸡公背，阻击多尼中路军；以大将张先璧守南盘江之黄草坝；李定国则自率一军守于北盘江的铁索桥。同时，李定国另遣白文选出西路，率4万人守七星关（今贵州六冲河），并推进至生界立营，摆出进攻遵义的态势，实则为是了牵制吴三桂军，以保证其他三路部队能顺利阻击清军。

可惜，李定国此番部署为时已晚。本来，多尼来贵州之前，尚未确定清军进攻云南的方略，三路部队各驻一处不相统属，如果其时李定国能抓住时机集中优势兵力，进击清军中的疲弱之兵，很可能奏效，变为主动。但李定国誓师后并未马上行动，而是观望徘徊，终于丧失了大好战机。待清军分三路向云南大举进攻之时，李定国率部出击已为时过晚，其部署的南明三路军因彼此隔绝，地处险山峻岭之间，根本无法形成有效的合力。

十一月初十日，吴三桂率大军自遵义起程，直扑白文选守卫的七星关。吴军以智取关，迫使白文选弃关逃往云南。此路清军于十二月三日进抵乌撒军民府。信郡王多尼一路军，渡过盘江，击败白文选部2万兵马的抵抗，迅速向昆明推进。赵布泰一路军从都匀进发，直取安隆。李定国率3万将士倍道赶来，以增援当地南明军。双方在安隆附近的罗炎河、凉水井一带展开激战，南明军战败，李定国弃营败走，各镇官兵也一哄而散。赵布泰于是由普安州进入云南。

此后，多尼率军于鸡公背击败明将冯双礼，追击至北盘江，南明将领争相逃奔，李定国孤军难支，便下令焚毁铁索桥，率军退回昆明，白文选也从间道逃回。李定国所布置的三路大军损失惨重，兵民死难不下三四十万，南明精锐兵力毁于一旦。

至十二月中旬，清朝三路大军会师于云南曲靖，距离昆明不过数百里之遥。永历政权已面临最后的危局。李定国回到昆明后，请求永历帝撤离昆明。君臣经争论之后，决定先撤离昆明暂避他处。在撤离昆明之前，李定国发布通告，号召官民百姓各自远逃，以避免清军入城之祸。于是，全城内外哭声鼎沸，百姓惊慌失措，纷纷携家带口逃命。

十二月十五日，永历君臣及守军全部撤离昆明，城内成千上万的居民也随之一起疏散，人、马、车辆壅塞道路，一片狼藉，人们哭喊之声不绝于耳，永历君臣自此踏上流亡之路。

顺治十六年（1659）正月初三日，吴三桂与另外两路大军浩浩荡荡地开进昆明城，随后即以多尼驻防昆明城，吴三桂、赵布泰则率部继续追击永历君臣。二月初，吴三桂军先后攻占镇南州（今云南南华）、楚雄、中甸，在玉龙关击败明将白文选、张先璧、陈胜所部，占领大理。

李定国得知玉龙关失守，急派总兵靳统武率兵保护永历皇帝撤离永昌（今云南保山），于十八日逃到腾越（今云南腾冲）。同日，吴三桂军强渡澜沧江进入永昌。李定国在撤退过程中率精兵断后，于二十日渡过潞江（今怒江）。他在离江10公里处看到一座名为磨盘山的高山，此山位于怒江西岸，为高黎贡山的南段，是一座“鸟道空箐屈曲，仅通一骑”的穹岭。李定国决定利用此处独特地形及清军累胜骄傲之心，在此地设伏攻击。经过仔细考虑，他设伏三道，每处各布精兵2000人以专候吴三桂军入伏。

二月二十一日晨，吴三桂率大队人马渡过怒江进至磨盘山下。他环视四周，只见群峰丛峙，林木茂密，高矗的山腰间只有一条屈曲的小路。此时，周围不见南明军一兵一卒，只有鸟雀飞鸣而过。吴三桂即下令全军进发，成一字长蛇阵鱼贯登山。不知不觉间，清军已有一万余人进入山中，先头部队已经进到李定国设下的第二道伏击圈。

突然，永历政权大理寺卿卢桂生身着便装跑向清军投降，向吴三桂泄露了李定国的设伏计划。吴三桂闻报大惊失色，他急令全军停止前进后撤，并对准小路两侧的沟汊、树丛猛发箭矢和火炮。南明军指挥“初伏”的将领窦民望见埋伏已被识破，即发炮出战，第二伏、第三伏也随之而起，一场短兵相接的肉搏战开始了。由于清军只入初伏，全军多在山下，因而很快组织起反击力量。战斗中，南明将领窦民望中弹身亡。

战斗打响之时，李定国正立于山顶，一听号炮失序，他很是惊异，只好被迫指挥督战。从早晨一直激战中午，双方均伤亡惨重。这时，征南将军赵布泰与多尼部队及时赶到支援吴三桂，很快扭转了战局。明军大败后，李定国于当夜率残部撤退，因追寻永历皇帝不得而率部转向孟艮。

此次战役明军伏兵6000人，损失了三分之二，清军方面则损失了固山额真沙里布、祖泽润等18名将官及辅国公干图、扎喀纳等人， 已经上山入伏的清军损失近万人，远远超过了明军。由于明臣的告密，吴三桂军避免了全军覆灭，他本人也躲过一劫。战后，朝廷将此战以“败绩”论处，相关将领于顺治十七年（1660）六月分别受到处罚，吴三桂因位尊功高也受到重罚。磨盘山之战结束后，吴三桂率军清理战场，之后便继续追击李定国余部。此后，清军占领了腾越，又往西追击60公里，一直追赶到孟村（今云南梁河西）中缅边界，但仍没有找到永历君臣的下落。

原来，永历君臣连夜赶路，途中许多将官、士卒纷纷叛离，宫女也走失大半。剩余人等见云南境内已无处可逃，便决意投向缅甸。二十八日，永历君臣逃到中缅边境的铜壁关，次日获缅方许可，永历帝仅率愿从者1500人进入缅甸，变成无国无家的真正流亡者，永历小朝廷从此成为名副其实的流亡政权。

顺治十六年（1659）二月三十日，吴三桂与诸将士自中缅边境经永昌、大理、姚安等地胜利班师，回到了昆明。在其返归途中，溃散在云南各地的永历旧部纷纷投降，如永历朝东阁大学士张佐辰、户部尚书龚彝、兵部尚书孙顺、侍郎万年策、都察院钱邦芑等一批官员先后降清。吴三桂从降者中选用部分官员在云南地方任职。

永历君臣流亡到缅甸后，虽然无反击能力，但仍是清朝的一块心病，清政府也必然除之而后快。永历君臣自入缅后，一直受到缅甸方面的严密控制，生活极为困难，甚至遭到虐待。在这种身不由己的环境下，大臣马吉翔等人还在党同伐异，醉生梦死，进一步损耗着自身的能量①。

顺治十七年（1660）四月，吴三桂提出进兵缅甸、殄灭永历君臣，其奏疏得到世祖批准。但他尚未及出征，世祖已不幸病逝。顺治十八年（1661）正月，吴三桂正式统兵出征，迫使缅甸国王将永历君臣引渡给清军，在押解回国后，运至昆明拘禁。经请旨批准后，于康熙元年（1662）四月，将永历帝朱由榔及其太子就地勒死，永历帝时年38岁，其子12岁。随后，永历帝的母亲、妻子在被押解回北京途中，双双自杀身亡。

李定国在逃奔中暂居景线，永历帝死后不久，他也染病身死。其子李嗣兴率余部投降了吴三桂。在永历帝被俘前，明将白文选在进退无路之际，率全军向吴三桂投降，计将吏499员、兵丁3800余人、家口7000余人，共约11299人，另有马匹3260匹、大象12只。白文选归降后，隶汉军正白旗，于康熙元年（1662）被恩封为承恩公。

① 参见朱诚如主编（李治亭分卷主编）：《清朝通史·顺治朝分卷》第575页。

吴三桂以平定云贵之功，尤其是擒获永历帝大捷，受到朝廷的最高嘉奖：将他由平西王晋升为平西亲王，颁发金册、金宝。这次升爵，使吴三桂地位跃居于三位汉姓王（即平南王、靖南王与义王）之上。朝廷颁布决定：命吴三桂镇守云南。此后，他即与镇守广东的尚可喜、镇守福建的耿继茂并称为“三藩”。

数读清史定鼎北京

八

倾心向化

SHUDU QINGSHI
DINGDING BEIJING

仰慕传统 书画双妙

满族崛起于白山黑水之间，素来以弓马骑射、英勇善战而著称。但它自诞生之日起，即对中原地区的汉族文化充满仰慕，倾心接受。

清朝入关后，随着生活区域和文化环境的改变，满族人无论喜欢还是不喜欢，都陷入中原文化的汪洋大海之中。因此，从顺治朝开始，那些善于学习的满族人已开始了汉化的脚步，匆匆向着汉文化的经典内容——文学和艺术进发了。此时，尚为少年的天子福临，也投身到学习汉文化的洪流中，开始了对传统文学、艺术的追求。

从保存至今的顺治朝各种典籍和书画艺术品来看，此时的宫廷贵族，已经在多个领域大胆接纳和吸收汉文化，世祖福临即是满族贵族中仰慕汉文化的佼佼者。

世祖福临6岁随孝庄皇太后等人进入紫禁城，此后的18年中，他都以积极的姿态学习典章、文学以及书法、绘画等传统文化，汲取其中的思想精华，并创造出较高的成绩。

福临即位之初，因多尔衮执掌朝政，疏于学习，不理政事，以至“阅诸臣章奏，茫然不解”。为了改变这种可怕的现状，他“发愤读书，每晨牌至午，理军国大事外，即读至晚……逮五更起读，天宇空明，始能背诵……计前后诸书，读了九年，曾经呕血”[1]。由于他的勤奋努力，加之天赋聪睿，经过数年学习，终于弥补了童年耽误以及民族文化间的差异。亲政后期，他博览群书，精通诸子百家思想，这为他当朝理政，解决朝中军政财经问题，做好了学术、思想、文化诸方面的基础。

在思想文化方面，清政府大力提倡尊孔，宣传儒学和封建礼教。入关当年的十月，世祖皇帝在登极诏书中即宣布：承前代之例，以孔子之后世子孙仍袭封“衍圣公”称号。顺治二年（1645），又钦定孔子神位为“大成至圣文宣王先师孔子”。以多种方式，继续推进儒家思想作为国家统治思想主枢的主导地位。为统治国家需要，世祖在亲政之后，下令翻译、编纂和刊刻了大量汉文史籍和传统典籍，促进了满族人文化水平的提高，并进一步推动了满、蒙古、汉等各民族的大融合。

世祖皇帝对书画创作很有造诣，他能评会赏，甚至可以与江南高僧当面挥毫，以探讨书法运笔问题。据《北游集》记载：“上（世祖）一日问师（木陈忞）：先老和尚与雪峤大师书法孰优？师曰：先师学力既到，天分不如。雪大师天资极高，学力稍欠。故雪师少结构，先师乏生动，互有短长也。先师常语忞：老僧半生务作，运个生硬手腕，东涂西抹，有甚好子，亏我胆大耳。上曰：此正先老和尚之所以善书也，挥毫时若不胆大，则心手不能相忘，到底欠于灵活。”木陈忞回答说：“第忞辈未获睹龙蛇势耳。”世祖说：“老和尚处有大笔与纸吗？”“乃命侍臣研墨，即席濡毫，擘窠书一敬字。复起立连书数幅，持一示师曰：此幅何如？师曰：此幅最佳，乞赐道忞。上连道不堪。师就上手撤得曰：恭谢天恩！”

① 《天童弘觉忞禅师北游集》第三章，《奏对别记上》。

从书法创作来看，世祖用笔上溯钟繇、王羲之，也兼采欧阳询书体。正是因为特殊喜爱笔墨意趣，他对善书之人有着异乎寻常的赏识和喜爱。每至殿试钦选状元之时，他常以书法用笔定优劣。至今在北京故宫的古代建筑上，仍然悬挂着一些世祖的御笔匾额，如乾清宫内高悬着的“正大光明”匾，即为世祖亲笔所书。此匾为黑漆地金字，边框亦为泥金制成，匾内“正大光明”四个大字结体端庄遒劲，气势超然，可一睹世祖的用笔功力。

除书法艺术外，世祖也喜欢欣赏绘画作品。据谈迁《北游录》纪邮卷记载：顺治十二年十二月初七日，“上（世祖）传吴太史及庶吉士严子餐沆、行人张稺恭恂各作画以进，太史方点染山水，明日共进。时朝廷好画，先是户部尚书戴明说、大理寺卿王先土……程正揆，各命以画进”。

在临朝理政之余，世祖亦喜爱丹青创作，由此为后世留下一批别具特色的御笔画作。

从世祖传世的绘画作品看，其用笔深受元代文人绘画及明末大家董其昌风格的影响，画面上浅淡萧疏，追求自我，又不失天机神趣。在临朝理政之余，世祖经常临池挥毫，一展技艺。至今，在故宫博物院，仍收藏有多件世祖亲笔创作的水墨绘画及书法作品。

在绘画实践中，世祖在临仿古人基础上，勤于创作，大胆追求，在继承与创新两个方面均有所贡献。

在承袭古人笔法方面，世祖创作的绘画兼收荆浩、关仝、倪瓒、黄公望之长，尤擅山水画之技，画面上笔意生动，布局简单，其描绘林峦向背、山石明晦之状，颇得宋、元人三味。在故宫博物院所收藏的多件世祖皇帝御笔作品中，其较典型绘画的有墨笔《山水图》轴三幅及《墨竹图》轴、《钟馗图》轴等。

墨笔《山水图》轴，为世祖亲笔所作山水画，创作于顺治十二年（1655），全图结构简略，用笔朴素。上部绘高峰巍峨，逶迤而上，下部绘杂树呈秀，孤亭独处，水岸垒石，平湖宁静。图上部有世祖亲笔自题款：“顺治乙未孟冬，御笔戏写。”款上压钤朱文“广运之宝”大方玺，为世祖绘画的传世精品之一。

出于对绘画艺术的真心喜欢，世祖在世之时，常将自己创作的绘画及书法作品赏赐群臣，以增进君臣感情，提高臣下的艺术水平。顺治十二年，世祖在创作数幅墨笔《山水图》轴后，先后将画作赏赐给大学士金之俊、傅以渐（清朝首位状元）等近臣，使他的绘画跨出宫廷，珍藏于民间。

据清人王士祯《池北偶谈》记载：“康熙丁未（六年，1667）上元夜，于礼部尚书王公崇简青箱堂，恭睹世祖章皇帝御笔山水小幅，写林峦向背、水石明晦之状，真得宋、元人三味。”王士祯赞叹世祖皇帝说：“上（世祖）以武功定天下，万机之余，游艺翰墨，时以奎藻颁赐部院大臣，而胸中丘壑又有荆、关、倪、黄辈所不到者，真天纵也。”由史籍记载及少数世祖传世作品看，世祖擅作擘窠大字，绘画则多小幅山水画、简笔花卉、人物等。

在艺术实践中，世祖很喜爱传统的竹主题绘画，他所创作的《墨竹图》，所绘竹子构图疏密有致，落笔清润流畅，竹竿、竹节、竹枝、竹叶均笔笔相应，一气呵成。所作竹林劲秀挺拔，生机盎然，将竹子孕育的“刚、柔、忠、义”四种德行充分表达出来，反映他在艺术上的追求与对一统江山成竹在胸的理解。

钟馗是古代传统绘画的常用题材之一，历代文人和宫廷贵族都喜欢钟馗的艺术形象，将其创作成“门神”或中堂画幅，以逐鬼驱邪，保卫家园。世祖皇帝对钟馗题材的风俗绘画饶有兴致，也经常创作该类主题画。从传世作品看，世祖于实践中挥笔泼墨，造型洗练，使钟馗的形象洒脱地映于纸上。其用笔虽简约刚硬，却亦足见绘画功力的深厚与用心。

另据古代画史记载，世祖在其擅长的水墨山水、花鸟画创作之外，在艺术上还曾有极其特殊的贡献，即以指墨画闻名于世。有清一朝，满族画家高其佩以其独创的指头画而享誉画坛，但在实际上，世祖皇帝却是首开清代指画艺术的先河者，可以说是开创了清代指画艺术的门类。只是由于相关传世作品匮乏，无法找到世祖首创指画的最有力实证。

清人张庚在其著作《国朝画征录》中记载：世祖皇帝“尝以指上螺纹作渡水牛，神肖多姿。自后臣高其佩等皆擅长指墨，其法实始自世庙也”。又据王士祯《池北偶谈》记述说：“戊申（康熙七年）新正五日，过宋牧促慈仁寺僧会，恭睹世祖章皇帝画渡水牛，乃赫䗁纸上用指上螺纹印成之，意态生动，笔墨烘染所不能到。又风竹一幅，上有‘广运之宝’。”

指画艺术是清朝画坛上的一个特殊门类，经过康熙时期领军人物高其佩开创指头绘画闻名，其后继者有朱伦瀚、甘怀园、李世倬、高秉、瑛宝等人，均在画史上占有一定地位。世祖皇帝所作指画远早于高其佩，若是仅从指画艺术开创的角度来看，也确实是难能可贵了。

世祖皇帝的笔画、指画艺术品均十分娴熟，独具特色。他对于书画艺术的真心爱好与不懈创作，并不仅仅创造出水准较高的艺术作品，也极大促进了清朝皇族成员对书画艺术的浓厚兴趣，故具有更为深远的社会影响力。

世祖皇帝所创作的书画艺术品，有的还以碑刻形式保存于世。如顺治十七年（1660）五月，高僧木陈忞离京南返，世祖皇帝特书“敬佛”两个大字相赐。清初文豪王士祯称赞世祖书体说：西山新法海寺，“殿有巨碑，刻敬佛二字，笔势飞动，世祖御书也”。

同年冬，世祖又另写唐朝岑参《春梦诗》一幅，专门赐赠僧人木陈忞，以表达自己的事佛之心。此件御笔书法作品，保存于前门善果寺木陈忞弟子旅庵手中，由其传予后世。

一 执迷释迦 心向佛

民族信仰多元　册封五世达赖

满族人最初信奉的宗教，乃是北方民族大多奉行的原始宗教——萨满教。由于萨满教属于多神教，可以众神共奉，他神参与，这就使满族人从一开始，即可以按照自己需要引入其他民族的宗教。这样，早在太祖努尔哈赤时期，便已在本民族中盛行佛教、道教、喇嘛教等汉族和蒙古族人等信奉的传统宗教。

清朝入关后，受中原地区普遍信仰佛教的影响，许多满族人逐渐开始信仰佛教。宫廷中信仰佛教更甚，皇帝、皇后及其他皇室成员大多奉行佛教教义，甚至对蒙古、藏地区的藏传佛教，在清初时期即已经开始有信奉之举。如顺治九年（1652），世祖在北京隆重款待朝觐的五世达赖喇嘛，就是清宫与藏传佛教的重要纽带之一。

册封五世达赖这一事件发生于顺治九年（1652）。是年十二月，五世达赖喇嘛进京朝觐。十五日，五世达赖抵达京师，奉诏在南苑谒见世祖皇帝。

此后，他下榻于清廷专门为迎接他而修建的仿藏寺院西黄寺内，并且多次受到世祖皇帝设宴款待。平日里皇帝御临宝座，五世达赖喇嘛也同时登殿，接临皇帝而坐，其位在群臣之上。此外，世祖还赏赐给五世达赖喇嘛大量的黄金、白银、缎匹、珠宝和鞍马，五世达赖喇嘛则为世祖诵经祈福，双方关系日渐深厚。

至今在西藏佛教圣地布达拉宫，仍然保存着《五世达赖进京朝觐顺治皇帝图》壁画，具体描绘了此次五世达赖喇嘛到达北京后，接受世祖皇帝隆重接见的场面。全图绘画世祖皇帝和达赖喇嘛平坐于画面中心，周围满是佛教神像、建筑与鲜花、植物，全图以绚丽的色彩烘托出热烈欢快的气氛，生动地再现了达赖入京这一重大史实。

顺治十年（1653）二月二十日，五世达赖辞归，清廷派和硕承泽亲王硕塞同贝子顾尔玛、吴达海率八旗官兵护送至代噶地方。四月二十二日，世祖皇帝遣礼部尚书觉罗郎球、理藩院侍郎席达礼等将册封达赖喇嘛的满、藏、汉三体文字金册、金印送往代噶地方，又封其为“西天大善自在佛所领天下释教普通瓦赤喇怛喇达赖喇嘛”，从此西藏地区的宗教领袖有了“达赖喇嘛”的正式称谓，而后来的历世达赖，亦都必须经过中央政府册封，形成了明确定制，确定了清朝在西藏的主权地位。

清朝与西藏地方的宗教联系，主要是采取利用和扶持格鲁派的手段。格鲁派不仅在西藏地区广为流传，特别是在三世达赖时期风靡蒙古地区，使许多蒙古人皈依格鲁派，这就使得蒙古地区因藏传佛教的关系，而对清政府更加顺从和听命，极大地促进了蒙、藏地区的稳定与和平。

对佛由贬转崇　终至痴迷沉醉

尽管世祖皇帝如此重视达赖喇嘛，但当时他在心里并不崇信佛教，而是希望以传统的文教来治理天下。他在亲政之初，常与儒臣探讨治国之道，对佛教甚至有所讥讽。顺治十年（1653）正月，他与大学士陈名夏商讨治乱之道时，曾对喇嘛僧道等公开加以贬斥，他说："喇嘛竖旗，动言逐鬼，朕想：彼安能逐鬼，不过欲惑人心耳。"陈名夏赞同说："皇上此言，真洞晰千载之谜，尝谓有道之世，其鬼不灵，光天化日，岂有逐鬼之事。"，世祖又说：孝子顺孙追念祖父母和父母，"欲展己诚，延请僧道，尽心焉耳，岂真能作福耶"？陈名夏回奏："有学识之人，必不肯延僧道，为此者，多小民耳。"①

但可能与太监影响有关，从顺治十四年（1657）起，世祖皇帝开始热衷于佛教，曾先后多次宣召多位高僧至京，与之参禅论佛，进而崇信佛教，直至发展到对佛教无以复加的顶礼膜拜。当然，在顺治晚期，由于世祖皇帝对佛法已经具有深层感悟，再加上顺治十五年（1658）正月他心爱的小儿子夭折、十七年（1660）八月心仪的董鄂妃病逝，一次次的打击使他意志消沉，感情受挫，一度产生剃度出家、遁入空门的想法。所有这些，最终促使他对于佛教的全心投入与痴迷。

世祖皇帝在宫中召见的第一个僧人，是南方高僧憨璞性聪。此人为福建延平人，18岁即出家为僧，其师为百痴行之，师祖系费隐通容。顺治十三年（1656）五月，憨璞性聪住于京师城南海会寺。翌年年初，世祖皇帝驾临南海子，途经海会寺时，曾入寺召见憨璞性聪，两人相叙甚欢。同年十月初四日，皇上又召憨璞性聪进宫，于万善殿会面。世祖提问："从古治天下，皆以祖祖相传，日对万机，不得闲暇，如令好学佛法，从谁而学？"高僧答曰："皇上即是金轮转世，夙植大善根、大智慧，天然种性，故信佛法，不化而自善，不学而自明，所以天下至尊也。"憨璞性聪的巧言奉承，讨得世祖

① 《清世祖实录》卷91，顺治十年正月丁酉。

的欢心。

在宫中，憨璞性聪还努力与御前太监建立联系，他创作的《憨璞性聪语录》中有赠太监之诗十首。其题目分别为：示太监澄寰何居士，寿司礼监弗二曹居士，赠太监总理振宇陈公，示太监明山李居士，示太监君弼谢居士，赠太监瑞云马居士，示太监珍宇程居士，示太监海藏李居士，示太监竹书王居士，示太监义山许居士。这些诗词都对太监歌颂备至，使得他在宫内大受欢迎。此后，世祖皇帝对佛教事宜开始热心，又陆续召见国内其他几位著名的高僧，如有玉林琇、木陈忞、茆溪森等人。

顺治十五年（1658），世祖亲赐高僧憨璞性聪法号为“明觉禅师”，派他住持悯忠寺，使得佛教法事日益兴盛。其后，憨璞性聪按照皇上所好，又列荐了一些南方高僧，随后，玉林琇、木陈忞、玄水杲等人先后至京，进入宫中与世祖参禅论佛，有的竟达10日之久。随着学佛深入，世祖先后向玉林琇、木陈忞二位大师学习禅理，除与他们以师兄相称，还分别赐封两人“大觉禅师”和“弘觉禅师”法号。

玉林琇，原籍为江南蓉城人，幼年时虔诚奉佛，悟道甚早，23岁即就任湖州报恩寺住持，声名远扬，与憨璞性聪师祖费隐通容为同辈。经憨璞性聪推荐，世祖皇帝于顺治十五年（1658）九月传诏江南，请玉林琇入宫说法。但玉林琇故作清高，卧病不起，且以母未葬为辞，推谢不应，直到翌年（1659）正月，才姗姗启程，至二月十五日入京见帝。

在与世祖皇帝的面晤应答中，玉林琇详述高深的禅理，巧妙奏对，使世祖深为折服。此后，皇上便屡次亲至高僧馆舍中请教佛道，以禅门师长相待，并请其为自己起用法名，并说：“要用丑些字样。”玉林琇书写了十余字呈上御览，“世祖自择痴字”，高僧则用龙池派中“行”字辈，即为世祖取法名为“行痴”。从此，皇上再致玉林琇御札时，“悉称弟子某某，即玺，帝亦有‘痴道人’之称”。

对于玉林琇诸弟子，世祖则“俱以法兄、师兄为称”。世祖在逐渐感悟佛法奥妙之后，曾发出“吾本西方一衲子，为何落入帝王家”的喟叹。由于世祖皇帝对玉林琇越来越重视，在初赐其“大觉禅师”称号之后，又晋封“大觉普济禅师”，后又加封“大觉普济能仁国师”，使其身份日渐提高。玉林琇于顺治十六年（1659）四月十六日出京后，次年（1660）十月十五日应召再次入京，至第二年二月十五日才返回江南，可见其在世祖心中的重要程度。

木陈忞是在玉林琇之后进入宫廷的又一位南方高僧，但他与世祖皇帝相伴的时间更久，对世祖的影响也更大。木陈忞，乃广东茶阳人，出身于书香门第，早年修行，明崇祯十五年（1642）住持宁波天童寺。顺治十六年（1659）九月奉召入京，翌年五月南返。木陈忞连续在京八个月，颇受皇上尊崇，命其于万善殿下榻。木陈忞在京期间，经常接受皇上会晤和请教。世祖自视为其弟子，除亲赐其法号外，平时尊称他为“老和尚”。两人时常谈古论今，臧否人物，评议时文，探讨诗词书画、小说文章，话题广泛，见解相同。世祖对于木陈忞创作的书法十分赞赏，誉其楷书是“字画圆劲，笔笔中锋，不落书家时套”。高僧南归前夕，皇上依依不舍，坚持要他留下两名弟子，以便今后切磋。木陈忞遂留下旅庵本月和山晓本皙二人，命其定居京师善果寺内。

玉林琇的大弟子茆溪森，相伴世祖皇帝时间最久，前后共有一年半的光景。茆溪森，为广东博罗人，官宦子弟，其父黎绍爵曾任明刑部侍郎。茆溪森与皇上相处最久，奏对最为默契，因此甚得世祖皇帝宠爱。皇上多次欲封他为禅师，但茆溪森因自己师父玉林琇已获禅师之名，不便同时受封，便力辞其赐。世祖皇帝于是亲笔御书“敕赐圆照禅寺”匾额，命杭州织造派人恭悬于茆溪森昔日住持的浙江仁和县龙溪庵，从此，龙溪庵便更名为“圆照僧寺”。

顺治十七年（1660）三月十六日，世祖皇帝命人将自己御笔所书的“敬佛”两个大字，錾刻于石碑之上。碑额刻有篆书“敬赐法海禅寺”，反映此时世祖对佛事的衷心尊崇。

顺治十八年（1661），身患天花、自知来日无多的世祖皇帝为祈求佛祖庇护，命人将平日最宠信的心腹太监吴良辅送到悯忠寺，令其削发剃度，出家为僧，作为自己出家意愿的替身，了结了一代天子对佛家的深厚因缘。

尊崇洋教 一意笃行

明末清初时期，欧洲天主教会向中国派来大量传教士，他们为了传播教义，陆续进入到明清宫廷之中，有的则与皇帝、后妃和其他皇室成员建立了私人的关系，成为其传播教义乃至西方科学的媒介。

世祖作为求知欲很强的年轻皇帝，对西方基督教也产生了一定兴趣，特别是因为一些特殊原因而结识耶稣会教士汤若望之后，更是因人而信，与基督教结下不解之缘，并对汤若望充满感情和依赖，亲授其为“通玄教师”。

汤若望（1592－1666），德国人，为天主教耶稣会传教士，通晓天文历算，在华期间曾译撰大量西欧天文学论著。明万历四十六年（天命三年，1618），他受耶稣会派遣来华传教，次年到达澳门，明天启二年（天命八年，1623）至北京。明崇祯七年（天聪八年，1634），编成《崇祯历书》。顺治元年（1644）七月，清廷采用汤若望以西洋新法所修之历法，定名为《时宪历》。由于汤若望对清廷的贡献，十一月即被任命掌管钦天监监印，所有事宜均听其管理，随后加太常寺少卿衔。第二年，《时宪历》即颁行全国。顺治二年（1645），汤若望对《崇祯历书》略做删改，编写成《西洋新法历书》103卷，进呈多尔衮，更加受到清廷的重视。

顺治八年正月，世祖福临亲政，他对汤若望宠信有加，十分器重。究其原因，一是汤若望曾用西方治疗手段，很快治愈了孝庄皇太后的亲侄女、世祖皇帝未婚皇后博尔济吉特氏的病；二是汤若望本人所具有的智慧，使世祖深深折服，从而对他产生了极大的信任感。

顺治时期，汤若望以自己的智慧和西方医术，而得以深入清宫，他不仅成为皇帝宠信的近臣，还与孝庄皇太后及皇后等人建立了密切的私人关系。

顺治八年盛夏，一天，有三位满洲妇女忽然来到汤若望住宅。她们提及汤若望相识的一位亲王眷属，并说自己府邸中一个郡主正身患重病，希望听听他的诊断意见。根据来人对郡主病症的介绍，汤若望判断郡主病情并不严重。经过考虑，他将一面圣牌交给来者，说："如病者把这圣物挂在胸前，那她在四天之内便可痊愈。"五天后，这三位妇女又来到汤宅，因为患者正如汤若望所言，在四天内完全康复了。

为感谢他的神奇医术，她们拿出大量钱财和绣有金银花卉的丝织品，以此来回报他。几天之后，她们又送来一些钱物。又过数日，一位蒙古妇女来到汤宅，"献给他一宗更大的款项，作为购买蜜蜡和其他作神事物品之用。"这位蒙古女性在谈话中，向汤若望说明自己的主人即是皇帝的母亲，而那位郡主，实际是皇帝的未婚妻。她将在八月顺治帝举行大婚典礼。又说："皇太后将来要以侍父之礼，来孝敬汤若望。"

皇帝、皇后举行大婚典礼后，"汤若望亲趋宫廷，庆贺义女获得皇后尊号"。他的祝贺，受到皇太后的重视，更为感谢他的医治之功，皇太后亲自由臂腕上摘下两只金镯，命一个宫女送赐汤若望，以此致以敬意。差来的宫女不容汤若望按照朝仪跪领赏赐，说："既然您是皇后的义父，那么就免了下跪吧。"这时，汤若望的一位仆人正好进来，向主人说要为庄田买一头耕牛，宫女记下了这件事。几天之后，她又来到汤若望住宅，带来两头健壮的耕牛，说：“这是皇太后陛下赏赐给您的，并且还问您安好。”皇太后还说：“既然您已经是皇后义父，有困难就请直言。”汤若望把两面圣牌交宫女带回，以此作为回礼，一面圣牌进呈皇后，一面圣牌进呈皇太后。这两面圣牌平常应是系于外衣下面的颈项，可避免别人注意。但实际上，“皇太后陛下却把这圣牌带在外衣之上。”

后来，当汤若望要在教堂前建立一座大理石牌坊时，“皇太后并未征求汤若望同意，竟自动捐助巨款，为的是也要在天主神台前建立功绩。”同时，她派人送来许多蜜蜡，请汤若望为她祷告，因为她十天以来即已患病。同样神奇的是，“在她请求汤若望祈祷不久，她的病竟也霍然痊愈。”

正是因为不断治愈了皇后、皇太后等人的病症，汤若望就此赢得孝庄皇太后等人的特殊尊重与依赖，同时又因为他与皇后的“义父女”关系，自然对少年天子福临产生很大影响，使得小皇帝对汤若望格外敬重。此外，在当时福临处理政务遇到困难之时，汤若望给予他极大的支持和宝贵忠告，使其顺利渡过难关，这又导致了两人建立起亲密的君臣关系。

顺治八年正月，世祖亲政，他曾召集王公大臣开过几次重要会议，“有一次，他很感激地提及汤若望神甫，因为他注意到皇叔多尔衮的专权跋扈，并曾预言皇叔会早亡。”这使顺治亲政变为可能。

世祖在宫廷中认识汤若望，是由大学士范文程从中介绍的。虽然资料中没有写明两人最初见面的时间，但从皇帝上述讲话中可知，应是在多尔衮摄政时期。正是汤若望的警告和预言，给年轻的皇帝增加了信心，而当皇叔多尔衮忽然病逝，预言变为现实之时，小皇帝对汤若望已是万分敬佩和万分感谢。

经历高等学习的汤若望，不仅博闻强记，聪敏智慧，他还具有一颗正直、善良的热心，一心要为黎民百姓谋利去害。他的许多想法，都深深打动了世祖。对于欲做一番事业、求贤若渴的年轻皇帝来说，汤若望无疑是最好的良师益友，是自己最需要的导师和义父。

此后数年时间内，少年天子都对汤若望的尊敬远远超过任何人。他亲切地称汤若望为“玛法”，并免除他觐见时的跪拜礼仪。玛法在满语里，是“祖父”、“祖辈”或“师尊”、“长者”之意。世祖对汤若望的亲切称谓，足够表达他对这位老人的敬重与关爱。

作为皇帝信任的近臣，汤若望在清朝宫廷中被授予许多要职，先后担任通议大夫（正三品）、太仆寺卿、太常寺卿、通政使司通政使、光禄大夫（正一品）等职。在长达7年的时间里，世祖与汤若望两人关系一直十分密切。这位洋“玛法”经常出入宫廷，对朝政得失多有建言，曾先后上疏300余封，对世祖执政起到极大的辅助作用，特别是在劝谏皇上修身积德、爱护百姓方面，都曾起到不小帮助。

在处理国事方面，世祖因年轻和性格较为急躁，容易草率行事，比如一次是顺治九年五世达赖喇嘛应召来朝，皇上即打算亲赴边地迎候；另一次是郑成功围攻南京急迫之时，皇上就起御驾亲征。在这些关键时刻，汤若望都冒死进宫劝谏，最终劝阻了皇上离京，否则一旦天子在战场上受到伤害，国家也将陷于不稳。

正因为如此，少年天子对汤若望越来越重视。他曾多次亲临汤若望住宅，在当时皇帝至上的时代，这种行为应是历史上前所未有的尊敬。在顺治十三年至十四年这两年的时间内，皇上竟有24次临访汤若望之家，像对慈父、长者一样与之长时间相处、会晤，两人无拘无束，竟夕长谈，这对于世祖的成长无疑起到巨大的帮助作用。

顺治十年三月初二日，汤若望身任太常寺卿，主管钦天监事。16岁的世祖亲赐他“通玄教师”称号（后为避康熙帝玄烨讳，改为“通悬教师”），加俸一倍，赐以圣谕。

顺治十一年三月，世祖在阜城门外利玛窦坟地两旁，亲赐地亩，用作将来汤若望的茔地。十二年二月，又赐御书“通玄佳境”（后改“通微佳境”）堂额，令悬挂于南堂即宣武门内教堂之内。十四年（1657）二月初一日，世祖皇帝亲自撰写满汉文合璧《御制天主堂碑记》，命刻碑立于教堂门前，以表彰汤若望“事神尽虔，事君尽职”的美德。

汤若望的言行也受到一些当朝大臣的认可，他们对其为国效力、直言进谏大为赞扬。曾任都察院左都御史的龚鼎孳特为其撰文《汤道未七十寿序》，赞赏他说：“（汤先生）睹时政之得失，必手疏以密陈，举凡修身事天，展亲笃旧，恤民勤民，用贤纳谏，下宽大之令，慎刑狱之威，盘固人心，镞厉士气，随事匡建，知无不言……乃至猎阻相如，表抗韩愈，抵触忌讳，罔慑震霆，微闻拂耳，终皆纳牖，最后则直陈万世之大计，更为举朝所难言。”实在是道出了汤若望对皇帝的影响，对朝廷的帮助，对黎民的辅佐。

正因为如此，少年天子曾多次亲临汤若望的住宅，在当时皇帝至上的时代，这种行为应是历史上前所未有的尊敬。在顺治十三年至十四年的两年时间内，皇上竟有24次临访汤若望之家，与这位慈祥的长者均做较长时间的会晤，两人无拘无束，竟夕长谈，对于世祖的成长无疑起到巨大的帮助作用。

顺治十年三月初二日，16岁的世祖亲赐太常寺卿管钦天监事汤若望“通玄教师”称号（后为避康熙帝玄烨讳，改为“通悬教师”），加俸一倍，赐以敕谕。

顺治十一年三月，世祖在阜成门外利玛窦坟地两旁，亲赐地亩作为将来汤若望的茔地。十二年二月，又赐御书“通玄佳境”（后改“通微佳境”）堂额，令悬挂于南堂即宣武门内教堂。十四年（1657）二月初一日，世祖皇帝又亲自撰写满汉文合璧《御制天主堂碑记》，命刻碑立于教堂门前，以表彰汤若望“事神尽虔，事君尽职”的美德。

一些当朝大臣对汤若望的为国效力、直言进谏大为赞扬。曾任都察院左都御史的龚鼎孳特为其撰文《汤道未七十寿序》，赞赏他说：“（汤先生）睹时政之得失，必手疏以密陈，举凡修身事天，展亲笃旧，恤民勤民，用贤纳谏，下宽大之令，慎刑狱之威，盘固人心，镞厉士气，随事匡建，知无不言……乃至猎阻相如，表抗韩愈，抵触忌讳，罔慑震霆，微闻拂耳，终皆纳牖，最后则直陈万世之大计，更为举朝所难言。”

从顺治十四年至十八年，西洋传教士汤若望成为少年皇帝福临最亲密、最尊崇的玛法和师友，备受皇上宠信。他经常为皇帝指点迷津，直言劝谏，善语规诫，世祖也大都采纳。但是在三个重大问题上，汤若望的努力都没能取得成功：

其一，汤若望十分讨厌太监和喇嘛教，曾多次向皇帝激烈诤劝，却均未获得成功。

其二，汤若望作为北京耶稣会会长，对基督教在京传播起到重大作用，使北京教区的信徒增加到13000名左右，但教会的最大愿望——让顺治皇帝入教，汤若望虽然付出极大的努力，却始终无法实现。

其三，由于宫中太监的诱导和佛教高僧的影响，至顺治末年，顺治皇帝逐渐疏远了曾经尊敬的玛法，转而追随中国传统的佛教教义去了。

九

君王情感

SHUDU QINGSHI DINGDING BEIJING

情感多舛 二立皇后

世祖福临自6岁登基，14岁亲政执掌国家大权，24岁因病故去，他在人世间的君王生活可谓短暂。虽然他去世时仍很年轻，却拥有一份常人少有的情感经历，从有清一代的十二位帝王来看，世祖可称是一位最情深、最任性的皇帝。他活着的时候，不仅敢恨敢爱，敢作敢当，以鲜明的个性无视宫中戒律，在感情上始终自作主张，就连事关国体的皇后，他也曾经二次废立，使得个人生活被涂抹得五彩缤纷，轰轰烈烈。

从世祖皇帝一生来看，他一个人拥有四位皇后，即废后博尔济吉特氏、孝惠皇后博尔济吉特氏，以及追封的孝康皇后佟佳氏、孝献皇后董鄂氏。其中前两位皇后是在生前所封，而后面两位皇后则是死后追封，如孝康皇后佟佳氏，乃是圣祖皇帝玄烨的生母，她在世祖生前是没有名号的庶妃。玄烨即位后，她被尊为皇太后，死后即被追封为孝康章皇后。而孝献章皇后董鄂氏，乃是与世祖情深爱浓的一位皇贵妃，在其死后，由世祖皇帝亲自追封为孝献皇后。

年少成婚　绝决废后

世祖的第一个皇后，姓博尔济吉特氏，出自蒙古科尔沁部，是卓礼克图亲王吴克善的女儿。在蒙古诸部中，科尔沁部与清朝建立关系最早，彼此关系最为亲密，嫁到清朝的蒙古族女人也最多。比如清初太宗皇太极时期，嫁入皇宫的科尔沁部后妃即有三位，即中宫清宁宫大福晋（后追谥孝端文皇后）、东宫关雎宫宸妃、次西宫永福宫庄妃（后追谥孝庄文皇后）。

由于蒙古科尔沁部与清朝宫廷有着密切的姻亲关系，顺治朝，依然将科尔沁部视为选后、选妃的主要根据地。早在多尔衮在世时，已从科尔沁部博尔济吉特氏家族中选出一女，给世祖定了亲。此女是吴克善的女儿，即孝庄皇太后的亲侄女、世祖的亲表妹。论血缘关系，世祖与未来的福晋是姑舅亲，两人结为婚姻即是"亲上加亲"。

顺治八年（1651）正月，世祖亲政前夕，卓礼克图亲王吴克善亲自将女儿送到北京，以便与世祖举行婚礼。此年世祖虚龄14岁，按照当时早婚的习俗，两人已到了结婚年龄。和硕亲王满达海、多罗端重郡王博洛、敬谨郡王尼堪及内大臣等，按例向世祖奏报：请求于二月举行"大婚礼"。世祖明确答复："大婚吉礼，此时未可遽议，所奏不准行。"少年天子年纪虽小，却很有智慧，以时间不当为由拒绝了大臣建议。究竟是什么原因使他推迟举行大婚礼呢？《清世祖实录》未予记载，人们可以有多种猜测，上疏的大臣却不敢追问，只能将此事搁置起来。

世祖亲政半年后，宫廷中终于迎来首次大婚典礼。是年八月十二日，"皇帝大婚"正式举行，具体包括祭告天地、太庙。十三日，正式册立"科尔沁部卓礼克图亲王吴克善之女为皇后"。之后，举行迎娶仪式，婚礼告成。册立皇后时颁发了"皇后册文"，其册文中说："咨尔博尔济锦氏，乃科尔沁国卓礼克图亲王吴克善之女也。毓秀懿门，钟灵王室，言容纯备，行符图史之规，矩度幽闲，动合安贞之德。兹仰承皇太后懿命，册尔为皇后。”①三天之后，世祖御太和殿，接受诸王贝勒群臣上表，行庆贺礼。是日，以册立皇后诏告天下。

世祖与皇后成婚后，两个人生活得怎样？这一问题涉及个人隐私，官方史书一向避讳，很少记载，外人更无法知道。按照常理，当时两人年龄较小，应该是两小无猜，彼此信任。据说，皇后长得秀美漂亮，为人也聪明伶俐，应该赢得世祖的欢心。但谁也没有想到，仅仅过了两年后，世祖即与皇后关系破裂，并将其公开废黜。

顺治十年（1653）八月二十四日，礼部官员至内院，向大学士传达了一道谕旨，要他们查明前代是否曾有废后“事例”。世祖为什么要让臣子查清历代废后的事情？他没有说，大学士们却很警觉，似乎已经明白了皇帝的心思。于是就有人直接向皇帝上奏，以劝阻皇帝废除皇后。大学士冯铨、陈名夏、成克巩、张端、刘正宗等人联合上奏，提出：“今日礼部诸臣至内院，恭传上谕：察前代废后事例具闻。臣等不胜悚惧。窃惟皇后母仪天下，关系甚重。前代如汉光武、宋仁宗、明宣宗皆称贤主，俱以废后一节，终为盛德之累。望皇上深思详虑，慎重举动，万世瞻仰，将在今日。”②

世祖看完奏疏，当即批示：“据奏皇后母仪天下，关系至重，宜慎举动。果如所言，皇后壸仪攸系，正位匪轻，故废无能之人。尔等身为大臣，反于无益处具奏沽名，甚属不合，著严饬行。”从世祖批复看得出来，他对朝臣干预他的私人生活很生气，不仅驳斥了他们的说法，还把他们的上奏斥责为沽名钓誉，提出要予以严斥。此时的世祖不过只有16岁，个性却是极

① 《清世祖实录》卷59，顺治八年八月戊午。

② 《清世祖实录》卷77，顺治十年八月丁亥。

强，他自己想做的事不允许别人干涉。

这之后，世祖不再找诸臣商议，而是直接跑到母亲孝庄皇太后宫中，要母亲同意他废后。孝庄皇太后作为皇后的亲姑姑，不会轻易同意儿子的这一要求。废除侄女皇后名号，不仅是降低她的地位，使其没有了正妻的名分，实际上是把她抛弃了。孝庄皇太后虽然不愿意让自己的侄女受到伤害，但在劝说无效的情况下，在儿子和侄女之间，她最终还是选择了支持儿子，同意了他废后的要求。八月二十六日，世祖给礼部下达指示："朕惟自古帝王，必立后以资内助。然皆慎重遴选，使可母仪天下。今后乃睿王（多尔衮）于朕幼冲时因亲定婚，未经选择，自册立之始，即与朕志不协，宫阃参商，已历三载（实际正好是两年，按年头算，可计为三），事上御下，淑善难期，不足仰承宗庙之重，谨于八月二十五日奏闻皇太后，降为静妃，改居侧宫。"①

世祖以为废后之事只要征得母亲同意，交给礼部办理一下"手续"就算行了。但实际废后像立后一样，要经过多道法律程序，还要得到在朝大臣的支持才行。果然，他把废后之事传达给诸大臣后，立即引发一场轩然大波。当时，世祖将废黜皇后的谕旨发给礼部，并没有咨问各部同意与否，而是让属臣按他的意思办理"手续"。八月二十七日，礼部尚书胡世安，侍郎吕崇烈、高珩提出不同意见，上奏说："夫妇乃王化之首，自古帝王必慎始敬终。今于本月二十六日，忽接上谕：今后不能祗承圣意，降为静妃。臣等思八年册立之初，恭告天地、宗庙，布告天下。今二十五日，奏闻皇太后，即日降为静妃。圣谕中未言及与诸王大臣公议及告天地、宗庙。臣等职司典礼，所奏敕谕，若不传宣，恐中外未悉；若遵奉传宣，恐中外疑揣。伏愿皇上慎重详审，以全始终，以笃恩礼。"②

① 《清世祖实录》卷77，顺治十年八月乙丑。

② 《清世祖实录》卷77，顺治十年八月庚寅。

礼部的三位官员，对世祖谕旨未做正面拒绝，却委婉地以此事不合典礼、不符合程序为由，而未予办理。世祖无话可说，将奏折批给议政诸王、贝勒、大臣及内三院、九卿、詹事、六科给事中各官，命各掌道御史会议、具奏。该议案一经公开，各官即纷纷上奏，朝议为之沸腾。礼部仪制司员外郎孔允樾上疏奏言，意见尖锐。他说：偶然听到废后一事，“不觉悚然”，及看到冯铨等“奉圣谕”等言，“更为惊骇”。他提出：“我皇后正位三年，未闻显有失德，特以‘无能’二字定废谪之案，何以服皇后之心，且何以服天下后世之心！”他列举历代有影响的皇后，如汉之马后、唐之长孙后，以及专权的吕后和夺政的武后等，认为“今皇后不以才能表著，自是天姿笃厚，亦何害乎中宫，而遽议变易耶？”他又打个比方，说：皇上、皇后为天下父母，父要休母，为儿子者即知母有过，还要泣涕相劝，何况又根本不知母亲犯有何种过错，怎能让儿女忍心缄口不说，不为母亲请命呢！他知道自己说的话很重，会激怒皇上。所以他最后表示，这是他个人职责所在，不敢存“畏斧钺、顾身家之心，一念孤忠，伏祈圣鉴”。

世祖大抵是有感于孔允樾的忠心，没有动气制裁，而是把他的奏疏发到诸臣会议传阅。八月二十九日，御史宗敦一、藩朝选、陈斐、张琦、杜果、聂玠、张嘉、李敬、刘秉政、陈自德、祖永杰、高尔位、白尚登、祖建明等14人联名上疏。内容大体与孔允樾疏言相同，对此事皆表示“不胜惊骇”，因未听说皇后失德，而请求皇上“收回成命”。世祖对这些人集体上疏感到气愤，对他们也不再客气，斥其言论“渎奏沽名”，传令送交有关部门议处诸官。

九月　日，诸王、贝勒、大臣及各衙门官员会议，以礼部尚书胡世安及仪制司员外郎孔允樾的奏疏为基础，一致提出：册立皇后，已经告慰天地、宗庙，还诏告天下，给太后上徽号，以诏庆贺等等，这些礼仪实难轻易。最终，他们劝告皇上不要废后，可以另外选立“东西两宫”，由她们共同辅佐皇帝，“则本支日茂”。

世祖读过会议所上讨论意见，即做出批示，重申他废后的原因是两人“志意未协”，时间已达3年。他要求议政王大臣会议，应“再议具奏”。他还特别提出孔允樾奏疏中有“未闻显有失德，不知母过何事”等语，要对此做出解释，“指实具奏”。孔允樾便再上奏，说明自己是在尽一份职责，无意冒犯皇上。他在奏疏后写道：“惟有席篾待罪，静听处分。”看来，世祖并没有对他动气，也未给他处分。

世祖废后一事，在朝堂之上引起激烈讨论，经过几个回合后，诸王贝勒大臣见世祖毫无回心转意的迹象，无可更改，就不再坚持了。九月初五日，由叔和硕郑亲王济尔哈朗为首，代表会议奏言：“所奉圣旨甚明，臣等亦以为是，无庸更议。”世祖批示：“废后之事，朕非乐为，但容忍已久，实难终已，故有此举。诸王大臣及会议各官，既共以为是，著遵前旨行。”①

朝臣一致反对废后，但他们终究拗不过皇上的坚持，更重要的是，皇帝有至高无上的权威。作为臣属，他们是不可能永远违背皇帝意志的，最后还是奉旨“照办”而已。

于是，这位年轻的博尔济吉特氏皇后，就这样糊里糊涂地被废弃掉。从尊贵的皇后身份一下跌落为一个普通妃子，可以想见她内心是多么痛苦。她被废除皇后封号，其实就是被打入冷宫，从此过着孤苦伶仃的生活，度过一个又一个漫长的黑夜。

另择中宫　仍失帝心

博尔济吉特氏皇后被废后，礼部官员马上着手为世祖物色新的皇后。九

① 《清世祖实录》卷78，顺治十年九月丁酉。

月二十四日，礼部上疏奏言："中宫未宜久虚，应循典礼，及时慎选册立，仰慰宗庙之灵，俯昌奕叶之祚。"世祖指示，由议政诸王、贝勒及大臣、内三院、九卿、詹事、科道会议具奏。

十月六日，遵照旨意，上列各大臣及部门官员举行会议，提出：未来的新皇后，"应于在内满洲官民女子、在外蒙古王、贝勒以下大臣以上女子中敬慎选择"。一句话，就是在满蒙王公贵族家选皇后。至于平民女子入选的机会，则微乎其微。世祖同意，具体选择由相关官员与礼部实施。

选后选妃是一个极为复杂的过程，标准高，要求严，要从全国包括蒙古诸部中挑选符合标准的女子，实非易事。具体挑选的细节，无须赘述。从顺治十年十月开始选择，至十一年（1654）四月，历时半年有余，终于选出一个。此女为科尔沁部镇国公绰尔济女，仍为博尔济吉特氏。初选出，以选妃名义定亲。绰尔济为宰桑孙，孝庄是宰桑的女儿，论辈分，此女即为孝庄的侄孙女。以血缘关系再度结成姻亲，表明清朝皇室与科尔沁部剪不断的紧密关系。按照礼仪规定，定亲时下聘礼，于五月初三日，特派镇国公巴布泰、内大臣巴图鲁鳌拜、礼部侍郎渥赫、理藩院侍郎沙济达喇等官员为使，前往科尔沁行聘礼：驮甲胄玲珑鞍马5匹、缎50匹、青布百匹、金茶筒1件、银盆1件；设宴，宰牛9头、羊72只。

五月二十八日，世祖指令礼部："朕恭奉圣母皇太后慈谕：册立科尔沁国镇国公绰尔济之女为皇后。尔部即选择吉期，并查明仪注具奏。"从科尔沁部选娶后妃，既是继承其亲戚关系，也与后宫中多科尔沁人有关。世祖的母亲、姨娘及太宗皇后，均为科尔沁人，而且三人又是姑侄关系，其密切程度真是无以复加。有了这一层特殊关系，孝庄太后自然希望世祖仍从她家乡选娶皇后。礼部官员也清楚这一背景，亦明知太后心思，从一开始就把选后的目标定在科尔沁，以遂其愿。

在经过了周详细微的准备之后，于六月十五日举行册立皇后，祭告天地、太庙礼，派专官代为行礼。次日，举行“大婚礼”，先宣读册文，内容大体与初立皇后时的册文没什么区别，没有实质内容。对皇后来说，这是能证明其身份的合法文件，不可或缺。借此喜庆之机，世祖给其母上徽号：“昭圣慈寿恭简安懿皇太后”。他又责成礼部：“选吉日，开具仪注以闻。”至十八日，以大婚礼成，由诸王文武大臣“上表行庆贺礼”，世祖赐宴。至此，大婚礼仪结束。随后，传旨“颁诏天下”。

此位皇后虽然嫁入宫中，但她也不那么幸运。因为在她册立为后时，世祖刚刚宠幸贵妃董鄂氏，而且日甚一日，“眷之特厚，宠冠后宫”。新娶的皇后便受到了冷落。

顺治十四年（1657）十月，世祖将董鄂妃之子立为皇太子，举行隆重庆典，诏告天下。新皇后因心有不满，以至皇太后患病也不去拜望，更失去了世祖欢心。世祖开始公开表示对这位皇后的不满。

顺治十五年（1658）正月，世祖传旨说：“昨者，皇太后圣体违和，朕朝夕侍奉，食息靡遑”，但皇后却“起居问安礼节，殊觉阙然”。此一过失，虽得皇太后怜爱原谅，但“于朕孝事之诚，不无有憾”。世祖又提到当年废后之举，是实不得已而行之，“至今尚歉于怀，引为惭德”。他的意思是说，现在虽不能再搞一次废后，但不尽孝道却不能原谅，皇后要母仪天下，绝不允许偶然犯错。因此世祖最后决定：将其皇后位号及册宝照旧保留，“其应进中宫笺奏等项，暂行停止”。这就是保留其虚名，停止年节、诞辰等各项重大活动应恭进皇后的贺表。实际情况是，皇后身份已经名存实亡。

二个月后，即三月二十五日，世祖突然给礼部下达谕旨，宣布撤销对中宫皇后的处分，原因是当时给皇后处分时，并未“奏闻”皇太后，考虑到太后的身体状况，而未做请示。现在太后身体康复，才“奏知”太后。

很清楚，这次是皇太后出面保护了皇后，替皇后说了话。而且鉴于皇上已经废后一次，不能再有第二次，也不能再给处分，否则将有损皇帝和朝廷的威信。世祖还是听从了母亲的劝告，经“面奉皇太后慈谕”，称：“朕前日之旨，笃于事亲，道理宜然。但念皇后方在冲龄，未娴礼节，且素切眷爱，慈谕宽仁，敬当遵奉。”自今日开始，“中宫笺奏等项，著照旧封进”，命礼部“即行传知”。

拟废皇后的事情至此了结，再也没有发生争执。但这样平静的日子并不长远，3年之后，即顺治十八年（1661）正月，世祖突然因病逝世。这位年青的皇后失去天子，年仅21岁，自此在宫中寡居，一直到生命的结束。

不过这位险遭废除的皇后在世祖死后却因祸得福，儿子康熙帝对她这位嫡母至孝至敬，给了她无限的敬爱，使她享尽人间欢乐。这位皇后长寿，至康熙五十六年（1717）病逝，享年77岁。此时康熙皇帝已经64岁，正患病痛，“头眩足肿”，但他仍守候在母亲病榻前，甚至在苍震门内支起帷幄，夜里就住在帐内，以随时侍奉老母，直到她安然离世。

世祖皇帝的第二位皇后去世后，被追封为“孝惠章皇后”，葬于孝陵东，称为孝东陵。

爱情专一 痴恋董鄂

钟情董鄂 越制册封

世祖曾两度废弃皇后，并不代表他对女性缺少感情。世祖与董鄂妃相爱，有一段非常动人的“生死恋”，其爱之深，情之切，为世人留下一段久久难忘的佳话。

董鄂妃（又写作栋鄂妃），为内大臣鄂硕之女。按照满洲氏族源流来看，董鄂氏是满族著名的姓氏之一，其家已三代担任武职，隶正白旗。董鄂妃之父鄂硕以军功著称，于顺治九年（1652）授巴牙喇甲喇章京。十三年，即董鄂氏入宫之年，擢升内大臣。父以女贵，此后又得到破格晋升，十四年（1657），以董鄂氏册封皇贵妃，进三等伯爵。

董鄂氏如何被世祖选中？清朝官方史籍对此秘而不宣，《清史稿》也仅记：“（董鄂氏）年十八入侍，上眷之特厚。”清初旧俗，“后妃、王、贝勒福晋，贝子、公夫人，皆令命妇更番入侍，至太后（指孝庄）始命罢之”。这就是说，董鄂氏很可能是在18岁那年“入侍”宫廷，并被世祖纳为妃子。当时，“入侍”清宫者皆属“命妇”，即均为已婚妇女。那么，董鄂氏究竟是谁的妻子呢？经过清史诸学者考定，基本确定她是襄亲王博穆博果尔的妻子。襄亲王是清太宗皇太极第十一子，世祖排行第九，两人是同父异母的兄弟。这样看来，董鄂氏是先嫁了襄亲王，之后入宫归于世祖。

哥哥可以娶弟弟的妻子，这是清入关前及入关初期通行的满族风俗，并不同于汉族传统的伦理观念，如多尔衮曾纳肃亲王豪格之妻，纳侄媳妇为妻，这在汉俗中是不可想象的事。但鉴于多尔衮被定为罪人，此段叔纳侄媳事被载入清朝官方史书中。而世祖身为皇帝，纳其弟媳为妻，此时由于宫廷已经开始接触汉习，认识到此举并不合礼俗，为君者讳，故《清世祖实录》中只字不载。但即使如此，仍有见证人做了记载，他就是当时在北京的耶稣会教士汤若望。他说：“顺治皇帝对于一位满籍军人之夫人，起了一种火热爱恋。当这一位军人因此申斥他的夫人时，他竟被对于他这申斥有所闻知的天子，亲手打了一个极怪异的耳掴。这位军人于是乃因怨愤致死，或许竟是自杀而死。皇帝遂即将这位军人的未亡人收入宫中，封为贵妃。这位贵妃于1660年产生一子（应为1659年。董鄂氏死于1660年），是皇帝要规定他为将来的皇太子的。但是数星期（应为三个多月）之后，这位皇子竟而去世，而其母于其后不久亦薨逝。皇帝陡为哀痛所攻，竟致寻死觅活，不顾一切。”[1]

这段文字记述的，正是世祖与董鄂氏爱恋的故事。根据这些记载，可以恢复一段感人的爱情逸事：顺治十三年二月，董鄂氏作为襄亲王博穆博果尔的福晋，按例“入侍”宫中，随同皇太后、皇后等人，参加宫内的庆典活动，因而见到了世祖。她的美丽，亭亭玉立的身材，高雅的气质，立即震慑了年轻皇帝的心灵，激起他狂热的爱慕之情。此后，世祖以各种理由不断召

① ［德］魏特：《汤若望传》，第323页。

董鄂氏入后宫，借机与她见面，表达对她的爱恋。此事很快被董鄂氏的丈夫博穆博果尔知道。于是，他怀着一腔愤怒闯进宫中，向他的皇帝哥哥发出质问。世祖不能忍受其弟的无理“犯上”，竟然狠狠地打了他一记耳光！

孝庄皇太后也知道了此事，感到事情要闹大了，就准备赶快为儿子册立东西宫妃嫔。正好新建的乾清宫、坤宁宫与景仁宫就要竣工了，册立妃嫔正是时候。于是由孝庄太后做主，没有征求世祖的意见，即宣布将孔有德之女孔四贞纳为东宫皇妃。事不凑巧，孔四贞已由父母生前许配给孙延龄将军，册封东宫妃一事只好作罢。世祖执意要娶董鄂氏，闹得孝庄太后烦恼不已，可又无可奈何。她明白，这都是因为有命妇“入侍”旧例，才有机会让他们相识并相恋，否则他们可能就不会认识，更不会闹得满城风雨。于是，孝庄皇太后断然下令，永远停止命妇“入侍”定例，以免命妇继续入宫与皇帝见面，再闹出什么事变来。正是由于以上的原因，《清史稿》中记载董鄂氏，才有了“年十八入侍”一语。

再说博穆博果尔，自己新婚未久的妻子被皇帝、也是自己的哥哥看上，背着他私相幽会，使他蒙受奇耻大辱，并且还被哥哥打了一个耳光，就再也咽不下这口气了。汤若望说他“怨愤致死”，或许“自杀而死”，反正因这件事而死亡，年仅16岁，时间是顺治十三年（1656）七月初三日。博穆博果尔猝死，确使世祖感到不安。也许是为弥补自己的过失，他特给其亡弟以优厚待遇：于定例外加祭一次，派工部为其监造坟祠。世祖移居新落成的乾清宫时，也因博穆博果尔丧期，而免行庆贺礼。

顺治十三年（1656）七月初九日，礼部提出：八月十九日为吉日，可以册妃。至于册立何妃？清官方《世祖实录》隐而不书。世祖当时的答复是：“和硕襄亲王薨逝，不忍举行”，命于八月以后择吉日再定。按一般情理而言，一个亲王级的弟弟去世，不会影响到国家正常事务运行，也不会干扰皇帝要做的事。而此次襄亲王去世，却使世祖不敢做自己想做的事，本来急于将董鄂氏纳入宫中，即“不忍举行”。正好说明他内心有愧。《清世祖实录》将“册妃”与襄亲王之死两件事连在一起记录，使后人更加看清了此事的真相。

八月十一日，世祖派内大臣公额尔克戴青，“祭和硕襄亲王”。此时距博穆博果尔死亡之日，已经过了一个月零7天。

世祖终于忍耐不住急切的心情，于八月二十五日向礼部下达圣旨：“本月二十二日，奉圣母皇太后谕，内大臣鄂硕之女董鄂氏，性资敏慧，轨度端和，克佐壶仪，立为贤妃。尔部查照典礼，择吉具奏。”[①]到这时，才正式公布董鄂氏的名字，册封她为“贤妃”，而且说是奉圣母皇太后之命选定，说明此时孝庄皇太后已经不得不同意他的要求。

册封董鄂氏的同一天，他又遣内大臣巴图鲁鳌拜，“祭和硕襄亲王”。两件事又紧密地关联在一起。册封董鄂氏与频频祭悼亡弟，只能进一步说明博穆博果尔之死，与世祖夺妻有关。这也从另一方面证实了汤若望所记的可信性。

九月二十五日，世祖派遣索尼“致祭和硕襄亲王”。二十九日，世祖给礼部发出新指令，称：他前奉圣母皇太后谕，拟将董鄂氏立为贤妃，于昨日（二十八日）又奉母后谕旨：“式稽古制，中宫之次，有皇贵妃首襄内治，因慎加简择。敏慧端良，未有出董鄂氏之上者，应立为皇贵妃。尔部即查照典礼，于十二月初六日吉期，行册封礼。”[②]

清制，后妃一般是由嫔位以下逐步提升的。董鄂氏则越嫔位，而以“贤妃”册立，还未举行册封礼，仅隔了一个月，一下子提升到仅次于皇后之位的皇贵妃，此举非同寻常，表明世祖的确对董鄂氏爱恋有加，必要给心爱的

① 《清世祖实录》卷103，顺治十三年八月庚子。
② 《清世祖实录》卷103，顺治十三年九月甲戌。

人以崇高的地位，博取美人之欢心。此次指示，定于十二月初六日行册封礼，亦举行大婚礼，正式结成婚姻。

值得注意的是，在发出这道谕旨的3天前，顺治再次遣官祭祀其亡弟，以此告慰亡灵。大概世祖对此事或有负罪感，心里总觉不安，故每次加封董鄂氏名号，便要祭祀亡弟，以求得亡灵的宽恕。

予以殊荣　恩爱无比

十二月初五日，即册封董鄂氏的前一天，朝廷先遣内大臣爱星阿告祭太庙，预先告祭祖宗在天之灵。次日为初六吉日，举行了隆重的册封典礼，其规模、程序，几与册立皇后无别。《清世祖实录》对此次典礼过程及仪式，均做了详细记录。随后又颁诏布告天下。其文曰："帝王临御天下，庆赏刑威，虽当并用，然吉祥茂集之时，尤宜推恩肆赦，敬迓天庥。朕遵圣母皇太后谕旨，思佐宫闱之化，爰慎贤淑之求，于本月初六日，册封内大臣鄂硕之女董鄂氏为皇贵妃。赞理得人，群情悦豫。逢兹庆典，恩赦特颁，所有事宜，条列如左……"①

为在宫中册封董鄂氏，朝廷向全国颁布恩赦，列出十大特赦条款，这大大超出了常制，给予了董鄂氏以特殊的荣耀。按照清制，册立皇后礼成，应颁诏天下；册封妃嫔无需颁诏。唯独这位董鄂氏是个特例，充分表达了年轻的世祖对她的无限宠爱。

世祖终于与董鄂氏成婚，遂了自己的心愿，之后他便把他的爱和感情都投入在董鄂氏身上，不再爱其他妃嫔。此时，第二任皇后已经进宫两年多，他本对这位皇后不那么喜欢，现在有了董鄂氏，就更加疏远她。他故意挑皇

① 《清世祖实录》卷105，顺治十三年十二月己卯。

后的毛病，以失礼仪给予她一些处分。种种迹象表明，世祖曾有心想废掉第二个皇后，而希望册立董鄂氏，由她取而代之。但世祖的这一想法显然受到母亲的阻挠，给皇后失礼处分三个月后，即予以取消。世祖的两位皇后，都是孝庄皇太后的本家亲戚，一个是侄女，另一个是侄孙女，在前一个皇后受到伤害后，孝庄皇太后看清儿子的意图，就坚决制止他，不允许世祖再废除第二位皇后。因此，董鄂氏生前最终未能成为皇后。

董鄂氏受到世祖宠爱，并惠及家人。世祖爱屋及乌，又将对董鄂氏的感情转移到她的家人。前叙董鄂氏被册封贵妃时，其父鄂硕已经进封三等伯爵。但封伯不久，鄂硕即命薄病逝，世祖打破常例，追赠他为三等侯，谥号“刚毅”。她的伯父罗硕也直接受益，于顺治十七年被授予一等阿思哈尼哈番。

世祖与董鄂氏无比恩爱，很快又结出爱的果实：他们的儿子于顺治十四年（1657）十月初七日诞生，在世祖诸子中排行第四。此子降生，对世祖和董鄂氏来说，可谓天赐之宝，使他们的爱情达到了完美。

当时没有人会料到，一场改变许多人命运的时刻，即因这个孩子的降临而启动了。

天意难料 痛失双爱

所爱双失 悲痛难当

世祖和董鄂氏生子不久，当他们还沉浸在喜得贵子的欢乐之中时，不幸的事情却如晴天霹雳，忽然降临在他们头上：皇四子来到世界未满四个月，名字尚未确定，却于顺治十五年（1658）正月二十四日因病夭折。

痛失爱子，让世祖和董鄂氏陷入极度悲痛之中。面对痛不欲生的董鄂氏，世祖充满悲伤，满心哀怜，但他毕竟是皇帝，是一国之主，不能像常人那样将所有痛苦表露出来。他必须要强忍哀伤，保持朝廷的正常运转。

为避免诸臣猜测，世祖立即召见内大臣，向他们说明自己此刻的心情。他说：皇四子刚刚死去，你们不要以为朕会过于感伤。此前，因皇太后身体欠佳，朕为此时刻忧念。现在太后已经康复，“此真无疆之庆，于愿至足，岂复以此幼子感怀”！此前当襄亲王（博穆博果尔）去世之时，朕尚且反复思虑，唯恐太后过于悼伤，强力克制住自己的感情。看来，“生死从来定数，焉能有违！朕念切国家，仰副我皇太后之心，安敢过于伤念？亦非强为之词，而有动于中也。卿等宜知此意”。

世祖很聪明。他明白自己过于宠爱董鄂氏，又为新生儿子而极度兴奋，举朝皆知。此刻，他虽然陷入极度悲伤，却不想让群臣看出来，不待他们劝慰，自己先说出来，既是自劝自慰，也是做出姿态，表明自己以国事为重，以皇太后为重。儿子死了，就如同襄亲王一样，不过是“死生有定数”，是天意无法违抗，他不会为此过度伤感。他保证自己说的都是真心话，大臣们应该了解他的心情。他的这一番话，自然博得诸臣的一致赞赏。大臣们纷纷奏言：“臣等正以皇上伤感为虑，今闻谕旨，不胜欢慰。”

事实上，世祖的心情远非他说的那么轻松，对于爱子的夭折，他认为是自己的大不幸，并时时挂在心里。最明显的表现，是对这个仅仅存世四个月的皇子，尚未命名，给予了追封。顺治十五年（1658）三月二十七日，即幼儿死后两个多月，世祖下诏，追封爱子为和硕荣亲王，以此表达对他的悼念。这说明他和董鄂氏对亡子念念不忘，即使事情已过两个月，仍不能平复内心的悲伤。给这个存世才4个月的孩子如此崇高的爵位，虽然毫无意义，却可以为这对年轻的父母带来一些安慰。

除此之外，世祖还为这个无名婴儿大办丧事。四月，在他授意下，礼部为其修建寝园，以便将来“安设神牌，遣官致祭”。礼部经考查后，上书奏报：墓址已经选好，风水极佳，但圈定的墓地内有寺庙和坟墓应予迁出。

世祖见此事牵扯百姓利益，经过慎重考虑，做出明智选择，批示说：“民间年久坟墓及供奉神佛之寺庙僧道等，为朕稚子建立寝园之故，俱令迁移，朕心实为不忍。况群黎百姓，莫非朕之赤子，所有坟墓、寺庙，不必迁移，仍著照旧存留。”他指示礼部尚书恩格德：“可作速前往，将荣亲王新园附近坟主眷属并寺庙僧道等，传集晓谕，俾知朕体恤民之隐至意。”①

①《清世祖实录》卷116，顺治十五年四月辛巳。

为选一块幼子的墓地，如此费尽周折，用心良苦，全是基于对董鄂氏的爱。幸亏世祖还有理智，还能为百姓利益着想，否则，事关百姓、僧道，必然会对相关人员造成损害。

直到顺治十五年（1658）八月二十七日，朝廷才将这位无名的荣亲王下葬，其墓地选在京郊黄花山。按照亲王等级举行葬礼，仪式庄严而隆重，程序冗长而细致。下葬礼完成后，此事才告一段落。

世祖与董鄂氏因丧子而过度悲痛，但随着时间流逝，这种伤痛渐渐淡化。他们还很年轻，世祖不过20岁，董鄂氏还不足22岁，今后继续生儿育女，应该是件很容易的事。真若如此，爱会抚平他们心灵的创伤，他们之间也会恢复到往昔那种甜蜜的生活状态。

可惜，祸不单行，天绝人爱！也许是命中注定，也许是皇贵妃爱子心切，思念太深，年轻的董鄂氏很快病倒了，并且情况日益严重。世祖虽然指定最好的太医为其诊治，但却都回天乏术。顺治十七年（1660）八月十九日，皇贵妃香消玉殒，永远离开了人世，此时距她的儿子夭折仅有2年零6个月。

可以肯定，在短短两年间，世祖连续痛失两个最爱的亲人，该是何等悲痛！而董鄂氏的离世，对他的打击又远远超过失子之痛，他对董鄂氏实在倾注了太多的个人情感！

极尽哀荣　万念俱灰

董鄂氏病逝当天，在经受痛苦的生离死别之后，世祖痛哭不已，随后他强忍悲痛为她张罗举办丧事，其规格超过了常规常例，他也在所不顾。世祖传谕亲王以下、满汉四品官员以上，并公主王妃以下命妇等，都要集会于景运门内外，集体哭临皇贵妃，并决定自己“辍朝五日”。此外还请僧道在宫中做道场，以寄托他对董鄂氏的至深爱恋。

接着，世祖又做出一项重大决定：追封董鄂氏为皇后。她生前未能获得此项殊荣，死后追封，一定要让她尽享荣耀！他迅速行动，首先向生母孝庄皇太后请求，期待得到支持。皇太后考虑到对董鄂氏死后追封，没有多少实际意义，也不会影响到现任皇后的政治地位，于是便满足了儿子的要求，支持追封皇后封号。

八月二十一日，董鄂氏去世的第三天，世祖传谕礼部，说："奉圣母皇太后谕旨：皇贵妃佐理内政有年，淑德彰闻，宫闱式化。倏尔薨逝，予心深为痛悼，宜追封为皇后，以示褒崇。朕仰承慈谕，特用追封，加之谥号。谥曰：孝献庄和至德宣仁温惠端敬皇后。其应行典礼，尔部详察速议具奏。"①

礼部接旨不敢怠慢，于八月二十三日具奏，提出：追封皇后，应撰玉宝、玉册，并造香宝香册，所有谥号用黄绢裱册，须钦天监择吉，遣官一员，告祭奉先殿。是日，即行追封礼。先期鸿胪寺官，设节册案于太和门东，设彩亭于协和门外，礼仪院官设节册案于梓宫前。节案居中，册案居左，设香案于节册案前。一切都备办完毕，再按程度举行复杂的仪式，最后由宣册官捧出"赞宣册"宣读，并将黄绢册在董鄂氏梓宫前焚烧。至此，追封皇后礼毕，负责此项仪式而临时任命的正下副使方"持节复命"。

就在同一天，皇太后、世祖、皇后，照常例，各遣内官为董鄂氏设祭一坛，祭品由光禄寺备办。按照规定，各自设祭坛的还有：和硕亲王等共祭一坛；多罗郡王等共祭一坛；多罗贝勒以下、辅国公以上祭一坛；镇国将军以下、奉恩将军以上祭一坛；公主等祭一坛；郡主以下、乡君以上祭一坛；内大臣、侍卫祭一坛；在内官员共祭一坛；所集文武官员共祭一坛。

以上祭祀所应用的各种祭品，报送光禄寺备办；所用祭文，由内阁大臣

① 《清世祖实录》卷139，顺治十七年八月甲辰。

等撰拟。赐予董鄂氏的玉宝、玉册、香宝、香册及黄绢册等，俱由御用监予以制造；宝册内文均由内阁撰拟；其告祭奉先殿祭品等物，由礼仪院转行该衙门备办，其祝文，由内阁撰拟。移梓宫权厝处，应遣官一员负责；凡经过门桥、奠酒、散纸钱，诸王以下，四品官员以上，暨公主、王妃并命妇等，“俱应随往”。

同一天，皇太后、世祖、皇后各遣祭一坛，和硕亲王以下，奉国将军以上，各王公及公主、王妃、郡王等以上，内大臣、侍卫及所集文武官员等各致祭，与上制式相同。以上所行各种丧礼，均照皇后规格进行，由礼部具体实施。

八月二十六日，丧礼正式开始。先追封董鄂氏为皇后，告祭奉先殿；再公布追封皇后的封号，宣读册文。其文古奥典雅，充溢赞美之辞，表达了世祖的悲痛心绪，再赐以皇后谥宝，其宝文曰：“孝献庄和至德宣仁温惠端敬皇后之宝。”以下各项祭祀，皆按上列预告规定而行：八月二十七日，将端敬皇后董鄂氏梓宫移放于景山观德殿，仍按上列顺序“致祭如前”。世祖为董鄂氏服丧12天，至九月二日释服，遣官致祭。至九月十七日，已满27天，众官及命妇“俱释服”。此后，宫廷中对董鄂氏的祭祀、哀悼不绝如缕，表达了世祖对她难以忘怀的纪念，以及不加任何掩饰的宠爱。

自董鄂氏去世，世祖情绪低落，思想悲观，似乎已经看破红尘。高不可攀的帝王之尊，在他眼中已经毫无光彩，对皇帝的宝座也不复流连。在万念俱灰的情绪驱动下，他产生一个不可思议的念头，要放弃皇帝之位，出家当和尚，以割断所有的世俗情感。

世祖为出家之事，闹得很凶，一度吵扰到皇太后。他自取法名“行痴”，进而剪掉发辫，任性任情，执意而为之。幸亏世祖敬重的高僧玉林琇赶到宫内，极力劝解，他才放弃了出家的想法，转让一个叫吴良辅的太监做替身，出家当了和尚，才算了断了这段出家的闹剧。

董鄂氏虽然已经远去，可世祖的思念却与日俱增，伤彻心扉。在这种情感的驱使下，他又做了一件历代帝王不曾做过的事情：为自己的至爱贵妃写“回忆录”，名曰《端敬皇后行状》。所谓“行状”，是对一个人一生经历、业绩乃至思想品德的总括。人去世之后，通常由其亲人或熟悉其一生的人执笔，撰写其一生的业绩。世祖由于挚爱董鄂氏，打破了历朝惯例，以皇帝的身份来给自己的后妃写“行状”，倾注了他对董鄂氏的全部爱心。他直言自己所做、所想之不足，经董鄂氏提醒或提示，才得以改正。这也非常难得。他以自己的不完美，衬托她的完美与尽责。从内心到举止，为我们描述了一个心地善良、性格温柔、行为端庄、充满智慧而又机灵聪敏、善解人意的爱妃形象，难怪世祖那么爱她。今人诵读此篇“行状”，无不为世祖与董鄂氏的至深挚爱所感动，所心痛！

世祖与董鄂氏的生死之恋，虽然是一个爱情悲剧，但的确优美无比。他们生前爱恋，一方死后，另一人依然深爱不弃，虽阴阳两隔，其爱并未稍减，亦可谓感天动地，真爱如一！

廿四 西去 自责大罪

身体羸弱 自知不寿

清末民初以来，社会上曾广泛流行顺治皇帝因董鄂爱妃故去，而自动放弃皇位，前往山西五台山出家的故事。即是说世祖当时并没有死于帝位，而是遁入空门，在佛寺出家当了和尚。持这一说法的人认为，圣祖玄烨在继承皇位后，曾几度前往五台山进香，其实就是为了去拜访他的皇父。

由于此说流传甚广，世祖的身世最终也变得扑朔迷离。但经清史专家孟森先生和诸多学者考证，世祖出家之说实属编造。其实际情况是，世祖自幼身体较为羸弱，待痛失爱妃董鄂氏后即一蹶不振，特别是顺治十八年（1661）正月初二日，他忽然感染了当时无法医治的绝症“天花”，病情迅速恶化，仅仅五天之后，即正月初七日，即撒手人寰，年仅24岁，演绎了一出令人惋惜的人间悲剧！

世祖身体羸弱，与其青年时期刻苦读书有一定关系。在他6岁即位后，由于朝政被摄政王多尔衮一人主持，睿王擅权威严，专断独行，年幼的世祖只能听任摆布，甚至无法与生母孝庄皇太后居住在一起，两个人“分宫而居，每经累月，方得一见”。因而既缺少母爱，更缺少父爱。当时多尔衮为了把持政权，对世祖采用疏离式管理，并未聘请老师教育他读书，使他在学业上荒疏无术。其个人生活完全由乳母李氏负责，李氏“入宫抚哺，尽心奉侍，进食必饥饱适宜，尚衣必寒温应候，啼笑之间，曲意调和”。由此又养成他性格上较为固执、倔强，做事情偏执的特点。

顺治八年（1651），随着皇父摄政王因病去世，14岁的世祖开始亲政，独立掌管国家权力。因此前他缺少必要的学习和训练，亲政后展读汉官章奏竟然“茫然不解”。于是，他发奋读书，习汉文、写汉字，刻苦了9年时光，不仅能读能写，还能创作流畅的好文章。据史籍记载，世祖因长期苦读书本，用功过度，至咯血不已，使身体受到损害。

在精神方面，由于两次不幸的婚姻，使他的精神受到打击，并严重损害到身心健康。正是在这样的前提下，世祖得到心爱的董鄂妃，令他喜欢得有些痴狂。董鄂妃最理解他的心思，对他的饮食起居、衣着器用以及喜怒哀乐都体贴入微，处处善解人意。董鄂妃的思想品格、行为处事完全符合世祖的要求，她的言谈举止，生活节俭方式，包括对父亲及家族成员的严格自律，都让世祖颇为欣赏，内心感受到安慰和温暖，精神上有了寄托。世祖的悲剧在于他与董鄂妃的爱情故事刚刚开始，就因儿子、董鄂妃的先后离去，而被迫突然中断。在这样沉重的打击下，他的感情依赖和寄托均不复存在，精神世界变成一片空白。在痛苦之中他万念俱灰，产生了出家的渴望，希望用宗教摆脱人间的烦恼，求得灵魂的安宁。

据史籍记载，世祖很早即敬重释道，曾多次向僧人、道士赐赠银两，甚至将佛教高僧请入宫中与之参禅论道，进而擅自决定欲剃度出家，只是被皇太后制止方才作罢。世祖因与两位皇后参商不协，长期不睦，最终郁闷成病。他郁郁寡欢，思虑重重，以致夜不能寐，身体虚弱。他自己曾说：“朕再与人同睡不得，凡临睡时，一切诸人俱命他出去，方睡得着。若闻有一些气息，则通夕为之不寐矣。”反映了他患有严重的神经衰弱症。而爱子和爱妃董鄂氏的去世，更加重了他的病情，身体急剧衰弱下去，变得骨瘦如柴，形容枯槁。世祖预感到自己的生命即将完结，加深了内心的思考。

早在世祖尊敬的老和尚木陈忞南归前，董鄂妃尚在人世，有一次世祖即像预言家那样谈起自己的生死问题。他说：您老许愿到朕30岁时，会来为朕祝寿。这或许可以等待。报恩和尚（即玉林琇）答应到朕40岁时，再来祝寿。但朕绝对活不那个时候了！老和尚木陈忞听罢很惊讶，说：“皇上当有万千岁，何出此言？”世祖用手弹一下自己的脸颊，说：“老和尚相朕面孔，还有点好看的气色吗？”他接着自叹道：“此已骨瘦如柴，似此病躯，如何挨得长久！”无论是相面还是望气，世祖及他的几位师父都预感到他难以久活，只是他的离去比人们预料的更要早一些罢了。

突染恶疾　不治而亡

顺治十七年（1660）十二月，时间到了一岁岁尾，宫廷中的宫女、太监及内务府大小官员开始着手置办过年的各种物品。世祖虽说情志不舒，仍强打精神处理政务，没有一天休闲或行乐。此外，他还通过一些祭祀活动，继续悼念心爱的董鄂妃。

如初二日，他派遣内大臣索尼祭端敬皇后（即董鄂氏，后追封皇后）；十一日，礼部奏报元旦庆贺礼仪事，世祖传谕：元旦免行庆贺礼，并免去江南邳州、萧县、宿迁、沭阳等县本年度受水灾额赋不等；十三日，指示礼部：“端敬皇后在日，奉事皇太后克尽孝道，赞助朕躬，裨益良多”，故“一切丧祭典礼，悉从优厚”。数月以来，因办理丧事，“诸凡吉典，皆暂停止”。现在可予恢复，如郊庙、视朝、庆贺诸大典，“俱照旧举行”；

二十九日，遣内大臣苏克萨哈祭端敬皇后。

顺治十八年（1661）元旦日，整个宫廷张灯结彩，充满节日的祥和气氛。世祖在这一天没有按照惯例上朝，免除诸王文武百官行庆贺礼。在这个重要的节日里，他内心充满苦闷和对爱人的思念，根本无法欢乐起来。正月初二日，世祖突然“不豫”——病了。他似乎没有在意，近臣也没有想到会产生什么严重后果。大家相信有御医在，小病会及时诊治，尽早康复。

初四日，信郡王多尼猝然去世，年仅26岁。世祖于病中，追封多尼为多罗宣和郡王。初六日，他指示礼部：“大享殿会祀大典，朕本欲亲诣行礼，用展诚敬。兹朕躬偶尔违和，未能亲诣，应遣官恭代，著开列应遣官职名具奏。尔部即遵谕行。”就是这天夜里，世祖的病情突然加剧。

世祖患病由初得再到加重，是因为其所患重病为“天花”，满族人当时称之为“出痘”。这是一种十分可怕的疾病，以当时的医疗水平和人们对病患的认识，痘症被视为一种危害极大的不治之症，人们一旦患病，即九死一生，所有人都怕感染上。自清初以来，满族人治疗痘症的方式只有一种，即将病人迁出隔离，转入专设的“避痘所”等死，以防止传染其他人。清人关前后较长时期内，许多满族人都因患痘疾而亡，而且其中死去的大部分人均为年轻人。

世祖即位后，也曾遇到过痘病疫情。比如顺治八年十二月，京中痘病流行，世祖即离开皇宫，到一处“净地”躲避。他传旨：一切奏告违法者，不得到衙门去告状，其目的是为了防止有痘之人将疾病传染给他人。

世祖因为精神萎靡，体质较差，抵抗力很弱，而不幸染病，并很快发展成重病。他虽然按照御医服用了最好的药，由最好的医生护理，但终是回天无术，仅仅病发四天，即演变成病危之势。初六日这天，他派遣内大臣苏克萨哈传达谕旨：京城内，除十恶不赦死罪外，其余死罪及各项罪犯，“悉行释放”。此举是希望以宽德行善，减轻自己的重病，而这也往往预示着皇帝病情已到了异常严重的阶段。

世祖自知在世时间已经不多了，需要做一件大事，那就是选定自己的皇位继承人。他即位时间较短，诸皇子还小，加上当时尚未制定建储制度，所以尚未考虑继承人问题，连朝臣也没有人提议过此事。在这个关键时刻，世祖想到了自己的母亲——孝庄皇太后，便向她征询建议。孝庄太后认为此时清廷已大多承袭明制，皇位也应按嫡长子承袭制，便明确表示应将帝位传给她的嫡孙，以避免皇族内争。世祖共生有8个儿子，其中长子和四子已经夭折，只有次子福全、三子玄烨年龄在8岁以上，但他俩都是庶妃所出，其余四个儿子则年龄太小，不过牙牙学语，最小的才出生10余天，因此只能在福全和玄烨两人中选一个。

按照世祖的意愿，他想立福全即位，便召见最信任的钦天监监正、德国传教士汤若望，以征求他的意见。由于汤若望与皇太后、世祖个人关系极好，他平时有所建言，大多被世祖采纳，故汤氏的想法具有说服力。汤若望对立嗣这件事，提出的建议是应当立玄烨。他认为福全和玄烨两人年龄相差不多，各方面条件也很接近，但重要的是玄烨已经过出痘，身体具备了免疫力，可以保证他今后不会再患有这一可怕的疾病，对大清来说是一个福祉。汤若望以西方的科学观念，终于说服了世祖，当即同意由玄烨作为嗣皇帝。历史证明，选择玄烨（即未来的康熙皇帝）是世祖对清朝发展做出的最重大贡献，汤若望也因此功不可没。

是日午夜，世祖的病情继续恶化，他感到生命垂危，事不宜迟，应该写遗嘱了。他传令太监速将值班的王熙、麻勒吉两人传入养心殿，为他起草遗嘱。

王熙，顺天宛平（今北京西郊）人。顺治四年（1647）进士，累擢至弘文院学士。顺治十五年（1658），再擢礼部侍郎，兼翰林院掌院学士，加尚书衔。麻勒吉，瓜尔佳氏，满洲正黄旗人。顺治九年（1652）翻译举人会试第一，殿试一甲第一，授修撰。作为一个满族人，他在科举中脱颖而出，取得优异成绩，得到世祖的器重。次年，以兼通满汉文，“气度老成”，擢弘文院侍讲学士，后又擢学士、教习庶吉士、经筵讲官。他屡犯过失，被两度革职、籍没，但因受到世祖爱惜而处以轻罪。顺治十八年（1661），命以原衔入值。

王熙与麻勒吉分属于汉、满官制，均以才学著称。两人年轻且才思敏捷，成为世祖订立遗嘱的撰写者。他们半夜奉召，自知世祖已处病危状态，遂以最快速度赶到养心殿。世祖嘱咐他们，“已患痘症，势将不起”，命其在御榻前速撰遗诏。王熙看到皇上病情加剧，即将不久于人世，不禁悲从中来，“伏地欲泣”，双手颤抖已不能书写。世祖只好劝其克制哀痛。王熙乃与麻勒吉细听世祖口述，并作以记录，很快写出第一稿，上呈世祖过目。

此时的世祖已经呼吸困难，身体难以支撑。王熙见状急忙建议：由他们根据皇上刚才的口述，将全文内容改在乾清门认真撰拟，再将正文进呈皇上过目。世祖点头同意后，两人即退出养心殿，赶到乾清门西朝房，迅速草成遗诏全文，交予内廷侍卫贾卜嘉，由他转呈给世祖审阅。贾卜嘉手执诏稿向皇上诵读，世祖听后做出修改意见，再由贾卜嘉出宫转述皇帝想法，由王熙、麻勒吉再做修改，然后再将诏稿返呈世祖。如此往返3次，直到世祖满意为止。

待忙完遗诏，时间已是初七日早晨。世祖指示，由麻勒吉保管好遗诏，等他更衣毕，即命侍卫贾卜嘉“奏知皇太后，宣示诸王贝勒”。

初七日，世祖又熬过一天，但此时他已经命悬一线，气若游丝。宫廷御医虽采用最好的治疗方法均已无济于事，只能束手旁观，眼睁睁地看着皇上昏睡过去。诸王大臣及宫廷执事官员伫立于寝宫之外，于静默中悄然等待。当夜子刻（半夜11时至凌晨1时），世祖在养心殿永远闭上了眼睛，年仅24岁。一代天子就此放下了偌大帝国，也结束了人世间的烦恼与忧愁，永远退出了历史舞台。

颁罪己诏　公布嗣君

世祖去世后，朝廷将其遗诏“颁示天下”。这个遗诏的内容与历代皇帝遗诏有所不同，它可以说是世祖的罪己诏，诏书内容可谓别具一格，它没有列举世祖的功劳成就，而是自责自怨地进行自我否定，逐一公开自己生前的种种“罪状”，前后计有十三项罪过。

归纳起来，世祖的罪己诏主要是做自谦式的检讨，主要有：

其一，检讨治国政策方面未能尽意，“自亲政以来，纪纲法度，用人行政，不能仰法太祖、太宗谟烈，因循悠忽，苟且目前，且渐习汉俗，于淳朴旧制，日有更张，以至治国未臻，民生未遂”。

其二，检讨自己早亡而无法向母后再尽孝道，“朕自弱龄即遇皇考太宗皇帝上宾，教训抚养，惟圣母皇太后慈育是依”，“今不孝子道不终，诚悃未遂”，“永违膝下，反上廑圣母哀痛”。

其三，检讨自己对诸王贝勒、满族大臣有失恩宠及用人不当，“朕于诸王贝勒等，晋接既疏，恩惠复鲜，以致情谊睽隔，友爱之道未周”，“明季失国，多由偏用文臣。朕不以为戒，而委任汉官，即部院印信，间亦令汉官掌管，以致满臣无心任事，精力懈弛”，“朕夙性好高，不能虚己延纳”，“于用人之际，未能随材器使，以致每叹乏人”，“见贤而不能举，见不肖而不能退”。

其四，检讨自己不事节俭，不体民意，“国用浩繁，兵饷不足，而金花钱粮，尽给宫中之费，未尝节省发施”，“糜费甚多，乃不自省察，罔体民艰”。

其五，检讨自己因深爱董鄂妃，因而花销过度，用情过多，“端敬皇后丧祭典礼，过从优厚，不能以理止情，诸事泛滥不经”。

其六，检讨自己重用宦官之弊，“祖宗创业，未尝任用中官，且明朝亡国，亦因委用宦寺，朕明知其弊，不以为戒，设立内十三衙门，委用任使，与明无异”。

其七，检讨自己未能尽心尽力治理国家并较少纳谏，“朕性耽闲静，常图安逸，燕处深宫，御朝绝少”，“朕每自恃聪明，不能听言纳谏”，“朕既知有过，未能省改”。

在遗诏的最后部分，世祖公布以第三子玄烨为皇太子，命他戴孝27天释服后，即皇帝位；并指定内大臣索尼、苏克萨哈、遏必隆、鳌拜四人为辅臣，由其“保翊幼主，佐理政务”。

其实，世祖颇有自责精神，自顺治十三年（1656）以后，他曾先后三次下诏公开自责，以天下不宁、百姓困苦等缘由批评自己“不德”，并做了认真检讨。应该说世祖临终以遗诏进行自责，是非常难得的。他作为一个至尊至上的皇帝能认真反省，深刻自责，诚为可贵，这种公开检讨的精神也是一般人难以做到的。

至于遗诏中宣布由玄烨继承皇位，并任命四位满族大臣辅政，则是对亲王“摄政”体制的重大变革，使清朝政权由原来的本族掌权，转变为由异姓大臣多人参政，从而最大限度地防止家族专权事件的再次发生，确保皇权可以平稳过渡到下一届皇帝手中。

世祖的丧礼自正月初八日正式开始，其过程十分繁缛，程序冗长，费时费力。他的灵柩停放百日之后，按照满族旧俗，进行了火化，由他的密友僧人茆溪森主持，于宫殿北部的寿皇殿前焚烧火化。他的骨灰被装入特制的“宝宫”，即瓷质的骨灰罐，并于翌年（康熙元年）五月，由四位辅政大臣护送，运至京东遵化，葬入他生前已经建好的孝陵地宫，与自己挚爱的董鄂氏“宝宫”合葬一处，“共结连理”，满足了世祖永远同她相伴在一起的美好愿望。

孝陵，位于北京以东的遵化市瑞山主峰南麓，规模宏大，体系完整。世祖为火化入葬，这在清东陵诸帝中是仅有的，也是缘于满族入关前的火葬习俗。世祖最后所安葬的清东陵，开启了清入关后关内陵寝的最初规制，这为以后各代皇帝的归处亦指明了方位。

世祖去世两个多月后，即是年三月，朝廷给他追尊谥号，最终全谥为："体天隆运英睿钦文大德弘功至仁纯孝章皇帝"，庙号"世祖"。

在世祖身后，留下一个较为安定统一的庞大帝国，它以满族贵族为统治核心，由多民族共同创建，并由多民族共同维护和发展。经过顺治朝努力营造，一个雄踞世界东方的庞大帝国已初现轮廓，并将在康熙朝开始向世界展示它威武的英姿和绚烂的文化！

主要参考文献

[1] 朱诚如主编（李治亭分卷主编）：《清朝通史·顺治朝》，紫禁城出版社，2003年。

[2] 万依、王树卿、刘潞：《清代宫廷史》，百花文艺出版社，2004年。

[3] 周远廉：《清帝列传·顺治帝（上、下）》，吉林文史出版社，1993年。

[4] 张廷玉等：《明史》，中华书局，1974年。

[5] 明珠等：《清太宗实录》，华文书局，1969年。

[6] 辽宁大学历史系：《清太宗实录稿本》，辽宁大学，1978年。

[7] 明珠等：《清世祖实录》，华文书局，1969年。

[8] 谷应泰：《明史纪事本末》，中华书局，1977年。

[9] 明珠等：《满洲实录》，华文书局，1969年。

[10] 王夫之等：《永历实录》，上海古籍出版社，1987年。

[11] 鄂尔泰等：《八旗通志》，东北师范大学出版社，1985年。

[12]《钦定大清会典》，上海书局，1875年。

[13]《钦定大清会典事例》，上海书局，1875年。

[14] 贺长龄：《清经世文编》，中华书局，1992年。

[15]《清朝文献通考》，浙江古籍出版社，2000年。

[16] 魏裔介等：《皇清奏议》，全国图书馆缩微文献复制中心，2004年。

[17] 有为血胤等：《多尔衮摄政日记》，广文书局，1976年。

[18] 辽宁大学历史系：《沈阳状启》，辽宁大学历史系，1983年。

[19] 国家图书馆：《李朝实录》，国家图书馆出版社，2011年。

[20] 吴晗：《朝鲜李朝实录中的中国史料》，中华书局，1980年。

[21] ［朝］李薑：《沈馆录》，台联国风出版社，1969年。

[22] 计六奇：《明季北略》，中华书局，1984年。

[23] 计六奇：《明季南略》，中华书局，1984年。

[24] 王士祯：《池北偶谈》，中华书局，1982年。

[25] 蒋良骐：《东华录》，中华书局，1980年。

[26] 福格：《茶余客话》，中华书局，1959年。

[27] 杜文凯：《清代西人见闻录之韃靼战纪》，中国人民大学出版社，1985年。

[28] 刘苣等：《狩缅纪事》，浙江古籍出版社，1986年。

[29] 金钟：《皇明末造录》，上海古籍出版社，1996年。

[30] 钱仪吉：《碑传集》，中华书局，1993年。

[31] 鲁可藻等：《岭表纪年》，浙江古籍出版社年，1985年。

[32] 赵士锦等：《纪事略》，中华书局，1959年。

[33] 黄宗羲：《永历纪年》，上海时中书局，1910年。

[34] 沈荀蔚等：《粤行纪事》，中华书局，1985年。

[35] 邵廷采：《西南纪事》，广文书局，1972年。

[36] 留云居士：《明季稗史初编之嘉定屠城纪略》，上海书店，1988年。

[37] 留云居士：《明季稗史初编之扬州十日记》，上海书店，1988年。

[38] 留云居士：《明季稗史初编之烈皇小识》，上海书店，1988年。

[39] 徐鼒：《小腆纪传》，巴蜀书社，2000年。

[40] 抱阴生：《甲申朝事小记》，文献书目出版社，1987年。

[41] 彭孙贻：《平寇志》，上海古籍出版社，1984年。

[42] 彭孙贻：《流寇志》，浙江人民出版社，1983年。

[43] 木陈忞：《北游集年》。

[44] 屈大均：《安龙逸史》，浙江古籍出版社，1986年。

[45] 钱士馨等：《甲申传信录》，上海书店，1982年。

[46] 孙旭等：《平吴录》，中华书局，1985年。

[47] 刘健：《庭闻录》，上海书店，1985年。

[48] 韩菼：《江阴城守纪》，北京古籍出版社，2002年。

[49] 张岱：《石匮书、石匮书后集》，上海古籍出版社，2008年。

[50] 温睿临：《南疆逸史》，中华书局，1959年。

[51] 李天根：《爝火录》，浙江古籍出版社，1986年。

[52] 吴伟业：《绥寇纪略附补遗》，中华书局，1985年

[53] 谈迁：《国榷》，上海古籍出版社，2008年。

[54] 钱澄之：《所知录》，黄山书社，2006年。

[55] 黄宗羲：《行朝录》，上海古籍出版社，2002年。

[56] 陈燕翼：《思文大纪》，上海古籍出版社，2002年。

[57] 鲁可藻：《天南逸史》，浙江古籍出版社，1985年。

[58] 鲁可藻：《岑表纪年》，浙江古籍出版社，1985年。

[59] 瞿式耜：《瞿式耜集》，上海古籍出版社，1980年。

[60] 杨士聪：《甲申核真略》，浙江古籍出版社，1985年。

[61] 赵尔巽等：《清史稿》，中华书局，1977年。

[62] 金毓绂：《辽海丛书》，辽海出版社，2009年。

[63] 中国科学院：《明清史料》，北京图书出版社，2008年。

[64] 中国社会科学院明史室编：《明史资料丛刊》，江苏人民出版社，1981～1983年。

[65] [德] 魏特：《汤若望传》，杨丙辰译，商务印书馆，1949年。

[66] 南炳文：《南明史》，南开大学出版社，1992年。

[67] 郑逸梅等：《清宫轶事》，紫禁城出版社，1987年。

[68] 龙西斌等：《第八届明史国际学术讨论会论文集》，湖南人民出版社，2001年。

后记

《数读清史丛书》历经七年的艰辛，终于得以付梓，真是值得高兴的事。作为主编，我们深感编辑这部有一定特色的“清史丛书”实非易事，个中甘苦，唯亲历者知之。

本套丛书的编辑工作启动于2012年，两位主编在深思熟虑之后，明确宗旨，确定选题，拟就编写计划，制订《编写则例》。接着，又约请京内外九位中青年学者承接编写工作。作者们对于本丛书的写作十分认真，兢兢业业，数易其稿，付出了艰辛劳动。编纂伊始，还承蒙北京青年政治学院（通过作者之一谭绍兵）赞助，使得来自四面八方的作者能齐聚一堂，共襄盛举。

由于多种原因，原接洽的出版社临时变卦，致使丛书出版中途搁浅。面对意外变故，我们作为主编没有气馁，又积极与辽宁民族出版社沟通。承蒙不弃，该社社长兼总编辑李凤山先生、副总编辑吴昕阳女士鼎力相助，慨然允诺出版本套丛书。责任编辑李璜女士及杜璐珊、黄金刚等编辑负责联系、审稿，多有辛劳。此外，又通过邹建达、张立程两位作者得到了云南师范大学和浙江大学的出版资助，最终得以克服困难，仅仅用了不到一年时间就把此书奉献给广大读者，这是我们全体编著者要特别感谢的。在丛书编撰过程中，编著者的家人、朋友给予了大力的支持和帮助，杨阳、黄彦震等同志也协助做过一些事务性工作，在此一并致谢。

2019年4月于北京